Qualitätswissen

Springer-Verlag Berlin Heidelberg GmbH

Tilo Pfeifer · Detlev Leutner (Hrsg.)

Qualitätsmanagement multimedial vermitteln

Entwicklung, Gestaltung und Einsatz
computerbasierter Lernmedien

Mit 71 Abbildungen

 Springer

HERAUSGEBER

Prof. Dr.-Ing. Prof. h.c. Dr. h.c. Tilo Pfeifer
Fraunhofer-Institut für Produktionstechnologie (IPT)
Abt. Meß- und Qualitätstechnik
Steinbachstraße 17
52074 Aachen

Prof. Dr. Detlev Leutner
Lehrstuhl für Instruktionspsychologie
Pädagogische Hochschule Erfurt
Nordhäuser Straße 63
99089 Erfurt

Additional material to this book can be downloaded from http://extras.springer.com

Die Deutsche Bibliothek – CIP-Einheitsaufnahme
Qualitätsmanagement multimedial vermitteln: Entwicklung, Gestaltung und Einsatz computergesteuerter Lernmedien/Tilo Pfeifer; Detlev Leutner. – Berlin; Heidelberg; New York; Barcelona; Budapest; Hongkong; London; Mailand; Paris; Santa Clara; Singapur; Tokio; Springer, 1997
(Qualitätswissen)
NE: Leutner, Detlev

ISBN 978-3-642-64410-8   ISBN 978-3-642-60450-8 (eBook)
DOI 10.1007/978-3-642-60450-8

Satz: Datenkonvertierung durch Lewis & Leins, Berlin
Herstellung: Springer Produktions-Gesellschaft, Berlin

SPIN: 10538932   7/3020-5 4 3 2 1 0 – Gedruckt auf säurefreiem Papier.

Vorwort

Die neue Wende in der industriellen Zeitrechnung setzt mit ihrer „Schlanken Produktion" auf Enthierarchisierung der Belegschaft und Bildung von Arbeitsteams, in denen Ungelernte keinen Platz mehr haben. Auch die qualifizierten Facharbeiter müssen andere Qualifikationen aufweisen als früher. So werden heute z.B. Fähigkeiten wie eigenständiges Planen, Durchführen und Kontrollieren der eigenen Arbeitsaufgabe und insbesondere sicheres und richtiges Reagieren auf unvorhergesehene Situationen erwartet. Der Bedarf an beruflicher Qualifizierung in den Unternehmen ist, bedingt durch diese Entwicklung, in den letzten Jahren spürbar gestiegen.

Im Spannungsfeld immer schnellerer Innovationszyklen und sinkender Wissenshalbwertzeit sind, bei nur begrenzten Möglichkeiten der dauernden Mitarbeiterqualifizierung, neue bedarfsgerechte und innovative Qualifizierungsmöglichkeiten notwendig. Sie müssen Unternehmen die Möglichkeit bieten, den gewandelten Anforderungen des Wettbewerbs gerecht zu werden. Auch im Bereich des Qualitätsmanagements führt die Einführung von innovativen Methoden und Techniken, z.B. der Fehlerprävention, zu einer immer schnelleren Entwertung des erworbenen Fachwissens.

Es gilt als unumstritten, daß diese Anforderungen nicht mehr allein mit herkömmlichen Ausbildungsmethoden zu bewältigen sind. Vielmehr wird es notwendig sein, im Verbund mit neuen Lernmethoden und -medien, die Effizienz und den nachhaltigen Erfolg des Lernprozesses zu verbessern. Ziel neuer erfolgversprechender Aus- und Weiterbildungsstrategien ist es, Qualifizierungsmaßnahmen möglichst just-in-time in neue Organisationsstrukturen einfließen zu lassen: Das Training kommt zum einzelnen Mitarbeiter und nicht mehr der Mitarbeiter zum Training.

Lehr-lernpsychologische Untersuchungen und Feldversuche belegen, daß computerbasierte Lernmedien in Form interaktiver Lernprogramme eine effiziente Selbstlernmethode darstellen. Sie ermöglichen eine individuelle und zeitunabhängige Aus- und Weiterbildung am Arbeitsplatz. Das Lernen mit computerbasierten Lernmedien und entsprechend gestalteten Lernmodulen verspricht große Praxisnähe und unmittelbare Umsetzbarkeit, insbesondere wenn in Zukunft Lern- und

Arbeitsmedien miteinander verschmelzen. Die Mediatisierung der Produktion schafft zum Beispiel die Basis, daß der Mitarbeiter bzw. Lernende an seinem Arbeitsplatz nicht nur reale Arbeitsprozesse steuert, sondern auch zunehmend mit Hilfe von Lern-, Informations- und Simulationsprogrammen im Arbeitsgebiet weitergebildet werden kann.

Vor diesem Hintergrund ist das vorliegende Buch entstanden: Es beleuchtet die Bedeutung computerbasierter Lernmedien zur Vermittlung von Wissen im Qualitätsmanagement. Hierbei wird die Entwicklung computerbasierter Lernmedien aus ingenieurwissenschaftlicher Sicht und der Einsatz computerbasierter Lernmedien bzw. die Überprüfung des Lernerfolgs (Evaluation) aus psychologischer Sicht dargestellt. Der Leser hat damit die Möglichkeit, anhand der vorgestellten Methoden qualitativ hochwertige Lernsoftware für den Bereich des Qualitätsmanagements zu entwickeln und erhält praktische Orientierungshilfen für den Einsatz und die Beurteilung solcher Lernprogramme.

Das vorliegende Werk zeigt einen Weg auf, die mit dem Einsatz computerbasierter Lernmedien verbundenen Chancen zu nutzen und zur Mitarbeiterschulung einzusetzen.

Wir danken Frau I. Wonnenberg, Herrn F. Jostock, Herrn A. Lienke, Herrn R. Saborowski, Herrn S. Saltenberger und Herrn P. Treutlein für Ihre Mitarbeit im Rahmen des Projektes.

Aachen, im Sommer 1996   Prof. Dr.-Ing. Tilo Pfeifer
                                                         Prof. Dr. phil. Detlev Leutner

Inhaltsverzeichnis

4 Wieläßt sich die Schulungs- und Trainingsqualität beim Einsatz computerbasierter Lernmedien in Unternehmen sicherstellen?
(P. DÖRRE, A. STURTZ, S. KRÖNER, Y. NISPEL, D. LEUTNER)

1 Einleitung: Qualitätsmanagement multimedial vermitteln

Die Notwendigkeit, sich mit Konzepten und Methoden des Qualitätsmanagements auseinanderzusetzen, ist vor dem Hintergrund der Internationalisierung und Globalisierung der Märkte auch und insbesondere für kleine und mittelständische Unternehmen (KMU) in der Bundesrepublik Deutschland von existentieller Bedeutung. Auch die Initiierung des BMBF-Förderprogramms „Qualitätssicherung 1992-1996" ist ein äußeres Zeichen dafür. Die Ergebnisse einer repräsentativen Befragung zum Stand des Qualitätsmanagements in der Bundesrepublik Deutschland, die im Rahmen des BMBF-Förderprogramms durchgeführt wurde, bildete die Grundlage zur Beschreibung hemmender und fördernder Faktoren zur Umsetzung von Qualitätswissen. Die repräsentative Befragung zeigte erhebliche Wissensdefizite im Bereich des Qualitätsmanagements auf und dokumentiert einen großen Qualifikationsbedarf speziell bei der Zielgruppe der kleinen und mittelständischen Unternehmen.[1]

Die Qualifizierung der Mitarbeiter spielt bei der Umsetzung von Konzepten zur Qualitätsförderung eine zentrale Rolle. Neben den allgemeinen Informationen zur unternehmensspezifischen Qualitätsphilosophie müssen dabei insbesondere auch die benötigten Qualitätsmethoden vermittelt werden, denn entscheidend für den wirtschaftlichen Erfolg eines Unternehmens ist heute nicht nur die herausragende Fähigkeit einzelner, sondern vielmehr die Qualifikation und Leistungsbereitschaft aller Mitarbeiter. Ein funktionierendes Qualitätsmanagementsystem, das sich an den unternehmensinternen Qualitätszielen, aber auch an den vielfältigen Normen und Vorschriften orien-

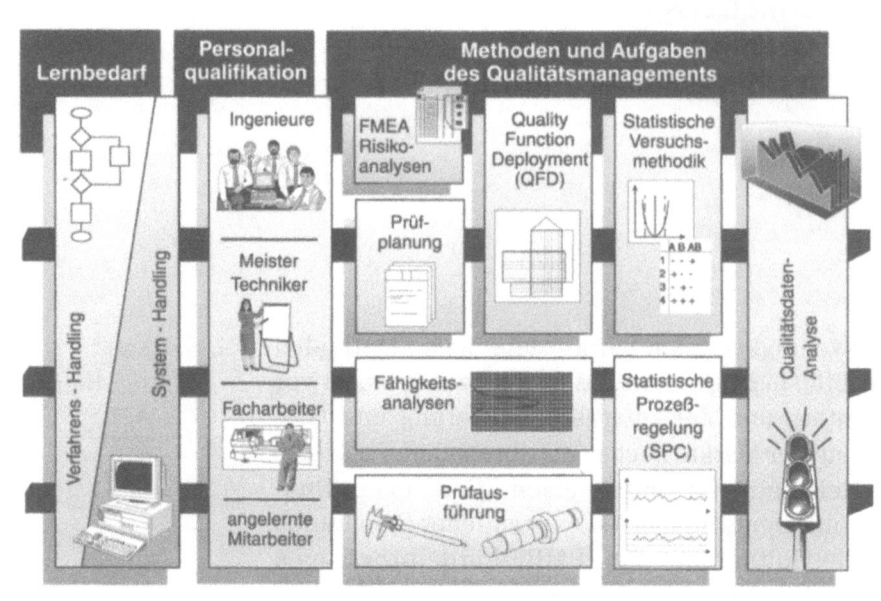

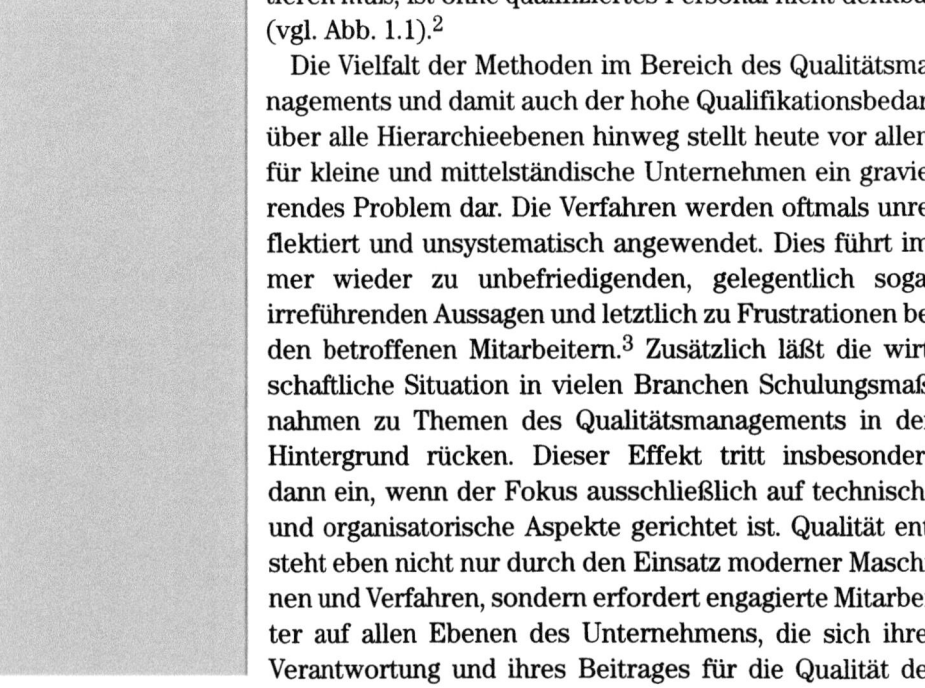

Abb. 1.1: Qualitätstechniken und Qualitätsbedarf

tieren muß, ist ohne qualifiziertes Personal nicht denkbar (vgl. Abb. 1.1).[2]

Die Vielfalt der Methoden im Bereich des Qualitätsmanagements und damit auch der hohe Qualifikationsbedarf über alle Hierarchieebenen hinweg stellt heute vor allem für kleine und mittelständische Unternehmen ein gravierendes Problem dar. Die Verfahren werden oftmals unreflektiert und unsystematisch angewendet. Dies führt immer wieder zu unbefriedigenden, gelegentlich sogar irreführenden Aussagen und letztlich zu Frustrationen bei den betroffenen Mitarbeitern.[3] Zusätzlich läßt die wirtschaftliche Situation in vielen Branchen Schulungsmaßnahmen zu Themen des Qualitätsmanagements in den Hintergrund rücken. Dieser Effekt tritt insbesondere dann ein, wenn der Fokus ausschließlich auf technische und organisatorische Aspekte gerichtet ist. Qualität entsteht eben nicht nur durch den Einsatz moderner Maschinen und Verfahren, sondern erfordert engagierte Mitarbeiter auf allen Ebenen des Unternehmens, die sich ihrer Verantwortung und ihres Beitrages für die Qualität der

2 Was sind computerbasierte Lernmedien?

• Ausgangslage

Die Qualität von Produkten und Dienstleistungen wird zunehmend zu einer entscheidenden Voraussetzung für den wirtschaftlichen Erfolg und die Wettbewerbsfähigkeit von Unternehmen. Da Qualität aber insbesondere auch durch die Fähigkeiten der Mitarbeiter geprägt wird, ist deren frühzeitige und ausreichende Qualifikation ausschlaggebend.

Heutzutage wird versucht, den steigenden Aus- und Weiterbildungsbedarf mit Hilfe moderner Lernmedien zu decken[1], wobei unter bildungsökonomischen Gründen vor allem das computerbasierte Lernen den erhöhten Bildungsbedarf befriedigen könnte.[2]

• Definition: computerbasiertes Lernen

Unter computerbasiertem Lernen versteht man diejenigen Formen des Unterrichts, in denen der Computer als Medium eingesetzt wird, um Lernen zu ermöglichen.[3] Im Laufe der Zeit haben sich viele Begriffe für den Bereich des computerbasierten Lernens herausgebildet, die sich geringfügig in ihrer Definition unterscheiden, im Prinzip aber synonym verwendet werden, z.B. CBT (Computer Based Training), CUL (Computerunterstütztes Lernen), CUU (Computerunterstützter Unterricht), CAL (Computer Assisted Learning) oder CAI (Computer Assisted Instruction). Im folgenden wird synonym zum Begriff computerbasierte Lernmedien auch der Begriff Computer Based Training (CBT) verwendet.

Allen Begriffen gemeinsam ist die Vermittlung von Lerninhalten mit Hilfe des Computers.

Euler[4] definiert computerunterstütztes Lernen über seine drei Bestandteile:

– Der *Computer* ist ein Werkzeug, ein Medium des Lernens.

– Der *Computer* ist nicht Selbstzweck, sondern er *unter-stützt* das Lernen.
– Ziel des Einsatzes dieser Methode ist der Erwerb neuer Erfahrungen, d.h. *Lernen*.

Wie jedoch computerunterstütztes Lernen als Methode zum Lernen eingesetzt wird und wie die Inhalte darge-stellt sind, geht hieraus noch nicht hervor. Weiterhin ist die Gestaltung der Lernumwelt bzw. sind die Rahmenbe-dingungen des Einsatzes von Computern nicht näher spe-zifiziert.

Computerunterstütztes Lernen ist insgesamt ein Sam-melbegriff für unterschiedliche Lernprogramme. Dabei stellt jedes Lernprogramm für sich ein eigenes didakti-sches Potential dar. Um eine grobe Kategorisierung der Programme zu erhalten, werden im folgenden Kapitel un-terschiedliche Formen computerbasierter Lernmedien vorgestellt. Weiterhin werden drei Qualifikationsbereiche und ihre Vermittelbarkeit durch computerbasierte Lern-medien erläutert und die Vorteile computerbasierter Lernmedien dargestellt. Es wird auf Faktoren und multi-mediale Komponenten eingegangen, durch die sich das computerbasierte Lernen vom herkömmlichen Lernen unterscheidet. Anschließend wird der wirtschaftliche Aspekt, Aufwand und Nutzen beleuchtet.

2.1   Formen computerbasierter Lernmedien

Bevor die heute vorhandenen verschiedenen Formen von Lernprogrammen dargestellt werden, wird kurz auf die Entwicklungsgeschichte des computerunterstützten Ler-nens eingegangen.

• Entwicklungs-geschichte

Ausgangspunkt war, Anfang der 60er Jahre, die pro-grammierte Unterweisung. Hierbei wurden die Lern-schritte in kleinste Teile zerlegt. Aufgrund von „eintöni-gen und pädagogisch unbrauchbaren Programmen",[5] mit denen der Markt überschwemmt wurde, galt der Einsatz des programmierten Unterrichts relativ schnell als ge-scheitert. Durch die Forschungen auf dem Gebiet der Ko-gnitionspsychologie und der Künstlichen Intelligenz und die rasante Entwicklung der neuen Informations- und Kommunikationstechnologien bekam die Entwicklung neuer Lernmedien (wie z.B. Computer, Video, Bildplatte, Bildschirmtext und Satellitenfernsehen) Ende der 70er Jahre einen erneuten Aufschwung.[6]

Nach den ehemals starren und linearen Strukturen können jetzt, unterstützt durch moderne Hypertextsysteme, flexible und vernetzte Lernstrukturen entwickelt werden. Hypertextsysteme, wie z.B. HyperCard oder ToolBook, basieren auf einer objektorientierten Programmierung und erlauben die Repräsentation komplexer und vernetzter Wissensstrukturen.[7]

Grundsätzlich bestehen zwei Strukturen der Programmgestaltung: zum einen die „lehrerorientierte Struktur" und zum anderen die eher „lernerorientierte Struktur".[8] Bei der lehrerorientierten Struktur übernimmt das Programm die Führung des Lernenden über ausgewählte Lernwege hin zum Lernziel (Programmsteuerung). Nimmt die Direktivität des Programms ab, wird ein eher entdeckendes Lernen (bzw. aus Sicht des Lehrers ein entdecken-lassendes Lehren) gefördert, man spricht von einer Lernersteuerung.

• Zwei Strukturen der Programmgestaltung: Programmsteuerung und Lernersteuerung

Bei der Programmsteuerung sollte das Programm möglichst die individuellen Vorkenntnisse und Lernfortschritte berücksichtigen, um damit flexibel auf den Lernenden eingehen zu können. Bei der Lernersteuerung hat das Programm eher offene Strukturen und freie Navigationsmöglichkeiten und ist dadurch flexibel. Es bleibt hier dem Lernenden überlassen, die Informationen abzurufen, die er für sich als wesentlich erachtet. Bei diesen offen gestalteten Programmen sind jedoch zur besseren Orientierung des Lernenden eine übersichtliche Strukturierung der Inhalte sowie Hilfestellungen, wie beispielsweise Lernvorschläge und Überblicke, sinnvoll.

Betrachtet man die heutzutage bestehenden Anwendungen computerunterstützten Lernens genauer, stellt man fest, daß sie eine Vielzahl von methodischen Varianten beinhalten. In der Literatur werden verschiedene Formen unterschieden, die zum Teil auch unterschiedlich differenziert werden.[9]

• Formen computerunterstützten Lernens

Im folgenden werden die prototypischen Formen vorgestellt, wobei die in der Praxis vorhandenen Lernprogram-

me meist nicht in Reinform bestehen, sondern eher
Mischformen darstellen. Nicht enthalten sind in dieser
Darstellung Computeranwendungen, in denen Computer-
programme weniger zum Lernen, sondern eher als Arbeitsmittel und Werkzeuge (Tools) oder zur Programmierung dienen.

Folgende fünf Formen des computerunterstützten Lernens werden unterschieden:

– Übungsprogramme
– Tutorielle Programme
– Simulationsprogramme
– Intelligente Tutorielle Systeme
– Informationsprogramme

2.1.1 Übungsprogramme

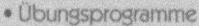

Bei Übungsprogrammen geht man davon aus, daß der Lernende bereits über grundlegende Kenntnisse, Fähigkeiten
und Fertigkeiten innerhalb eines Fachgebietes verfügt.
Die Übungsprogramme dienen somit primär der Einübung und Festigung dieses vorhandenen Wissens. Der
Aufbau sieht in der Regel so aus, daß eine Übung vorgegeben wird, die Antwort des Lernenden abgewartet und
anschließend durch das Programm bewertet wird. Danach wird zur nächsten Aufgabe übergegangen. Die Rückmeldung erfolgt bei den meisten Programmen „lediglich
in Form von ‚falsch‘ oder ‚richtig‘“, es wurden jedoch auch
komplexere Programme entwickelt, die Spielelemente
verwenden, Lernhilfen einbauen und den Lernfortschritt
der Lernenden berücksichtigen.[10] Hinsichtlich der Rückmeldungen sollte versucht werden, negative Kommentare
zu unterlassen und sowohl inhaltlich unterstützende als
auch motivational anregende Rückmeldungen zu geben.[11]

Beispiele für Übungsprogramme sind Fremdsprachen-
trainings im Sinne von Vokabeltraining, Rechtschreibtrai-
ning und Kommasetzung oder auch Programme zur Vorbereitung auf die theoretische Fahrschulprüfung oder die
IHK-Prüfung für Bankkaufleute.

2.1.2   Tutorielle Programme

Tutorielle Programme zielen auf die Vermittlung von Wissen, Fähigkeiten und Fertigkeiten eines neuen Fachgebietes ab, wobei auch das Überprüfen von Verständnis und Lernerfolg dazugehört. Hierbei ist der Dialogcharakter zwischen Lernprogramm und Lernendem bedeutsam. Das Lernprogramm soll als „Tutor" für den Lernenden fungieren, „der über aktivierende Dialoge Informationen darbietet, Aufgaben stellt, Antworten überprüft und korrektiv kommentiert".[12] Nach Darbietung von Informationen werden Verständnis- oder Transferfragen durch das Programm gestellt, die vom Lernenden zu beantworten sind. Aufgrund der Antwortanalyse erhält der Lernende eine Rückmeldung. Bei der Rückmeldung können entweder neue Informationen dargeboten oder, falls Verständnisschwierigkeiten zu den früheren Informationen aufgetreten sind, Lernhilfen angeboten werden. Die Stoffdarbietung soll also an das Kenntnisniveau des Lernenden angepaßt werden, ohne dabei Methoden der Künstlichen Intelligenz heranzuziehen (wie bei den dargestellten Intelligenten Tutoriellen Systemen, vgl. Abschn. 2.1.4).

Diese Programmvariante der tutoriellen Programme stellt ein eher angeleitetes Lernen dar, das als lehrerorientierte Strategie bzw. Programmsteuerung bezeichnet wurde (vgl. Kap. 2). Neben diesen vorgegebenen und vorstrukturierten Lernwegen können tutorielle Programme auch einen freien Zugang zu den Informationseinheiten gewähren. Je offener ein Programm gestaltet ist, je höher also das Ausmaß der Lernersteuerung ist, desto eigenständiger kann der Lernende entscheiden, welche Lerninhalte er wann und in welcher Reihenfolge lernen möchte. Der „Tutor" im Programm hat hier eher Unterstützungs- und Hilfsfunktion, wobei am Ende eines offen gestalteten Programms ein Gesamt-Abschlußtest stehen kann, in dem dann alle vermittelten Lerninhalte überprüft werden.

Heutzutage werden vermehrt Multimedia-Elemente wie Ton, bewegte Graphik (Animationen) oder Videosequenzen eingebaut. Das zugrundeliegende Prinzip wird jedoch nicht verändert.

• Tutorielle Programme

Tutorielle Programme eignen sich vor allem für die Vermittlung relativ eindeutiger Lerninhalte, die nicht einer dauernden Veränderung unterliegen und für einen größeren Anwenderkreis konzipiert sind.[13] Die Themen- und Einsatzbereiche sind vielfältig. Vermittelt werden können Grundlagen oder Spezialkenntnisse zu vielfältigen Themen, wie z.B. der Betriebswirtschaft, EDV-Anwendungen, den Naturwissenschaften oder auch dem Qualitätsmanagement.

2.1.3   Simulationsprogramme

• Simulations-
programme

In Simulationsprogrammen werden (reale) Vorgänge und Sachverhalte anschaulich als Gesamt- oder Teil-Modell abgebildet. Dabei sollen vor allem komplexe Systembeziehungen und -zusammenhänge simuliert werden, wobei der Lernende Systemparameter variieren kann und dadurch Einsicht in die Wirkzusammenhänge erhält. Mit Hilfe von Simulationen können damit realitätsnahe Erfahrungen über komplexe Prozeßabläufe vermittelt werden, die ansonsten nicht direkt zugänglich sind oder deren Ausprobieren schwerwiegende Folgen haben könnte. Der Lernende „führt seine Eingaben genauso durch wie in der echten Situation, wird aber im Fehlerfalle korrigiert und so vom Einschlagen falscher Wege ... abgehalten".[14] Ebenfalls können negative Konsequenzen wie auch mögliche materielle Verluste vermieden werden. Neuere Simulationsprogramme basieren auf offenen Strukturen, die entdeckendes Lernen fördern und vom Lernenden selbständiges exploratives Lernen und Problemlöseaktivitäten fordern.

Das Anwendungsgebiet von Simulationen ist sehr breit. Es können Entscheidungs- und Verhaltenssituationen simuliert werden, die auf die Lösung von Problemen in technischen, wirtschaftlichen oder sozialen Bereichen ausgelegt sind. Weiterhin können Anwendungen simuliert werden, deren Ziel z.B. die Einübung der Bedienung (informations-) technischer Systeme (z.B. Anwendungssoftware, Formulare) ist.[15] Zu den Simulationssystemen gehören neben Flug- oder Fahrsimulatoren auch Planspiele wie z.B. Unternehmensplanspiele.

2.1.4 Intelligente Tutorielle Systeme

Intelligente Tutorielle Systeme (ITS) strukturieren aktiv, unter Zuhilfenahme von Expertensystemen, den Lernweg individuell nach den Bedürfnissen, Vorkenntnissen und Lernfortschritten des Lernenden.[16] Sie basieren auf Methoden der Künstlichen Intelligenz und der Kognitionspsychologie. Intelligente Tutorielle Systeme „verfolgen eine Lehrstrategie und passen diese flexibel an Lernstil und Lernniveau des Benutzers an, indem sie laufend seine Antworten nicht nur auf Richtigkeit hin analysieren, sondern auch auf die sich darin zeigenden kognitiven Prozesse".[17] Dabei werden Hypothesen über Ursachen von Lernschwierigkeiten und Mißverständnissen aufgestellt und im weiteren Lernprozeß berücksichtigt. Je flexibler und adaptiver das Programm auf den Lernenden eingehen kann, desto „intelligenter" kann es bezeichnet werden.[18] Der Anspruch an ein „intelligentes" System besteht darin, den menschlichen Lehrer vollständig zu simulieren.

Wenn man sich die Entwicklung „intelligenter" Systeme ansieht, so konnte bislang kein „lernfähiger" Computer konstruiert werden.[19] Die entwickelten Programme haben den hohen Anspruch nur ansatzweise umgesetzt und entsprechen insofern eher guten tutoriellen Programmen. Beispiele zu ITS finden sich in der Literatur.[20]

• Intelligente Tutorielle Systeme

2.1.5 Informationsprogramme

Informationsprogramme sind Informations- und Datenbanken, die Informationen möglichst übersichtlich und leicht zugänglich gespeichert haben. Sie enthalten offene Strukturen und zeichnen sich durch eine eher geringe Programmsteuerung und hohe Lernersteuerung aus. Ausgangslage ist ein Informationsdefizit, wobei der Ablauf durch den Lernenden gesteuert wird, indem er „Fragen" an das Programm stellt und daraufhin Antworten und Informationen erhält. Ziel ist nicht die Aneignung der gesamten Informationen, sondern eine Auswahl derjenigen Informationen aus dem Gesamtpool, die zur Behebung des Informationsmangels dienen.

• Informationsprogramme

Hierbei ist es erforderlich, die Inhalte so zu strukturieren, daß zum einen die gesuchten bzw. relevanten Informationen schnell aufgefunden werden können und der Anwender sich zum anderen nicht in der Informationsflut „verirrt" (auch bekannt als das Phänomen „Lost in Hyperspace").

Einsatzgebiete sind beispielsweise technische Dokumentationen und Reparaturanleitungen, Berufsinformationen, Nachschlagewerke und Wörterbücher oder detaillierte Informationen über Länder, Städte und deren wirtschaftliches, kulturelles und gesellschaftliches Leben.

2.2 Qualifikationsziele und ihre Vermittelbarkeit duch computerbasierte Lernmedien

• Definition: Qualifikationsziele

Beim Einsatz rechnerunterstützter Lernmedien, wie auch bei konventionellen Schulungen, ist die Orientierung an den Qualifikations-, Trainings- oder Lernzielen, also dem, was vermittelt werden soll, ein wesentliches Kriterium.

Unter Lernzielen versteht man die „inhaltliche Beschreibung des (erwarteten) Endverhaltens eines Lernenden nach absolviertem Lernprozeß".[21]

• Klassifikation von Qualifikations- bzw. Lernzielen

Das menschliche Verhalten spielt sich grundsätzlich in den Bereichen des Denkens, Fühlens und Handelns ab. Nach den angesprochenen Bereichen wird in der Literatur oft eine Klassifikation der Lernziele in die drei Lernbereiche kognitive Lernziele, affektive Lernziele und psychomotorische oder motorische Lernziele vorgenommen.[22]

– Kognitive Lernziele umfassen den Erwerb von Wissen, aber auch die Entwicklung intellektueller (geistiger) Fähigkeiten und Fertigkeiten.
– Bei affektiven Lernzielen, oft auch als emotionaler Lernbereich bezeichnet, geht es um die Entwicklung von Interessen, Einstellungen und Werthaltungen.
– Psychomotorische Lernziele beinhalten manuelle und motorische Fertigkeiten, wie z.B. das Bedienen von Apparaten oder das Handhaben von Instrumenten.

Wie bereits angedeutet, können die drei Lernzielbereiche nicht isoliert gesehen werden; „während wir denken, einer intellektuellen Tätigkeit nachgehen, erfahren wir gleichzeitig Emotionen und äußern uns in bestimmten Bewegungen, nehmen eine bestimmte körperliche Haltung ein".[23]

Im pädagogischen Bereich gibt es für die drei Lernzielbereiche (kognitiver, affektiver und psychomotorischer Bereich) differenzierte Taxonomien [24] (Ordnungsschemata, Klassifikationen).

Innerhalb des kognitiven Bereiches werden zwei grundlegende Bereiche durch Götz und Häfner[25] unterschieden. Zum einen betonen sie den Wissensbereich, der den Lernbereich der reinen Gedächtnisleistungen erfaßt. Zum anderen unterscheiden sie davon den Lernbereich der intellektuellen Fähigkeiten und Fertigkeiten, der im Gegensatz zum Wissensbereich rationale Operationen, wie z.B. interpretieren, ordnen, anwenden, analysieren und neben einer flexiblen Wissensnutzung auch Problemlösen beinhaltet. Innerhalb der reinen Wissensvermittlung kann das einfache Faktenwissen nochmals vom komplexen vernetzten Wissen unterschieden werden.[26]

Lernziele im Bereich der intellektuellen Fähigkeiten und Fertigkeiten erfordern komplexere problemorientierte Programmstrukturen, wohingegen für die Lernziele im Bereich des einfachen und komplexen Wissens lineare Strukturen ausreichen.[27] Für die Fähigkeit, etwas anwenden zu können, sowie für problemlösendes Verhalten ist ein eher entdeckendes Lernen sinnvoll, das von einer konkreten Problem- oder Fragestellung ausgeht. Diese Lernziele können vor allem durch simulative Elemente vermittelt werden, die reine Informationsvermittlung reicht hier nicht mehr aus. Für diesen Bereich der intellektuellen Fähigkeiten und Fertigkeiten eignen sich am besten Simulationsprogramme,[28] wobei auch tutorielle Programme und die ITS diesen Anspruch haben. Hier unterscheiden sich jedoch Anspruch und Wirklichkeit oft, die potentiellen Möglichkeiten sind zwar gegeben, die Realität hängt aber davon ab, inwiefern die Realisation der Programme ihren Idealforderungen nahekommt. Die am Markt bestehenden Lernprogramme sind zum überwiegenden Teil linear aufgebaut und entsprechen damit nicht dem Anspruch der komplexen problemorientierten Programmstrukturen.[29]

• Kognitive Lernziele

• Affektive Lernziele

Affektive Lernziele „... erfordern – zumindest medial –
auch ein affektives oder emotionales Ansprechen des Lernenden. In der Praxis wird immer wieder versucht, affektive Ziele zu ‚rationalisieren‘, d.h. verstandesmäßig zu un-
termauern und so schon die Schwierigkeit der Ziel-
definition im affektiven Bereich zu umgehen".[30] Es erfordert aber auch einen sehr hohen Entwicklungsaufwand,
Sachverhalte zu problematisieren und sämtliche Folgen
von Einstellungen und Entscheidungen zu simulieren. Die
klassischen Beispiele hierfür sind Diskussionen, Rollen-
spiele oder Fallstudienbearbeitungen. Am ehesten lassen
sich affektive Lernziele mit Hilfe von Fallbeispielen, Plan-
spielen oder Simulationsprogrammen vermitteln, indem
z.B. unter Verwendung von Videoeinspielungen verschiedene Entscheidungsmöglichkeiten gegeben und deren
Konsequenzen dargestellt werden. Da Einstellungen und
Werthaltungen häufig durch positive Vorbilder verinner-
licht werden, beschränken sich CBT-Programme zu Lernzielen im affektiven Bereich auf die Bewußtmachung, im
Sinne einer Sensibilisierung für Probleme oder Situationen. Mögliche affektive Lernziele sind beispielsweise
„Freude an der Arbeit haben" oder „Kunden gegenüber
freundlich sein"[31] oder die Wichtigkeit und Notwendigkeit eines umfassenden Qualitätsmanagements.

• Psychomotorische
Lernziele

Psychomotorische Lernziele im klassischen Sinne sind
hauptsächlich im Bereich der Anwendungssoftware und
Rechneranwendungen zu verwirklichen. Alles, was direkt
mit dem Computer oder der Tastatur zu tun hat, wie beispielsweise Schreibtraining oder Bedienung des Rechners, also auch das klassische EDV-Training, kann vermittelt werden. Mit Hilfe von Videoaufzeichnungen oder
Animationen können auch andere Fertigkeiten, beispielsweise die Bedienung von technischen Geräten, simuliert
werden und zur Nachahmung anregen. Diese Vermittlung
von Fertigkeiten geschieht nur indirekt, wesentlich ist jedoch, daß motorische Handlungen auch direkt auspro-
biert und geübt werden. Ein weiterer Bereich ist das Pro-
behandeln, wenn Fertigkeiten trainiert werden sollen, die
bei einem Fehlschlag hohe Kosten verursachen oder aber
eine hohe Personalverantwortung mit sich bringen. Hierbei können Simulationen, z.B. Flugsimulatoren oder Si-

mulationsprogramme zur Steuerung von Kraftwerken, sowie Planspiele, wie z.B. Unternehmensplanspiele, eingesetzt werden.[32]

2.3 Erfolgsfaktoren computerbasierter Lernmedien

Betrachtet man konventionelle Schulungen, weisen diese
oftmals Defizite auf (vgl. Abb. 2.1). So werden individuelle
Lernprozesse nicht ausreichend berücksichtigt und eher
praxisferne Lerninhalte verwendet. Weiterhin besteht
häufig eine Trennung zwischen Lernen und Anwendung
des Erlernten.

Im Gegensatz zu konventionellen Schulungen zeichnet
sich das Lernen mit Hilfe rechnerunterstützter Lehrsysteme im Bereich des Qualitätsmanagements vor allem
durch die folgenden Faktoren aus:

– Der Wissensbedarf im Bereich des Qualitätsmanagements steigt so schnell, daß die Suche nach geeigne-

• Vorteile
computerbasierter
Lernmedien

• Wissensintegration
über Datenbanken

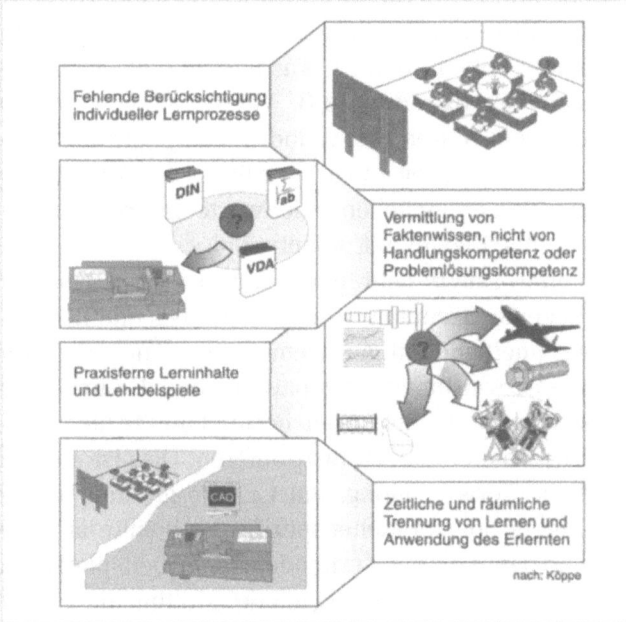

Abb. 2.1: Defizite heutiger Formen des Lehrens und Lernens

tem Fachwissen und das Erlernen von QM-Methoden
zur Bearbeitung von Qualitätsmanagement-Aufgaben
immer schwieriger und aufwendiger wird. Der hohe
Zeit- und Termindruck in den Unternehmen erfordert
Informationssysteme, mit denen Wissen gezielt ausfindig gemacht und angeeignet werden kann. Im Vergleich zu herkömmlichem Lehr- und Informationsma-
terial ermöglichen Computer einen außerordentlich
schnellen Zugriff auf große Datenmengen und insbesondere auch auf dasjenige Wissen, welches vermittelt
werden soll bzw. bei der Bearbeitung einer Aufgabe
oder eines Problems nicht unmittelbar verfügbar ist.
Zum schnellen Auffinden relevanter Inhalte ist allerdings eine sinnvolle Strukturierung der Inhalte sowie
ein gutes und benutzerfreundliches Navigationssy-
stem notwendig (Stichwort: Wissensintegration über
Datenbanken).

– Computer erlauben eine Interaktion zwischen dem Lernenden und dem Lehr- bzw. Trainingsinhalt, was insbesondere im Rahmen eines eigenständigen Selbststudi-
ums von Interesse ist. Dabei ergeben sich je nach Zielgruppe unterschiedliche Anforderungen an CBT-Programme. Diese sollen sowohl QM-Wissensinhalte (Begriffe und Fakten; Wissen, was und wie) als auch intellektuelle Fertigkeiten (z.B. Verstehen von Zusammenhängen; Wissen, wann und warum) vermitteln und
individuelles Lernen sowie spezifische Rückmeldungen
vom System ermöglichen (Stichworte: Interaktivität, Individualität, Flexibilität, Adaptivität).[33]

– Computerbasierte Lehr- und Informationssysteme können bei einer Trennung von Wissensbasis und Lehrstrategie schnell und mit geringem Aufwand an sich verändernde Wissensinhalte angepaßt werden. Es genügt, die
Wissensbasis auf dem Speichermedium zu überarbeiten, zu kopieren und zu distribuieren. Dies ist eine wesentliche Voraussetzung, um CBT-Programme schnell
an firmen- oder branchenspezifische Inhalte anzupassen und damit für den Lernenden den Arbeitsplatzbezug
herzustellen. In Verbindung mit der Multimedia-Technologie können so praxisnahe Lerninhalte und Beispiele
eingebunden werden (Stichwort: Adaptierbarkeit).[34]

• Interaktivität und
Individualität

• Adaptierbarkeit

– Computer sind inzwischen, zumindest in indirekten Produktionsbereichen, allgegenwärtig und werden mittelfristig multimediafähig sein. Schulung und Training kann somit vor Ort (insbesondere auch am Arbeitsplatz) und zu beliebigen Zeitpunkten (insbesondere auch in „unproduktiven Zeiten") auf der bereits vorhandenen Hardware ermöglicht werden. Zeit- und kostenaufwendige Anreisen zu Schulungszentren und entsprechende Ausfallzeiten im Betrieb werden hierdurch reduziert. Auch verringert das Lernen am Arbeitsplatz die Trennung zwischen Lernen und Anwenden des Erlernten. Vor Einsatz eines CBT-Systems am Arbeitsplatz muß jedoch überprüft werden, inwieweit sich die Arbeitsumgebung als Lernumgebung eignet. Montage- oder Produktionshallen sind beispielsweise aufgrund von Lärm oder Schmutz nur bedingt geeignet (Stichwort: Orts- und Zeitunabhängigkeit).

• Orts- und Zeitunabhängigkeit

2.4 Einsatz von Multimedia

Unter dem Schlagwort Multimedia wird das Zusammenwirken unterschiedlicher Medien verstanden. Die Medien dienen dabei zwischen den Kommunikationspartnern als „Vermittler" von Nachrichten. Eine weit verbreitete Klassifizierung des Begriffes „Medien" besteht hinsichtlich seiner Zuordnung zu den menschlichen Sinnesorganen. Jedem Sinnesorgan läßt sich ein bestimmtes physikalisches Medium zuordnen, so daß sich diese in visuelle (optische), akustische, haptische (Tastsinn), gustatorische (Geschmackssinn) und olfaktorische (Geruchssinn) Medien unterscheiden lassen. Für das Computer Based Training können noch nicht alle der genannten Klassen von Medien genutzt werden, weil beispielsweise derzeit für den Geschmackssinn und Geruchssinn noch keine geeigneten Aus- und Eingabemedien existieren. Doch werden innovative Entwicklungen, wie die des Datenhandschuhs oder des Datenanzuges in der virtuellen Realität zukünftig das multimediale Spektrum erweitern.[35] Der Anwendungsbereich von Multimedia ist so groß wie das Anwendungsgebiet für Computer überhaupt: über-

• Multimedia: Zusammenspiel unterschiedlichster Medien

Abb. 2.2: Anwendungsbereich Multimedia

all dort, wo Daten ein- und ausgegeben werden, kann dies über verschiedene Medien geschehen (Abb. 2.2).

Multimedia-Einsatzfelder liegen daher allgemein in den Bereichen Archivierung, Unterrichtung, Werbung und Unterhaltung, Entwurf und Publikation sowie Überwachung.[36] Für das Computer Based Training kommen derzeit vor allem die visuellen und akustischen Multimedia-Medien zum Einsatz.

2.4.1   Multimedia-Technologie

• Leistungsfähige Multimediasysteme entstehen durch die sinnvolle Kombination von Hard- und Softwarebausteinen

Aufgrund ihrer Bedeutung für die Entwicklung und den Einsatz von CBT-Programmen werden im folgenden kurz die zentralen Aspekte der Multimedia-Technologie vorgestellt. Die Integration unterschiedlicher Medien erfordert eine Vielzahl leistungsfähiger Hardwarebausteine, die durch ihr Zusammenwirken eine multimediale Kommunikation erst ermöglichen. Um multimediale Anwendungen, von der einfachen Präsentation bis hin zu komplexen Systemen, realisieren zu können, ist es notwendig, multimediale Komponenten über einem Computer miteinander zu verbinden. Die Kombination aus leistungsstarker Hardware und fortgeschrittener Softwaretechnologie macht den Computer dann zu einer integrierenden multimedialen Plattform für Text, Grafik, Bild, Ton und Video.[37]

Während die Bearbeitung von Texten keine besondere Ausstattung des Computers erfordert, müssen zur Erzeu-

gung und Bearbeitung von Audio-, Bild- und Videodaten
spezielle Hard- und Softwarekomponenten eingesetzt
werden.

Mit Hilfe von Audiokarten können Sprache, Musik und
Geräusche digitalisiert, anschließend auf dem Computer
nach Bedarf modifiziert und Anwendungsprogrammen
zur Verfügung gestellt werden. Als Tonquellen kommen
Bänder, Audio-CDs oder Audiokassetten zum Einsatz,
oder es wird direkt mit einem Mikrofon gearbeitet. Neben
den verschiedenen Audioquellen können für die Tonwie-
dergabe Ausgabegeräte wie Lautsprecher oder Kopfhörer
an die Audiokarte angeschlossen werden.

Zur Erzeugung von digitalem Video ist, wie bei der Ver-
arbeitung von Ton, eine Zusatzhardware notwendig, die
sogenannte Videokarte. Diese kann mit Videosignalen aus
Bildplattenspieler, Videorecorder oder Videokamera gespeist werden, die auf dem Rechner digital gespeichert
werden.

Während bei der Codierung von Text nur geringe Datenmengen anfallen, erfordert die digitale Speicherung von
Ton- oder Bildinformationen die einhundertfache bis tau-
sendfache Speicherkapazität. Daher werden zukünftig optische Speichermedien in Zusammenhang mit Multimedia
eine tragende Rolle spielen.[38] Sie bieten zwar derzeit hinsichtlich ihrer Beschreibbarkeit noch nicht die gleiche
Flexibilität wie magnetische Speicherungsverfahren,
zeichnen sich aber durch ihre geringen Herstellungsko-
sten, ihre hohe Speicherkapazität und ihre sehr hohe Zuverlässigkeit aus.

Wie bereits erwähnt, fallen bei der Handhabung von
Ton-, Bild- und Videodaten sehr große Datenmengen an.
Trotz der heute bereits hohen Leistungsfähigkeit der
Hardware müssen bei umfangreichen Anwendungen, wie
des Computer Based Trainings, Verfahren zur Datenreduktion angewendet werden. Ein wesentliches Kriterium
zur Beurteilung der verschiedenen Verfahren ist die Wie-
dergabequalität der Ausgabedaten. Die Wiedergabequa-
lität sollte sich aber nicht an dem technischen Optimum
orientieren, sondern auf die Anforderungen des Nutzers
abgestimmt sein. So wird beispielsweise eine relativ geringe Tonqualität (z.B. beim Telefonieren) nicht negativ

• Datenreduktion ist
unverzichtbar

empfunden, wenn dies durch den Zweck und geringere Kosten gerechtfertigt erscheint.[39] Der Speicherbedarf digitaler Bilder und Videos hängt im wesentlichen von der Farbtiefe, der Auflösung (Anzahl von Pixel pro Flächeneinheit) sowie der Anzeigegeschwindigkeit (bei Bewegtbildern) ab. Über verschiedene Verfahren der Datenreduktion können auch hier die anfallenden umfangreichen Datenmengen multimedialer Anwendungen reduziert werden.

2.4.2   Multimedia und Computer Based Training (CBT)

• Multimedia eröffnet die dritte Dimension in der Wissensvermittlung

Die vielen technischen Multimedia-Einsatzmöglichkeiten erwecken den Eindruck, zur Lösung jedes Schulungsproblems das geeignete Medium auf dem Computer zur Verfügung zu haben. Während auf konventionellen Systemen nur Texte und einfache Grafiken handhabbar waren, können jetzt Ton, Animationen oder Video eingesetzt werden.

Die Weiterentwicklungen und die günstige Preisentwicklung der Multimedia-Hard- und Software lassen in Zukunft einen breiten Einsatz dieser Technologie erwarten. Damit besteht die Möglichkeit, auch Computer Based Training über multimediale Komponenten attraktiver und qualitativ besser zu gestalten.

Durch die Integration von Multimedia-Komponenten steigen jedoch auch die Kosten für die CBT-Entwicklung und die CBT-Nutzung gegenüber den reinen text- und grafikorientierten Systemen. Der erhöhte Aufwand des Multimedia-Einsatzes beim Computer Based Training rechtfertigt sich daher nur, wenn gleichzeitig auch der erhoffte Schulungs- bzw. Lernerfolg steigt. Es sollte daher während der CBT-Konzeption immer die Frage zur Bewertung herangezogen werden, ob von dem Einsatz der geplanten Multimediakomponente ein erhöhter Schulungserfolg zu erwarten ist. Da ein entsprechender Nachweis in der Regel erst in der Evaluationsphase erbracht werden kann, ist es notwendig, während der Konzeptionsphase schon die didaktische Gestaltung mit einzubeziehen. Dies ist insbesondere in frühen CBT-Entwicklungsphasen erforderlich, um bereits hier schon eine gesicherte Entscheidung über den sinnvollen Einsatz der verschiedenen Medien in einem CBT-Programm zu treffen.

Mit Hilfe der Multimedia-Technologie können Szenarien in CBT-Programme eingebaut werden, die neben reinem Faktenwissen auch beispielsweise menschliches Verhalten im Film darstellen. Daher ist der Einsatz von Video ein wichtiger Bestandteil zur Vermittlung von Lernzielen, die die innere Einstellung der Lernenden (Mitarbeiter) betreffen (vgl. auch Abschn. 2.2). Ähnlich wie die Visualisierung menschlichen Verhaltens erlaubt erst der Einsatz von Multimedia in einem CBT-Programm die Vermittlung dynamischer Abläufe und Funktionsbereiche, z.B. innerhalb eines Unternehmens. Eingriffe in betriebliche Abläufe oder technische Prozesse können simuliert und die Reaktion des Systems verdeutlicht werden.

Die dargelegten Anwendungsfelder der Multimedia-Technik eröffnen auch der rechnerunterstützten QM-Schulung breite Anwendungsfelder. Die Integration von multimedialen Komponenten in rechnergestützte Lernprogramme verspricht eine Erhöhung des Schulungserfolges und erweitert gleichzeitig die Vermittelbarkeit der unterschiedlichen Lernzielbereiche.

2.5 Aufwand und Schulungserfolg computerbasierter Lernmedien

Die Grenzen von CBT-Programmen werden durch didaktische, technische, organisatorische und wirtschaftliche Aspekte geprägt. Nachdem bereits die didaktische und die technische Seite computerbasierter Lehr- und Informationssysteme beleuchtet wurde, sollen nun die wirtschaftlichen Gesichtspunkte betrachtet werden (Abb. 2.3).

Wirtschaftlichkeit von CBT-Programmen: Verhältnis von Schulungserfolg zu Aufwand

Die Wirtschaftlichkeit eines CBT-Programms hängt von dem Verhältnis zwischen Aufwand und Nutzen ab, wobei sich Aufwand aus Erstellungs- und Schulungsaufwand zusammensetzt, während sich der Nutzen aus dem Schulungserfolg, also dem Erreichen von Qualifikationszielen und der Anzahl geschulter Mitarbeiter ableitet.

Der Erstellungsaufwand wird maßgeblich durch Zeit- und Kostenfaktoren beeinflußt. Hierzu liegen bisher nur

Erstellungsaufwand

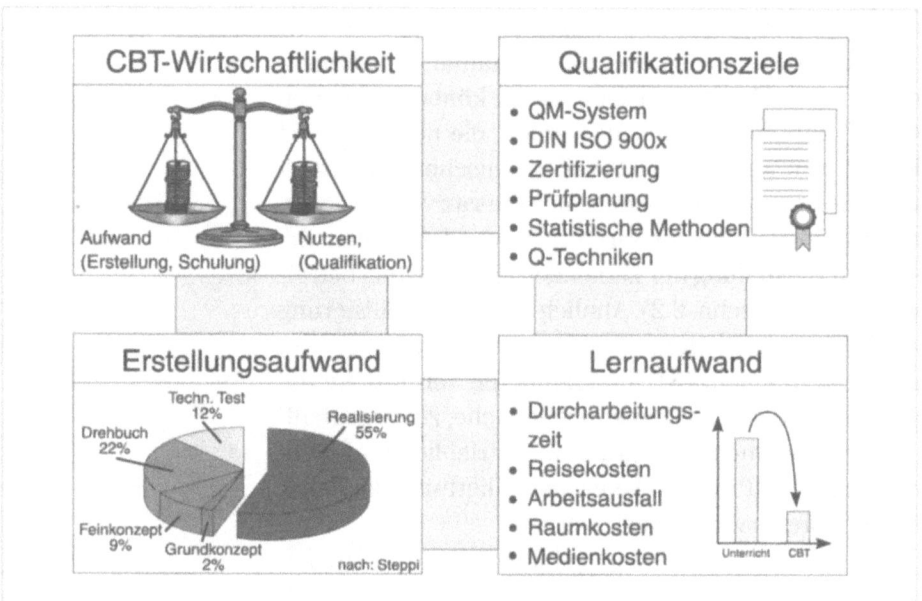

Abb. 2.3: Wirtschaftlichkeit von CBT-Programmen

wenige fundierte Zahlen vor [40]. Große Schwierigkeiten bereitet auch die Abschätzung des Schulungserfolges, da vor Fertigstellung des CBT-Programms das Erreichen der Lernziele nicht zu beurteilen ist. Dennoch muß die CBT-Programm-Erstellung kalkulierbar sein, damit eine fundierte Entscheidung für oder gegen eine CBT-Entwicklung getroffen werden kann.

Legt man Erfahrungswerte zugrunde (Abb. 2.3), so ist ersichtlich, daß der größte Aufwand bei der CBT-Erstellung in die Phase der Realisierung fällt, wobei die einzelnen Phasen im Sinne des Prototyping mehrfach durchlaufen werden können. [41] Die Phase der Erstellung umfaßt u.a. die Arbeit mit dem Autorensystem und externen Grafikprogrammen und macht 55% des gesamten Erstellungsaufwandes aus. Daher ist die Realisierungsphase insbesondere interessant für Rationalisierungsmaßnahmen. Im Kapitel 3.1.3 werden entsprechende Tools vorgestellt oder weiterentwickelt, die die einzelnen Lernprogramm-Entwicklungsphasen unterstützen und insbesondere helfen, den Realisierungsaufwand zu reduzieren.

Der Aufwand in der Realisierungsphase wird besonders durch die Anzahl und Komplexität geplanter Interaktionen, die Vielfalt und Tiefe alternativer Lernwege und die Ausführungsgüte von Grafiken, Videos sowie Simulationen bestimmt. Umfangreiche Simulationen können den Aufwand vervielfachen. Daher müssen bereits in der Konzeptphase Kriterien zur Verfügung stehen, die eine fundierte Entscheidung über den Einsatz von CBT-Gestaltungselementen erlauben.

Der Lernaufwand ist neben dem Erstellungsaufwand die zweite bestimmende Größe für den CBT-Aufwand. Als wesentliche Beurteilungsgröße für den Lernaufwand wird die mittlere Durcharbeitungszeit durch das CBT-Programm herangezogen.[42] Allerdings hängt die Durcharbeitungszeit vom Umfang des Programms und den zu erreichenden Lernzielen ab. Dennoch kann sie zum Vergleich zwischen CBT-Programmen und alternativen Schulungsformen herangezogen werden. So konnte beispielsweise in einem Feldversuch der Daimler Benz AG in Gaggenau der CBT-Schulungserfolg unter Einbeziehung dieser Beurteilungsgröße nachgewiesen werden (Abb. 2.4):[43]

Vierzig Auszubildende wurden in vier Gruppen jeweils in unterschiedlicher Weise mit dem gleichen Lehrstoff (Toleranzen und Passungen) konfrontiert. Hierbei lern-

• Lernaufwand

Gruppe	Lernzeit	Punktzahl im Abschlußtest	Leistungs- steigerung
1	2-3 Std.	15,8	283%
2	2-3 Std.	14,3	246%
3	1,25 Tage	7,6	84%
4	1,25 Tage	11,8	186%

Abb. 2.4: CBT-Feldversuch (Daimler Benz AG)

ten die Gruppen 1 und 2 mit CBT-Programmen am Rechner, die Gruppe 3 selbständig mit Büchern, und die Gruppe 4 wurde in traditioneller Weise von einem Lehrer unterrichtet. Das Ergebnis spricht für sich: Die Auszubildenden am Rechner bewältigten den Lernstoff dreimal schneller als ihre Kollegen im konventionellen Unterricht und konnten ihre Leistungen wesentlich stärker steigern.

• Lernerfolg

Dieser Feldversuch (Abb. 2.4) verdeutlicht, daß zur Beurteilung der Wirtschaftlichkeit eines CBT-Programms neben dem bereits erörterten Erstellungs- und Lernaufwand auch der erzielbare Lernerfolg (Leistungssteigerung) auf der Nutzenseite herangezogen werden muß. Nicht ganz so spektakuläre Zahlen ergaben sich bei Diplomarbeiten an der Universität Regensburg. Es wurde ermittelt, daß 20 Prozent der Teilnehmer einer Multimedia-Schulung schneller lernten als eine konventionelle Vergleichsgruppe.[44]

Das Erreichen von Qualifikationszielen ist die bestimmende Größe zur Messung des CBT-Nutzens, die sehr stark von didaktischen Aspekten beeinflußt wird. Im Hinblick auf die Vermittlung von QM-Wissen seien als fördernde Faktoren an dieser Stelle u.a. die Individualisierung der Lerngeschwindigkeit, die Möglichkeit der Simulation von QM-Prozessen, das Lernen am Arbeitsplatz und die Anpassung von CBT-Programmen an Vorkenntnisse von Mitarbeitern genannt.

• Teilnehmerzahl als bestimmender Faktor für den Einsatz computerbasierter Lernmedien

Der Gesamtnutzen, der durch eine CBT-Schulung erzielt werden kann, ergibt sich nach den bisherigen Überlegungen über das Produkt aus dem Erreichen von Qualifikationszielen (pro Mitarbeiter) und der Anzahl erfolgreich geschulter Mitarbeiter. Nach vorsichtigen Schätzungen von Steppi ist Computer Based Training bis zu einer Gesamtzahl von 500 zu schulenden Personen nicht unbedingt preiswerter als konventionelle Schulungen.[45] Für freie CBT-Produzenten bedeutet dies, daß ein Programm eine Marktchance hat, wenn deutlich über 500 Lizenzen verkauft werden können. Andererseits bedeutet dies aus wirtschaftlicher Sicht für kleine Unternehmen, die nur Schulungsbedarf für wenige Mitarbeiter haben, daß sie derzeit in aller Regel keine an ihr Unternehmen adaptierten bzw. angepaßten CBT-Programme entwickeln lassen oder kaufen können.

Dieser Leitfaden soll jedoch helfen, diese Grenze nach unten zu verschieben und einen Beitrag dazu leisten, daß auch kleinen Zielgruppen ein Zugang zur CBT-Technologie geschaffen werden kann. Hierzu werden im folgenden Kapitel Werkzeuge, Hilfsmittel und Vorgehensweisen vorgestellt, die ermöglichen sollen, zielgerichtet und schnell leistungsfähige Lernprogramme für die Vermittlung von QM-Wissen am Arbeitsplatz zu erstellen.

Anmerkungen

1 vgl. Zimmer, G.: Neue Weiterbildungsmethoden mit multimedialen Lernsystemen. Berufsbildung in Wissenschaft und Praxis, 1991, 5, S. 2-9
vgl. Sommer, W.: Neue Medien in der Aus- und Weiterbildung. Berlin, Schmidt 1987

2 vgl. Euler, D.: Didaktik des computerunterstützten Lernens: praktische Gestaltung und theoretische Grundlagen. Nürnberg, BW Bildung und Wissen 1992

3 vgl. Seidel, C. & Lipsmeier, A.: Computerunterstütztes Lernen. Entwicklungen, Möglichkeiten, Perspektiven. Stuttgart, Verlag für Angewandte Psychologie 1989

4 vgl. Euler, D.: Didaktik des computerunterstützten Lernens: praktische Gestaltung und theoretische Grundlagen. Nürnberg, BW Bildung und Wissen 1992, S. 11

5 vgl. Euler, D.: Didaktik des computerunterstützten Lernens: praktische Gestaltung und theoretische Grundlagen. Nürnberg, BW Bildung und Wissen 1992, S. 16

6 vgl. z.B. Zimmer, G.: Neue Lerntechnologien: Eine neue Strategie beruflicher Bildung. In G. Zimmer (Hrsg.): Interaktive Medien für die Aus- und Weiterbildung. Marktübersicht, Analysen, Anwendungen (S. 13-27). Nürnberg, BW Bildung und Wissen 1990

7 vgl. Streitz, N. A.: Hypertext D Ein innovatives Medium zur Kommunikation von Wissen. In P. Gloor & N.A. Streitz (Hrsg.): Hypertext und Hypermedia: Von theoretischen Konzepten zur praktischen Anwendung (S. 10-27). Heidelberg, Springer 1990

8 vgl. Götz, K. & Häfner, P.: Computerunterstütztes Lernen in der Aus- und Weiterbildung. Weinheim, Dt. Studienverlag 1991, S. 23

9 vgl. Ertelt, B. J.: Report: Lernsysteme mit Computer-Video-Kopplung. Medienpsychologie, 1989, 1, S. 75-85
vgl. Euler, D.: Didaktik des computerunterstützten Lernens: praktische Gestaltung und theoretische Grundlagen. Nürnberg, BW Bildung und Wissen 1992
vgl. Euler, D.: Kommunikationsfähigkeit und computerunterstütztes Lernen. Köln, M. Botermann 1989

vgl. Häfner, K., Eichmann, E. H. & Hinze, C.: Denkzeuge. Was leistet der Computer? Was muß der Mensch selbst tun? Basel, Birkhäuser 1987

vgl. Sacher, W.: Computer und die Krise des Lernens. Bad Heilbrunn, Klinkhardt 1990

10 vgl. Mandl, H. & Hron, A.: Psychologische Aspekte des Lernens mit dem Computer. In W. Hosseus (Hrsg.): Computer als Unterrichtsmedium. Abschlußbericht eines Modells zur Entwicklung, Erprobung und Bewertung von Computersoftware für den Unterricht (S. 55-85). Mainz, v. Hase & Köhler, 1991 S. 60

11 vgl. Kunz, G. C. & Schott, F.: Intelligente Tutorielle Systeme. Neue Ansätze der computerunterstützten Steuerung von Lehr-Lern-Prozessen. Göttingen, Hogrefe 1987, S. 30

12 vgl. Euler, D.: Didaktik des computerunterstützten Lernens: praktische Gestaltung und theoretische Grundlagen. Nürnberg, BW Bildung und Wissen 1992, S. 17

13 vgl. Euler, D.: Didaktik des computerunterstützten Lernens: praktische Gestaltung und theoretische Grundlagen. Nürnberg, BW Bildung und Wissen 1992

14 vgl. Janotta, H.: CBT D Computer-Based-Training in der Praxis. Landsberg/Lech, Moderne Industrie, 1990, S. 64

15 vgl. Euler, D.: Didaktik des computerunterstützten Lernens: praktische Gestaltung und theoretische Grundlagen. Nürnberg, BW Bildung und Wissen 1992, S. 26

16 vgl. Mandl, H. & Hron, A.: Wissenserwerb mit Intelligenten Tutoriellen Systemen. Unterrichtswissenschaft, 1986, 4, S. 358-371

17 vgl. Sacher, W.: Computer und die Krise des Lernens. Bad Heilbrunn, Klinkhardt 1990, S. 69

18 vgl. Fischer, P. M. & Mandl, H.: Konsequenzen der Tagung „Interaktives Lernen mit neuen Medien". In P. M. Fischer, H. Mandl, & K. Meynersen (Hrsg.): Interaktives Lernen mit neuen Medien. Möglichkeiten und Grenzen (S. 257-260). Tübingen, Dt. Institut für Fernstudien 1989

19 vgl. Euler, D.: Didaktik des computerunterstützten Lernens: praktische Gestaltung und theoretische Grundlagen. Nürnberg, BW Bildung und Wissen 1992

20 vgl. Kunz, G. C. & Schott, F.: Intelligente Tutorielle Systeme. Neue Ansätze der computerunterstützten Steuerung von Lehr-Lern-Prozessen. Göttingen, Hogrefe 1987

vgl. Spada, H. & Opwis, K.: Intelligente Tutorielle Systeme aus psychologischer Sicht. In H. Mandl & P.M. Fischer (Hrsg.): Lernen im Dialog mit dem Computer (S. 13-23). München, Urban & Schwarzenberg 1985

21 Götz, K. & Häfner, P.: Didaktische Organisation von Lehr- und Lernprozessen. Ein Lehrbuch für Schule und Erwachsenenbildung. Weinheim, Dt. Studienverlag 1992, S. 194

22 vgl. Gage, N. L. & Berliner, D. C.: Pädagogische Psychologie. Weinheim, Beltz 1986

vgl. Golas, H. G.: Berufs- und Arbeitspädagogik für Ausbilder. Band 1: Grundfragen der Berufsbildung, Planung und Durchführung der Ausbildung. Essen, Girardet 1982

23 vgl. Gage, N. L. & Berliner, D. C.: Pädagogische Psychologie. Weinheim, Beltz 1986

24 vgl. Bloom, B. S., Englehardt, M. B., Furst, E. J., Hill, W. H. & Krathwohl, D. R.: Taxonomie von Lernzielen im kognitiven Bereich. Weinheim, Beltz 1972

vgl. Krathwohl, D. R., Bloom, B. S. & Masia, B.: Taxonomie von Lernzielen im affektiven Bereich. Weinheim, Beltz 1975

vgl. Dave, R. H.: Eine Taxonomie pädagogischer Ziele und ihre Beziehung zur Leistungsmessung. In K. Ingenkamp & T. Marsolek (Hrsg.): Möglichkeiten und Grenzen der Testanwendung in der Schule. Weinheim, Beltz 1968

25 vgl. Götz, K. & Häfner, P.: Computerunterstütztes Lernen in der Aus- und Weiterbildung. Weinheim, Dt. Studienverlag 1991

26 vgl. Fischer, P. M.: Grundsätzliche Erwägungen zum Begriff „Interaktivität." In P. M. Fischer, H. Mandl, & K. Meynersen (Hrsg.): Interaktives Lernen mit neuen Medien. Möglichkeiten und Grenzen (S. 43-60). Tübingen, Dt. Institut für Fernstudien 1989

vgl. Mandl, H. & Hron, A.: Psychologische Aspekte des Lernens mit dem Computer. In W. Hosseus (Hrsg.): Computer als Unterrichtsmedium. Abschlußbericht eines Modells zur Entwicklung, Erprobung und Bewertung von Computersoftware für den Unterricht (S. 55-85). Mainz, v. Hase & Köhler 1991

27 vgl. Götz, K. & Häfner, P.: Computerunterstütztes Lernen in der Aus- und Weiterbildung. Weinheim, Dt. Studienverlag 1991

28 vgl. Fischer, P. M.: Grundsätzliche Erwägungen zum Begriff „Interaktivität". In P. M. Fischer, H. Mandl, & K. Meynersen (Hrsg.): Interaktives Lernen mit neuen Medien. Möglichkeiten und Grenzen. Tübingen, Dt. Institut für Fernstudien 1989

29 vgl. Götz, K. & Häfner, P.: Computerunterstütztes Lernen in der Aus- und Weiterbildung. Weinheim, Dt. Studienverlag 1991

30 vgl. Götz, K. & Häfner, P.: Computerunterstütztes Lernen in der Aus- und Weiterbildung. Weinheim, Dt. Studienverlag 1991, S. 153

31 vgl. Götz, K. & Häfner, P.: Computerunterstütztes Lernen in der Aus- und Weiterbildung. Weinheim, Dt. Studienverlag 1991, S. 157

32 Leutner, D.: Computerunterstützte Planspiele als Instrument der Personalentwicklung. In T. Geilhardt & T. Mühlbradt (Hrsg.): Planspiele im Personal- und Organisationsmanagement (S. 105-116). Göttingen, Verlag für Angewandte Psychologie 1994

33 vgl. Leutner, D.: Adaptive Lehrsysteme. Instruktionspsychologische Grundlagen und experimentelle Analysen. Beltz D PVU, Weinheim 1992

34 vgl. Leutner, D.: Adaptivität und Adaptierbarkeit multimedialer Lehr- und Informationssysteme. In L.J. Issing & P. Klimsa (Hrsg.): Information und Lernen mit Multimedia. Beltz D PVU, Weinheim 1995, S. 139-149

35 vgl. Steinbrink, B.: Multimedia, Einstieg in eine neue Technologie. München, Markt & Technik 1992

36 vgl. Meyer-Wegener, K.: Multimedia-Datenbanken, Einsatz von Datenbanktechniken in Multimedia-Systemen. Stuttgart, Teubner 1991

37 vgl. Klimsa, P.: Neue Medien und Weiterbildung: Anwendung und Nutzen in Lernprozessen der Weiterbildung. Weinheim, Dt. Studienverlag 1993
   vgl. Klocke, R.: Lernerfolge wie aus einem Buch. pablo, Magazin für Electronic Design, C-Tech Verlags GmbH, Ismaning, 1994, 7, S. 13

38 vgl. Steenis, H.: Informationssysteme: Wie man sie plant, entwickelt und nutzt. München, Hanser 1992
   vgl. Meyer-Wegener, K.: Multimedia-Datenbanken, Einsatz von Datenbanktechniken in Multimedia-Systemen. Stuttgart, Teubner 1991

39 vgl. Meyer-Wegener, K.: Multimedia-Datenbanken, Einsatz von Datenbanktechniken in Multimedia-Systemen. Stuttgart, Teubner 1991

40 vgl. Euler, D.: Didaktik des computerunterstützten Lernens; Praktische Gestaltung und theoretische Grundlagen. Nürnberg, BW Bildung und Wissen 1992

41 vgl. Steppi, H.: Computer Based Training. Planung, Design und Entwicklung interaktiver Lernprogramme. Stuttgart, Klett 1990

42 vgl. N.N.: Computer Based Training: Erfolgreicher und mit mehr Spaß. Elektronik, 1993, 6, S. 144
   vgl. Steppi, H.: Computer Based Training. Planung, Design und Entwicklung interaktiver Lernprogramme. Stuttgart, Klett 1990

43 vgl. N.N.: Computer Based Training: Erfolgreicher und mit mehr Spaß. Elektronik, 1993, 6, S. 144

44 vgl. Wagner, B.: Multimedia in der betrieblichen Weiterbildung, Elektronik, 1995, 5, S. 192-193

45 vgl. Steppi, H.: Computer Based Training. Planung, Design und Entwicklung interaktiver Lernprogramme. Stuttgart, Klett 1990

3 Wie läßt sich die Qualität computerbasierter Lernmedien bereits in der Entwicklung sicherstellen?

• Der Computer als Bildungsmedium

Seit dem Aufkommen der ersten Computer wurde versucht, diese für Bildungszwecke einzusetzen. Durch technische Fortschritte haben sich die Voraussetzungen für diesen Einsatz gegenüber den ersten Ansätzen in den 60er Jahren erheblich verbessert.[1] Wie bereits im letzten Kapitel gezeigt, bescheinigen Untersuchungen der computerunterstützten Wissensvermittlung einen sehr guten Lernerfolg, so daß bei weiter anhaltendem Preisverfall von Hard- und Software in nächster Zukunft mit einem enormen Zuwachs des Computers als Bildungsmedium zu rechnen ist.

Ausgehend von dem in der Einleitung dargestellten Qualifikationsbedarf im Bereich des industriellen Qualitätsmanagements und den in Kap. 2 aufgezeigten Möglichkeiten der rechnergestützten Wissensvermittlung werden im folgenden die Grundlagen der Entwicklung rechnerunterstützter Lernprogramme behandelt, und es wird aufgezeigt, wie diese Techniken zum QM-Wissenstransfer eingesetzt werden können.

In Kap. 3.1 werden, aufbauend auf einem Konzept für eine rechnerunterstützte CAQ-Schulung, Hilfsmittel und Verfahren vorgestellt, mit denen CAQ-Teachware systematisch erstellt werden kann. Die Anwendbarkeit und Effektivität der vorgestellten Werkzeuge und Tools wurde durch die Programmierung und die Evaluation eines CAQ-Lernprogrammprototypen nachgewiesen, was in Kap. 3.2 dokumentiert wird.

3.1   Qualität durch systematische Entwicklung von Lernprogrammen

Die systematische Entwicklung von Lernprogrammen soll im folgenden in drei aufeinander aufbauenden Schritten hergeleitet werden. Ausgehend von den Entwicklungsgrundlagen rechnergestützter Schulung, wird ein Konzept rechnergestützter Schulungsprogramme für das Qualitätsmanagement entwickelt, und es werden daraus Methoden, Werkzeuge und Hilfsmittel zur Entwicklung von QM-Lernsoftware abgeleitet.

3.1.1   Entwicklungsgrundlagen rechnergestützter QM-Schulung

Im folgenden werden, ausgehend von einer allgemeinen Darstellung der Wissensvermittlung in nichtlinearen Strukturen, mögliche Hypermedia-Anwendungsbereiche im Qualitätsmanagement aufgezeigt. Der dazu notwendige Dialog mit dem Rechner wird ebenso beleuchtet wie die dabei einzusetzenden multimedialen Gestaltungselemente und die zur Realisierung benötigte Hard- und Software

3.1.1.1 Nichtlineare Informationssysteme

• Hypertext- und Hypermediasysteme zur Vermittlung von vernetzten Wissensstrukturen

Viele Themenbereiche des Qualitätsmanagements erfordern aufgrund ihrer Komplexität und ihrer Vielzahl von Abhängigkeiten eine Informationsbereitstellung und damit eine Wissensvermittlung in nichtlinearen Strukturen. Doch diesem Prinzip kommen konventionelle Lernmethoden, wie das Lernen aus Büchern, nicht nach. Dies zeigt sich besonders deutlich beim Lernen von Wirkzusammenhängen.

Hypertext- und Hypermediasysteme sind nichtlineare Informationssysteme, die der Wissensvermittlung von nicht linearen Strukturen und Abhängigkeiten Rechnung tragen. Mit ihnen gelingt der Zugriff auf vernetzte Wissensstrukturen über das Springen zu Querverweisen und verwandten Themengebieten. Soweit diese Informationssysteme auf Texten basieren, werden sie als "Hypertextsysteme" bezeichnet; enthalten sie auch andere multimediale Inhalte wie Ton, Bild, Grafik oder Animation, wird in der Regel der Begriff „Hypermediasystem" verwendet (vgl. Abb. 3.1). Hypermediasysteme lassen sich durch informatorische Einheiten, die auch häufig als Objekte, Knoten oder Karten bezeichnet werden, und deren Verknüpfungen („links") beschreiben. Die Steuerung erfolgt über sogenannte „Schlüsselbegriffe", eine besonders markierte Information in der Erklärung eines Sachverhaltes, durch deren Aufruf eingehendere Informationen zu diesem Begriff angezeigt werden. Man erkennt, daß dieser Vorgang in „tieferen Ebenen" durch weitere Schlüsselbegriffe beliebig oft wiederholbar ist, so daß sich der Nutzer zu jedem unbekannten Begriff wieder weitere Informationen ausgeben lassen kann, beispielsweise die Definition von Fachbegriffen. Das Hyperprinzip ermöglicht es so, Informationen für verschiedene Wissensstufen in dieselbe Anwendung zu integrieren: Der Fachmann braucht keine Zeit mit überflüssigen Definitionen zu verschwenden,

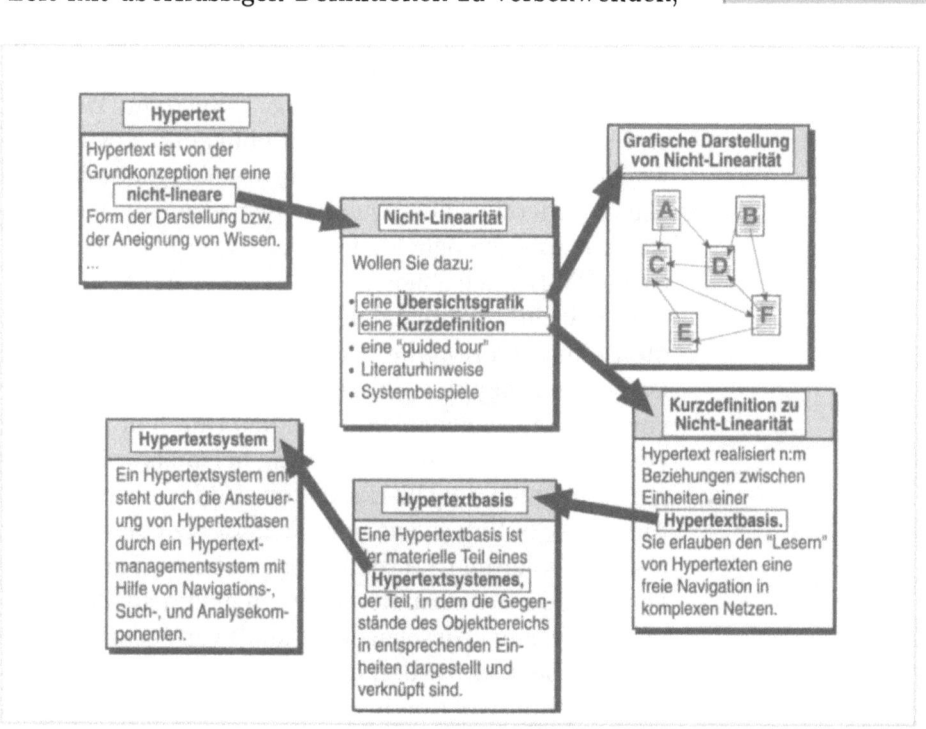

Abb. 3.1: Hypertext-Verknüpfungsbeispiel für „Nichtlinearität"

• Navigationsober-
flächen und
Hilfesysteme

während der Anfänger schnellen Zugriff auf das benötigte Zusatzwissen hat.

Bei großen Informationsmengen wird allerdings die Komplexität des entstehenden mehrdimensionalen Hypernetzwerkes stark ansteigen. Daher sind dem Nutzer eines solchen Systems Orientierungshilfen und Navigationsmittel an die Hand zu geben, damit es nicht zu dem häufig zitierten Effekt des „lost in hyperspace" kommen kann. Beispiele solcher Hilfsmittel sind Inhaltsverzeichnisse, „fisheye views", graphische Übersichten, Pfade oder Lesezeichen sowie Register und Glossare. Diese neuen informationstechnischen Möglichkeiten sowie die leichte Bedienbarkeit sind die Erfolgsfaktoren der Hypersysteme.

3.1.1.2 Hypermedia-Anwendungsbereiche im Qualitätsmanagement

Hypermediasysteme kommen überall dort zum Einsatz, wo Daten und Informationen verschiedener Medien erfaßt, gespeichert und verarbeitet werden. Es sind dies vor allem die Bereiche Archivierung, Unterricht, Werbung und Unterhaltung, Entwurf und Publikation sowie Überwachung.[2] Spiegelt man diese Anwendungsbereiche an den Anforderungen des Qualitätsmanagements, so lassen sich die Einsatzmöglichkeiten der Hypermediatechnologie im QM-Bereich ableiten:

• Multimediale
Techniken zur
Dokumentation
qualitätsbezogener
Informationen...

Eine wichtige Aufgabe des Qualitätsmanagements ist die Dokumentation und Erfassung qualitätsbezogener Daten von Produkten, Prozessen oder der Überwachung von Qualitätsmanagementsystemen. Durch die Nutzung von Multimedia können zukünftig beispielsweise Röntgenaufnahmen von Werkstücken, Bilder beschädigter Anlagen oder Videos aus dem Feldeinsatz eines Produktes interessierten Unternehmensbereichen wie Einkauf, Vertrieb oder Konstruktion über ein multimediales Informationssystem (Wissensvermittlung) verfügbar gemacht werden. Ebenso werden die Bereiche Entwurf, Gestaltung und Konstruktion in Zukunft mit Hypermediasystemen arbeiten und Photos, Videos und akustische Aufzeichnungen in die produktbegleitenden Unterlagen ein-

binden. Weitere Anwendungsfelder sind auch in den
präventiven Qualitätsmanagementmethoden zu finden,
die über die multimedialen Daten auf Schätzungen und
Erfahrungswissen vorgelagerter Bereiche zurückgreifen
können.[3]

Für das Gebiet des Qualitätsmanagements bietet die Integration von Hypermedia-Komponenten im Bereich der
rechnerunterstützten QM-Schulung einen sinnvollen Ansatz zur Veranschaulichung und zur Wissensvermittlung
von komplexen Sachverhalten. Die derzeit hauptsächlich
verbreitete Anwendungsart sind interaktive Videokurse,
die beispielsweise zur Schulung der statistischen Prozeß-
Regelung (SPC) eingesetzt werden.[4] Empirische Untersuchungen zeigen jedoch, daß diese Systeme noch um
grundlegende Elemente erweitert werden müssen.[5] Ein
zentrales Moment der Kritik ist dabei die Feststellung,
daß der interaktive Videokurs die Anschaffung teurer
Schulungshardware (pro Lernplatz ca. 30 bis 50 TDM)
voraussetzt und nicht an branchen- bzw. firmenspezifische Lerninhalte adaptiert werden kann.

Für den Bereich Schulung wird Multimedia bereits heute sinnvoll eingesetzt, so daß diesem Multimedia-Einsatz-
feld für die rechnerunterstützte QM-Schulung eine besondere Bedeutung zukommt.[6]

* … und zur
Wissensvermittlung im
Qualitätsmanagement

3.1.1.3 Grundformen der Interaktion

Unter Interaktion soll im folgenden der wechselseitige
Dialog zwischen dem Lernenden einerseits und, im Falle
des Computer Based Training, dem Computer andererseits verstanden werden. Zum Aufbau einer Interaktion
sind daher mindestens zwei miteinander kommunizieren-
de Stellen notwendig, die Interaktionspartner genannt
werden.

Nach Steppi lassen sich Interaktionen zwischen dem
Lernenden und dem Computer auf zwei Grundformen
zurückführen (vgl. Abb. 3.2):[7] Die dargestellte Interaktionsform 1 gliedert sich in Frage, Antwort, Antwortanalyse und Rückmeldung; Interaktionsform 2 besteht aus Anweisung, Handlung, Handlungsanalyse sowie einer Rückmeldung.

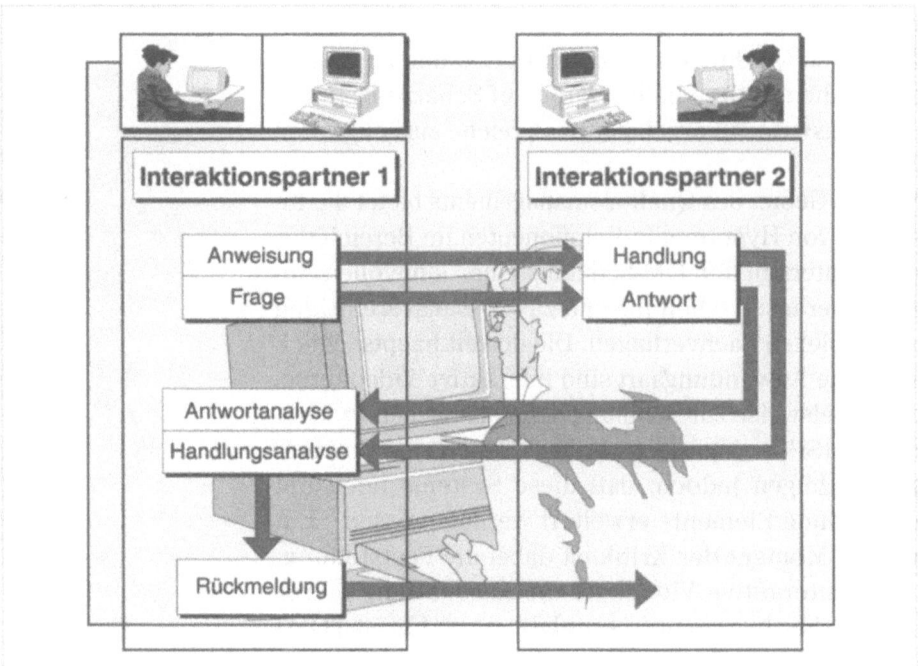

Abb. 3.2:   Grundformen der Interaktion

• Interaktionsformen des Mensch-Maschine Dialoges

Im Gegensatz zu der Interaktion zwischen zwei Personen, die, wie es das tägliche Leben bestätigt, relativ reibungslos abläuft, treten bei der Realisierung von Interaktionen in einem Mensch-Maschine-Dialog Schwierigkeiten zwischen beiden Stellen auf, die vom CBT-Autor beachtet und, wenn möglich, kompensiert werden müssen.

Da derzeit noch keine natürliche Spracheingabe und - interpretation möglich ist, muß auf alternative standardisierte Kommunikationsmöglichkeiten mit dem Computer ausgewichen werden. Eine solche Interaktion kann vom CBT-Autor über eine Bedienerführung und Dialogoberfläche realisiert werden.[8]

Während bei der Interaktionsform 1 von einer ersten Aktion des CBT-Programms ausgegangen wird und der Lernende nur mit einer Antwort/Handlung auf eine Frage/Anweisung des Rechners reagieren kann, wandelt sich sein Verhalten bei der Interaktionsform 2 (vgl. Abb. 3.2) vom Reagieren zum Agieren. Hier erteilt der Lernende dem CBT-Programm Anweisungen.

Eine wirkungsvolle Erscheinungsform von Anweisungen an das CBT-Programm ist eine standardisierte
Benutzerführung, die dem Lernenden Hilfestellungen bei
der Navigation im Lernprogramm bietet. Er kann sich so
die Antwort zu einer aufgetretenen Fragestellung selbst -
aus der Struktur des Programms suchen. Je besser die
Möglichkeiten und je übersichtlicher die Struktur der
dazu einzuschlagenden Wege sind und je schneller der
Lernende eine Antwort auf seine Fragestellung erhält,
desto größer wird die Akzeptanz des Lernprogramms!
Charakteristische Elemente von Benutzerführungen zur
Unterstützung des Dialoges zwischen Lerner und
Computer sind nach Fickert und Steppi: unterschiedliche Sprungfunktionen, Hotwords, Lesezeichen, Wo-
bin-ich-Anzeigen, Wie-gut-bin-ich-Anzeigen, Hilfen und
Lexika.[9]

3.1.1.4 Gestaltungselemente von CBT-Programmen

Aus den Aufgaben der CBT-Programme zur rechnerunterstützten QM-Schulung, nämlich der Wissensvermittlung
und dem Training von Funktionen und Handlungsabläu-
fen, ergeben sich verschiedene Möglichkeiten und Formen der Wissensdarbietung. Die beiden geläufigsten sind
sicherlich die Bereiche Text und Bild. Doch auch Gestaltungselemente wie Animation, Simulation, Ton oder die
Nutzung externer Datenbestände lassen sich auf neuen
multimediafähigen Rechnern effektiv einsetzen und ermöglichen eine anschauliche Darbietung des Lehrstoffes
(vgl. Abb. 3.3).
Text wird als eine grundlegende, wenngleich auch abstrakte Symbolform in jedem CBT-Programm eine Bedeutung haben. Texte müssen in ihrer äußeren Form so
gestaltet werden können, daß sie zur Verständlichkeit
und Anschaulichkeit der Inhalte beitragen.[10] Ein gut ge-
stalteter CBT-Bildschirm enthält nach Möglichkeit keinen Fließtext, sondern prägnante Begriffe und kurze Sätze. Der Text sollte mit Grafik mischbar sein und durch
unterschiedliche Formatierungsmöglichkeiten übersichtlich gestaltet werden können. Letztendlich sollte
der Text durch Funktionen wie Farbgestaltung, Blinken

• Benutzerführung als Schnitt-Stelle zwischen Lerner und CBT-System

• Unterstützung der Wissensvermittlung durch den Einsatz von...

• ...Text

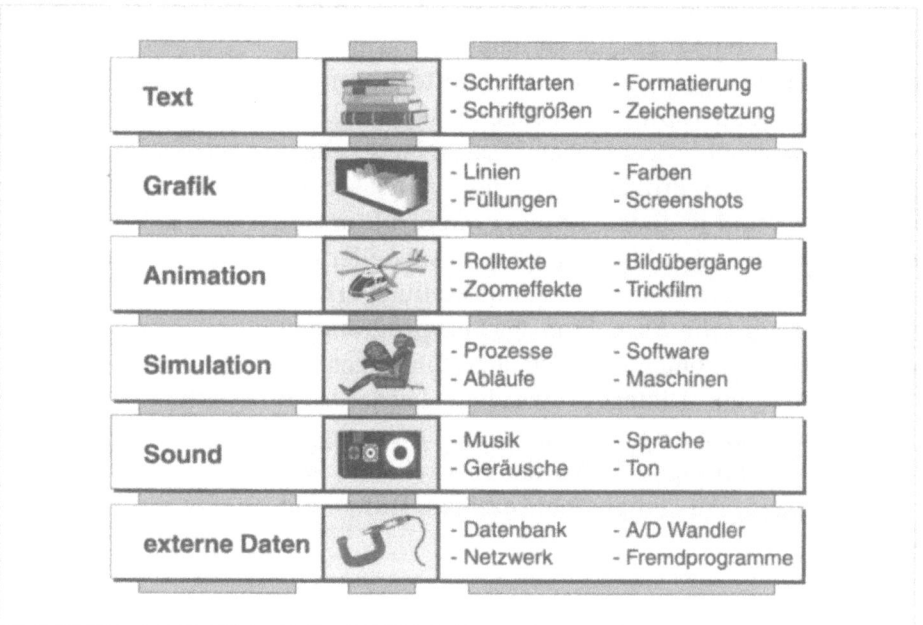

Abb. 3.3:   CBT-Gestaltungselemente

• ...Grafik und Video

• ...Simulation

oder durch Bewegung didaktisch aufbereitet werden können.[11]

Grafiken und Bilder sind ein unverzichtbarer Bestandteil vieler Lernprogramme. Grafikfähige Autorensysteme enthalten entweder einen integrierten Grafikeditor oder erlauben das Einbinden extern erstellter Grafiken oder Bilder.

Bewegte Texte, Bilder, oder Grafiken können komplexe Sachverhalte verständlicher darstellen und die Aufmerksamkeit des Lernenden positiv beeinflussen. So läßt sich beispielsweise der Ablauf eines Bearbeitungsprozesses in vielen Fällen erst mit bewegter Grafik anschaulich und eindeutig darstellen. Weitere Beispiele sind dynamischer Bildaufbau und Bildübergänge, Textanimationen sowie Grafikanimationen.

Die Möglichkeit der Simulation der Auswirkungen von Aktionen des Bedieners ist die herausragende Eigenschaft des Lernens mit CBT. Können in Buch oder Film nur die Folgen von Entscheidungen, auf die der Lernende keine Einflußmöglichkeit hat, dokumentiert werden, so ergibt sich durch die Simulation ein direktes Feedback zwischen Handeln und Auswirkung des Handelns. Die Fragestellung „Was passiert, wenn...?" kann durch CBT-Simulation anschaulich durchgespielt werden. Besonders wenn an eine Entscheidung hohe personelle und materielle Verantwortung geknüpft ist, hat die Möglichkeit der Simulation einer oder mehrerer falscher Entscheidungen große Bedeutung. Ein weiteres Einsatzgebiet liegt in der Simulation von bereits bestehenden Programmen durch die Trainings- und Lernsoftware. Um den Benutzer Schritt für Schritt in ein Programm einzuführen, ist es notwendig, daß dieses zu trainierende Programm auch auf dem Bildschirm visualisiert wird. Eine Trainingssoftware hat jedoch nur Sinn, wenn der Schüler pädagogisch richtig durch das zu schulende Programm geleitet wird. Hier kann nun die Simulation ansetzen: In dem Trainingsprogramm werden Teile des Originalprogramms so simuliert, daß nur die für die entsprechende Lektion notwendigen Funktionen anwendbar sind. Alle anderen vom Lerninhalt wegführenden Optionen werden von der Simulation nicht unterstützt.

Tonelemente wie Musik, Geräusche, Sprache oder Signaltöne lassen sich mit der entsprechenden Hard- und Software problemlos in CBT-Programme einbauen und können die Wissensvermittlung akustisch unterstützen

• ...Ton

Ein wichtiges Kriterium für ein CBT-Programm ist seine Aktualität und seine Anwendungsbezogenheit. Daher ist die Möglichkeit der Einbindung von realen, anwendungsbezogenen Daten in eine allgemeine Lehr- und Trainingssoftware besonders interessant. Bindet man in ein allgemeines Lernprogramm über eine externe Datenbank lerngruppenspezifische Informationen ein, so entsteht ein individualisiertes CBT-System, das den Vorteil leichter Aktualisierbarkeit besitzt. So kann beispielsweise in einem Unternehmen direkt mit den eigenen aktuellen Unternehmensdaten geschult werden, was die Identifikation mit dem Lehrstoff stark erhöht. Eine weitere Möglichkeit der Kommunikation mit der Umwelt stellt eine Analog/Digital-Schnittstelle dar, mit der man analoge Signale in den Rechner einlesen und digital weiterverarbeiten kann. So können Meßmittel, Sensoren, Steuerungen u.ä. an den

• Integration unternehmens- spezifischer Daten

Lernrechner angeschlossen werden. Schließlich sei noch die Möglichkeit des Datenaustausches mit anderen Programmen angesprochen. Prinzipiell ist es möglich, von einem Lernprogramm aus auch Fremdprogramme anzusteuern, ihnen Daten zu übergeben und auch wieder Daten zu übernehmen.

3.1.1.5 Hard- und Software zur CBT-Realisierung

• Multimedia-
Programmiersystem
zur CBT-Erstellung

Die beschriebenen Gestaltungselemente von computergestützten Schulungsprogrammen können nur mit einer geeigneten Hard- und Softwareumgebung realisiert werden. Dazu muß zwischen dem Entwicklungssystem und der Rechnerumgebung, die dem Lernenden zur Verfügung gestellt wird, unterschieden werden. Während der CBT-Programmierer für eine rationelle Lernprogrammerstellung auf leistungsfähige schnelle Hardware und ein umfangreiches Spektrum an Hilfsprogrammen angewiesen ist, sind die Anforderungen an einen Lernplatz geringer.

Zum Erwerb und zur Umsetzung von Qualitätsmanagementwissen am Arbeitsplatz ist auf Rechnersysteme zurückzugreifen, die in der Industrie bereits zu einem großen Teil eingesetzt werden. Dies sind vornehmlich IBM-kompatible Personal Computer, die für den Schulungseinsatz noch um Multimediakomponenten erweitert werden müssen. Hierzu wird ein schneller, leistungsfähiger PC benötigt, der für die Ton- und Bildbearbeitung einen großen Arbeitsspeicher aufweisen und über umfangreiche Speichermedien verfügen sollte. Zusätzlich ist eine leistungsfähige Grafikkarte mit großem Grafikspeicher für einen schnellen Bildaufbau nötig.

• Hardwarekom-
ponenten

Zur Erzeugung von digitalen Videosequenzen ist eine weitere Zusatzhardware notwendig, die sogenannte Videokarte; sie kann von einer Videokamera, einem Bildplattenspieler oder Videorecorder gespeist werden und digitalisiert die analogen Signale, so daß sie im Rechner gespeichert werden können. Die Einbindung von akustischen Elementen erfolgt über eine Soundkarte. Mit ihr können Sprache, Musik und Geräusche digitalisiert und anschließend auf dem Computer bearbeitet werden. Diese digitalen Tonfiles werden dann nach Bedarf in Anwendungsprogramme eingebunden. Als Eingabemedien können Tonbänder, CDs oder Mikrofone direkt an die Audiokarte angeschlossen werden, während die Wiedergabe über externe Aktivboxen oder Kopfhörer erfolgt.

Weitere Zusatzkarten zur Ansteuerung von externen Geräten oder, im Fall der rechnergestützten Qualitätssicherung, zur Datenerfassung mit digitalen Meßmitteln vervollständigen den multimedialen Schulungsrechner. Der Einbau einer leistungsfähigen Netzwerkkarte gibt die Möglichkeit der Kommunikation und des Datenzugriffes in einem Netzwerk.

Die zur CBT-Realisierung notwendige Software läßt sich in die drei Gruppen Betriebssystem, Autorensystem und Hilfsprogramme gliedern. Auf die Basis eines Betriebssystems, das die interne Rechnersteuerung übernimmt, wird eine grafische Benutzeroberfläche aufgesetzt, die in diesem Zusammenhang auch zum Betriebssystem zählen soll. Das CBT-Autorensystem ist die Programmierebene und -sprache, in der das eigentliche CBT-Programm erstellt wird.

Mit der Festlegung eines Betriebssystems, einer grafischen Benutzeroberfläche sowie der Forderung, möglichst viele CBT-Gestaltungselemente nutzen zu können, lassen sich derzeit die Auswahlmöglichkeiten für ein geeignetes Autorensystem bereits auf wenige Programme einschränken.

Zusätzliche Hilfsprogramme vereinfachen den Programmieraufwand durch die Erzeugung von Texten, Grafiken und Videosequenzen, die dann in das Lernprogramm importiert werden können. Da die Entwicklung der Software rasant voranschreitet, sei an dieser Stelle auf eine eingehendere allgemeingültige Erläuterung verzichtet und auf den Abschn. 3.2 „Beispiel eines Lernprogramme zum Thema CAQ" verwiesen.

• Softwarekomponenten

3.1.2 Konzeption von rechnergestützten Schulungsprogrammen für das Qualitätsmanagement

Die Analyse des QM-Wissens in Deutschland im Rahmen dieses Forschungsprojektes zeigte, daß zu vielen The-

menstellungen des Qualitätsmanagements ein großer
Qualifikationsbedarf besteht. Diesen Defiziten stehen
die Erfolgsfaktoren rechnerunterstützter Schulung gegenüber, aus denen sich Anforderungen an die Konzeption von rechnergestützten Schulungsprogrammen für
das Qualitätsmanagement ableiten. Aus diesen Anforderungen läßt sich das Konzept zur rechnergestützten
CAQ-Schulung entwickeln, und daraus folgend lassen
sich die einzelnen Schritte der Umsetzung ableiten. Hier
sollen den CBT-Autoren Vorgehensweisen und Werkzeuge an die Hand gegeben werden, um systematisch
und effizient eine CBT-Software für das Themengebiet
„Qualitätsmanagement" zu erstellen. Während die Kon-
zeptentwicklung in Abschn..3.1.2 beschrieben wird, werden die zur Programmentwicklung vorgeschlagenen Methoden, Hilfsmittel und Werkzeuge in Abschn. 3.1.3 vorgestellt.

3.1.2.1 Anforderungsprofil an ein Konzept zur rechnergestützten CAQ-Schulung

An ein Konzept zur rechnerunterstützten QM-Schulung
werden sowohl Anforderungen aus der Sicht des Qualitätsmanagements als auch aus der Sicht des Computer
Based Training gestellt.

Ein zentraler Kritikpunkt an der heute praktizierten
Schulung und insbesondere auch der QM-Schulung sind
die hohen Kosten, die für die Weiterbildung der Mitarbeiter entstehen. Vor allem bei kleinen und mittelständischen Unternehmen werden Schulungsmaßnahmen aus
„wirtschaftlichen Gründen" oft in den Hintergrund ge-
rückt. Dem steht gegenüber, daß Computer inzwischen,
zumindest in indirekten Produktionsbereichen, allgegenwärtig sind und mittelfristig multimediafähig sein werden. Daher sind CBT-Module zu konzipieren, die ein Lernen vor Ort, also auch am Arbeitsplatz und zu beliebigen
Zeitpunkten, z.B. in „unproduktiven Zeiten", auf bereits
im Unternehmen vorhandenen Computern ermöglichen.
So sollen zeit- und kostenaufwendige Anreisen zu Schulungszentren und entsprechende Ausfallzeiten im Betrieb
reduziert werden.

Computer erlauben eine aktive Interaktion zwischen dem Lernenden und dem Lehr- bzw. Trainingsinhalt, was insbesondere im Rahmen des eigenständigen Lernens von Interesse ist. In diesem Zusammenhang sind bei der Konzeption der CBT-Programme je nach Zielgruppe unterschiedliche Anforderungen zu berücksichtigen. Es müssen sowohl QM-Wissensinhalte (Begriffe und Fakten) als auch intellektuelle Fähigkeiten (z.B. Verstehen von Zusammenhängen, Anwenden des QM-Wissens) vermittelt werden. Das Hypermedia-Prinzip und die Simulation sind vielversprechende Ansätze, um diese Leistungsstufen individuellen Lernens zu erreichen. Die Individualisierung der Lerngeschwindigkeit soll maßgeblich dazu genutzt werden, die Lernenden nicht zu überfordern, aber auch nicht zu unterfordern. Als Voraussetzung müssen hier geeignete Ablauf- und Programmsteuerungen sowie ein geeignetes Navigationsprinzip entwickelt werden. Über eine Trennung von Wissensbasis und Lehr- und Übungsstrategie soll das CBT-Programm schnell und mit geringem Aufwand an sich verändernde Wissensinhalte und firmenspezifische Inhalte angepaßt werden können (Adaptierbarkeit). Es genügt dann, die Wissensbasis auf dem Speichermedium zu überarbeiten, zu kopieren und zu distribuieren.

Die spezifische Mitarbeiterqualifikation auf allen Ebenen des Unternehmens ist eine grundlegende Voraussetzung für funktionierende Qualitätsmanagementsysteme. Unternehmen, die den Forderungen der DIN ISO 9000 ff. genügen wollen, müssen daher Verfahren zur Ermittlung des Schulungsbedarfes einführen und für die Schulung aller Mitarbeiter sorgen, die mit qualitätsrelevanten Tätigkeiten betraut sind.[12] Die systematische Ermittlung schulungsrelevanter QM-Inhalte und die anschließend notwendige Modellbildung zur Vermittlung dieser Inhalte mit Hilfe des Computers sind weitere wichtige Anforderungen an das Konzept. Hier sind Verfahren zur Lehrstoffdefinition und -strukturierung zu generieren, um aus dem umfangreichen Themengebiet des Qualitätsmanagements schulungsrelevante Inhalte ermitteln zu können. Darüber hinaus müssen diese Verfahren eine systematische Dokumentation für die anschließende CBT-Entwicklung gewährleisten.

• Individuelles Lernen, Trennung von Wissensbasis und Lehrstrategie

• Systematische Ermittlung schulungsrelevanter Inhalte und Verfahren zur Lehrstoffstrukturierung und -aufbereitung

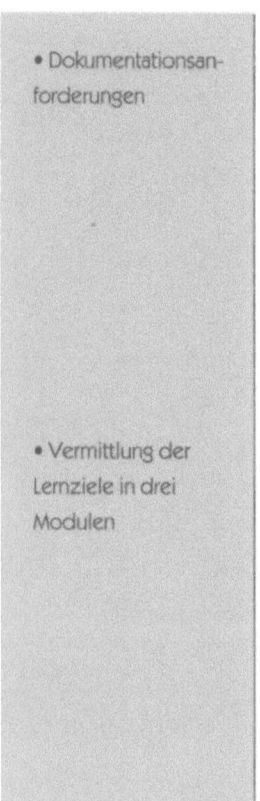

• Dokumentationsan-
forderungen

Mit der Entwicklung der Lernprogrammstruktur sollen unter anderem der Programmaufbau, die notwendigen Programmsteuerungen und Interaktionen sowie Lern-Erfolgskontrollen abgedeckt werden und in einer systematischen Programmdokumentation (z.B. Drehbuch) beschrieben werden. Auch sind unterstützende Maßnahmen für die Evaluation der entstehenden CBT-Prototypen vorzubereiten.

3.1.2.2 Systemkonzept der rechnergestützten CAQ-Schulung

• Vermittlung der
Lernziele in drei
Modulen

Qualitätsmanagement umzusetzen erfordert nicht nur Überzeugungsarbeit für eine bessere bzw. richtige Mitarbeitermotivation zu leisten, sondern vor allem auch Fachwissen zugänglich zu machen und zur Anwendung zu bringen.[13] Die daraus resultierenden kognitiven Lernziele lassen sich dementsprechend in Wissen und intellektuelle Fähigkeiten und Fertigkeiten differenzieren. Zur Vermittlung dieser Lernzielbereiche werden im folgenden drei unterschiedliche CBT-Module definiert, das Hypermedia-Modul, das Simulations-Modul und das CAQ-Programm-Modul (vgl. Abb. 3.4).

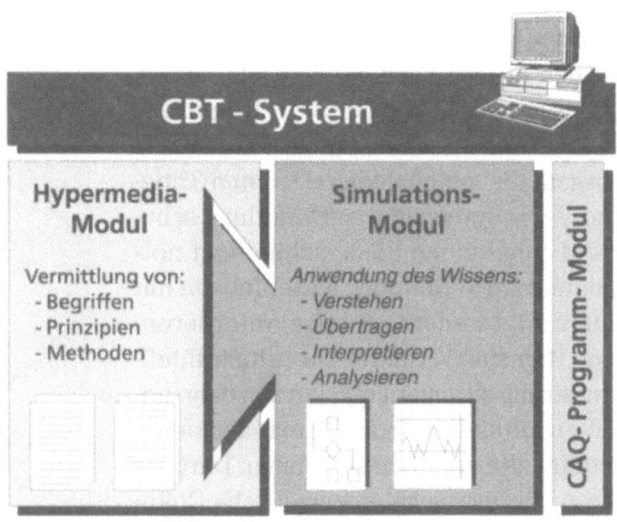

Abb. 3.4:   Systemkonzept der rechnergestützten CAQ-Schulung

In dieser Konzeption soll das Hypermedia-Modul als nichtlineares Informationssystem die Vermittlung von Faktenwissen aus dem Bereich CAQ, also von Begriffen, Prinzipien oder Methoden übernehmen, während das Simulations-Modul und das CAQ-Programm-Modul die Lernzielbereiche „Verstehen", „Übertragen", „Interpretieren" und „Analysieren" abdecken sollen. Jedoch dürfen die drei unterschiedlichen CBT-Module nicht isoliert betrachtet werden, sondern müssen immer integrativ als CBT-System gesehen werden.

3.1.2.3 Hypermedia-Modul

Das Informationsangebot im Qualitätsmanagement steigt so schnell, daß die Suche nach geeignetem Fachwissen zur Bearbeitung von QM-Aufgaben immer schwieriger wird. Ein Ausweg aus diesem Dilemma sind rechnergestützte Informationssysteme, mit denen Wissen gezielt ausfindig gemacht und angeeignet werden kann. Auch lassen sich viele QM-Inhalte anhand von Bildern oder Grafiken visualisieren und so meist besser vermitteln als durch rein verbale Beschreibungen.

Das konzipierte Hypermedia-Modul stellt den Lernenden in den Mittelpunkt der Kontrolle bzw. der Navigation und beschränkt die Systemreaktionen auf möglichst transparente und nachvollziehbare Interaktionen. Dieser Ansatz des benutzergesteuerten Lernens wird im folgenden durch das Hypermediaprinzip realisiert. Das zu vermittelnde QM-Wissen wird nicht in aneinandergeknüpften Kapitelfolgen präsentiert, sondern bewußt modular und nichtlinear aufbereitet. So steht es dem Anwender grundsätzlich frei, sich seinen Weg durch das vorhandene bzw. in der Hypermediabasis archivierte Wissen eigenständig zu suchen (vgl. Abb. 3.5). Doch die Verlagerung der Systemsteuerung auf den Benutzer birgt auch Gefahren für den Erfolg der Wissensvermittlung: Die Nicht-Linearität eines Hypermedia-Moduls findet nämlich da ihre Grenze, wo der Lernende die Orientierung verliert oder die gesuchten Inhalte in der komplexen Struktur nicht finden kann. Außerdem muß sichergestellt sein, daß der Lernende keine Lehrstoffelemente „übersieht".

• Hypermediamodul zur Vermittlung von Wissensinhalten

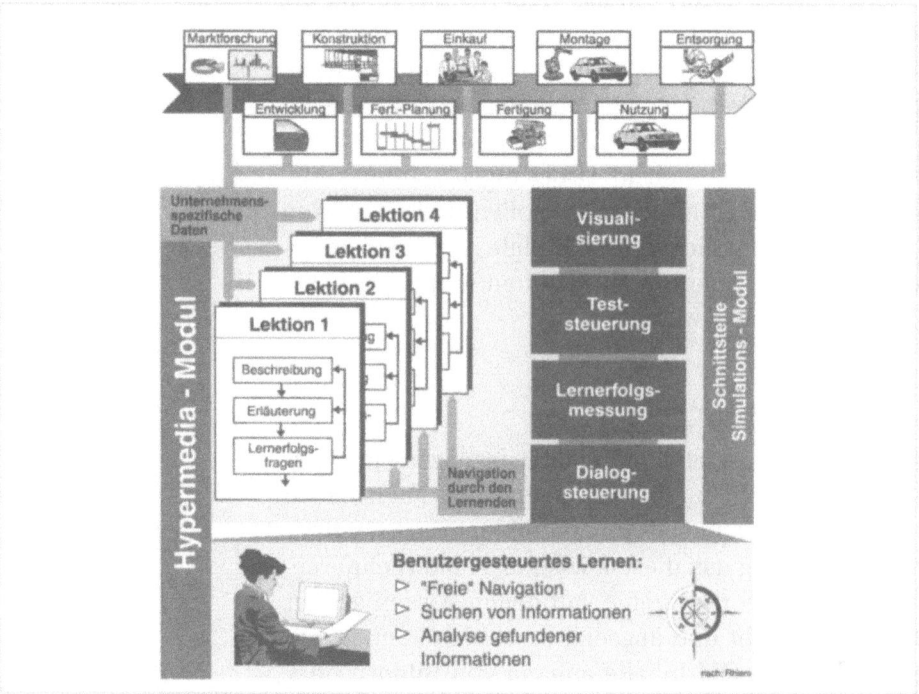

Abb. 3.5:   Hypermedia-Modul

• Lernerfolgsmessung

Zur Minimierung dieser Gefahren und zur Anwenderunterstützung werden daher Lernpfade angelegt, die optional eingeschlagen und auch wieder verlassen werden können.

Eine weitere wichtige Eigenschaft des Hypermedia-Moduls ist die Möglichkeit, die Datenbasis des Moduls mit unternehmens- und anwendungsspezifischen Daten auszurüsten. Der Benutzer kann so anhand von Beispielen und Vorgängen, die er aus seiner Arbeitsumgebung kennt, den Lernstoff nachvollziehen. Diese persönliche Identifikation mit dem Lehrstoff verbessert die Effizienz des Lernens.

Die Lernerfolgsmessung im Hypermedia-Modul erfolgt durch die Überprüfung der vermittelten QM-Wissensinhalte, -Begriffe und -Fakten mittels Lernerfolgsfragen, die vom Lernenden am Ende eines Abschnittes oder eines Kapitels aufgerufen werden. Die bearbeiteten Aufgabenstellungen werden anschließend vom Computer ausgewertet, so daß bei fehlerhaften Antworten eine Wiederholung des Lernabschnittes angeboten werden kann.

Das Hypermedia-Modul ist somit der grundlegende Bestandteil des CBT-Gesamtsystems und dient als Informationssystem für QM-Wissensinhalte. Ferner steht das Hypermedia-Modul dem Lerner jederzeit im Simulationsmodul, das unten beschrieben wird, zur Lösung von Aufgaben und zur Klärung von Begriffen zur Verfügung.

3.1.2.4 Simulations-Modul

Das beschriebene Hypermedia-Modul bietet dem Lernenden die Möglichkeit, sich Faktenwissen anzueignen, doch erst durch die Anwendung dieses Wissens kann der Lernende überprüfen, ob er das Gelernte verstanden hat und konkrete Problemfälle auch lösen kann. Durch die Simulation von QM-Prozessen, -Tätigkeiten und -Methoden auf dem Computer soll eine solche Voraussetzung geschaffen werden.

Simulationssysteme im Bereich des Lernens zeichnen sich dadurch aus, daß der Lernende Parameter eines fest vorgegebenen Modells verändern und die daraus resultierende Modifikation der Ausgangsgrößen beobachten kann. Unter einem Modell wird hierbei die vereinfachte, reduzierte Abbildung von materiellen oder immateriellen Objekten und Vorgängen der realen Welt verstanden. Ein bekanntes Simulationssystem, das auch im Bereich der Weiterbildung eingesetzt wird, stellt der Flugsimulator dar. Mit ihm können die Grenzen und Möglichkeiten eines durch das Simulationsmodell repräsentierten Systems erkundet werden, ohne daß die beim Üben unvermeidbaren Bedienungsfehler zu Schäden führen.

Das Simulations-Modul ist aus vier Basiseinheiten aufgebaut (vgl. Abb. 3.6):

– Modell-Komponente
– Feed-Back-Komponente
– Szenario-Komponente
– Tutor-Komponente

In der Modell-Komponente sind Struktur und Inhalt von einem oder mehreren Modellen abgelegt, die dem Anwender durch das Simulationsmodul präsentiert werden. Für QM-Methoden und -Verfahren müssen gegebenenfalls

• Simulationsmodul zur Simulation von Vorgängen und Prozessen

• Modell-Komponente

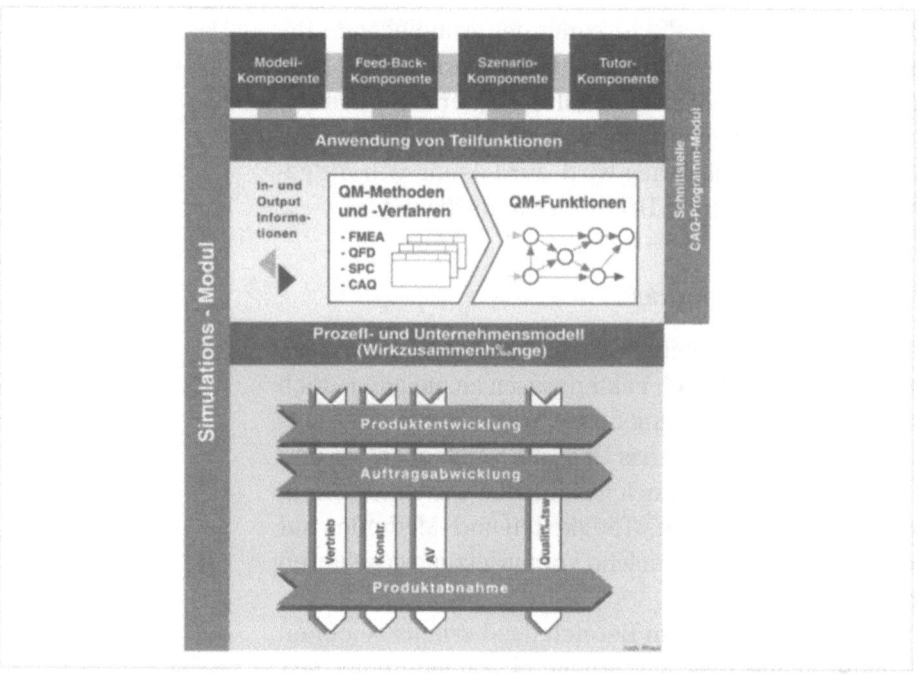

Abb. 3.6:   Simulations-Modul

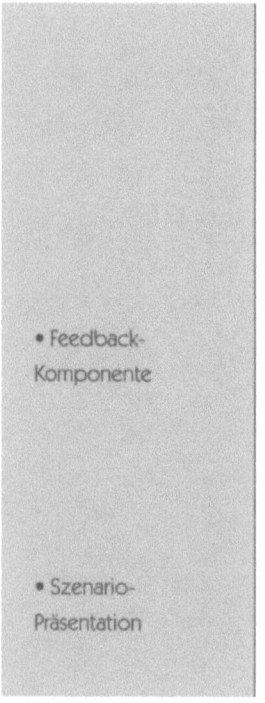

mehrere Modelle vorgesehen werden, die zum einen die
Anwendung von Teilfunktionen nachbilden und zum anderen auch Nachbildungen größerer Wirkzusammenhänge
(Prozeßmodelle oder Unternehmensmodelle) beinhalten
können. Ein wichtiges Kriterium bei der Modellbildung für
die Entwicklung von CBT-Programmen besteht darin, daß
es sich um „computergerechte" Modelle handeln muß,
denn es können nur die Strukturen berücksichtigt werden,
die sich präzise analysieren und beschreiben lassen.

• Feedback-
Komponente

Aufgabe der Feed-Back-Komponente ist die Steuerung
der Datenein- und -ausgabe der Modell-Komponente nach
den in den Modellen abgelegten Regeln. Die Feed-Back-
Komponente beinhaltet daher das Reaktionsschema des
Modells oder mehrerer Modelle. Auch hier können nur
diejenigen Funktionen berücksichtigt werden, die sich
durch feste Regeln beschreiben lassen.

• Szenario-
Präsentation

Die Komponente zur Szenario-Präsentation übernimmt
die Visualisierung des Dialoges mit dem Benutzer. Ihre
Aufgabe ist es, einen realitätsnahen Umgang mit dem Modell durch möglichst wirklichkeitsgetreue Abbildungen

und Grafiken sowie den Einsatz von Ton und Bewegtbild (Video) zu vermitteln.

Die Tutor-Komponente unterstützt den Lernvorgang durch Erläuterungen und Erklärungen und gibt dem Lernenden bei Bedarf Hilfestellung. Zusätzlich kommt ihr die Aufgabe zu, den Dialog zwischen dem Simulations-Modul und dem Lernenden zu steuern. Wie im Hypermedia-Modul wird der Lernende auch im Simulationsmodul nach dem Erwerb von QM-Wissen dazu aufgefordert, sein Wissen auf QM-Aufgabenstellungen anzuwenden.

● Tutor-Komponente

3.1.2.5 CAQ-Programm-Modul

Eine Erweiterung erfährt das Simulations-Modul, wenn die zu schulenden QM-Methoden und -Verfahren bereits von einem Computer unterstützt werden, also CAQ-Funktionen (Computer Aided Quality Assurance) vermittelt werden sollen. In diesem Fall liegt bereits ein Rechnermodell vor, mit dessen Funktionsweise und Bedienung der Lernende vertraut gemacht werden soll.

● CAQ-Programm-Modul zur Schulung von CAQ-Anwendungen

Die Schulung von CAQ-Anwendungen im Rahmen der rechnerunterstützten QM-Schulung stellt insofern einen Sonderfall dar, als hier der Lernplatz gleichzeitig auch Gegenstand der Ausbildung ist. Gelingt es, eine Verbindung von CBT- und CAQ-Programm zu schaffen, so muß der Lernende nicht ausschließlich mit Hilfe von simulierten Bildschirmoberflächen innerhalb eines CBT-Programms lernen, sondern kann auch direkt in der Anwendungssoftware arbeiten und sich so mit der Funktionsweise des CAQ-Systems vertraut machen. In diesem Sinne ist das CAQ-Programm-Modul als Lern- und Trainingsmodul zu verstehen, das den Benutzer anhand von konkreten Beispielen auf die Anwendung des Programms an seinem Arbeitsplatz vorbereitet.

Das CAQ-Programm-Modul besteht aus den gleichen vier Basiseinheiten wie das Simulations-Modul (vgl. Abb. 3.7). Jeder Komponente kommen allerdings leicht modifizierte Aufgaben zu:

Die Modellkomponente des CAQ-Programm-Moduls wird nicht zur Simulation des CAQ-Systems benötigt, da alle Übungen im Originalprogramm durchgeführt werden.

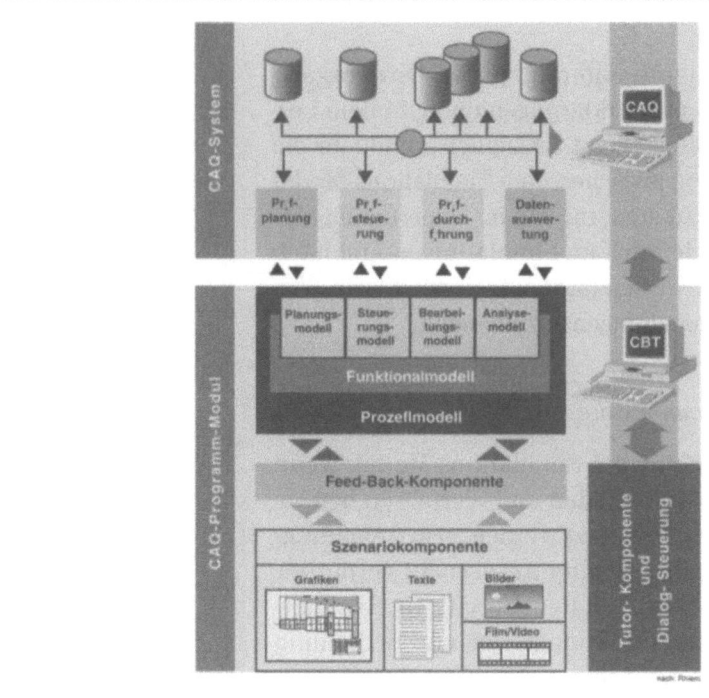

Abb. 3.7:   CAQ-Programm-Modul

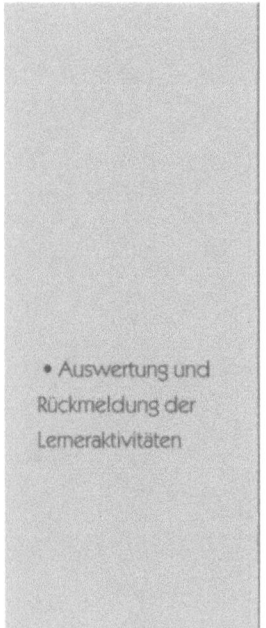

• Auswertung und
Rückmeldung der
Lerneraktivitäten

Dennoch muß das CAQ-System analysiert und das zugrundeliegende Modell und dessen Reaktionsschema dokumentiert werden, um eine entsprechende Tutor-Komponente entwickeln zu können. Auch die Aufgaben der Feed-Back-Komponente bleiben erhalten. Allerdings wird die Steuerung der Datenein- und -ausgabe nicht mehr allein das CBT-Programm, sondern auch das CAQ-Programm betreffen. Die Feed-Back-Komponente steuert die gesamte Interaktion zwischen dem kombinierten CAQ-/CBT-System und dem Lernenden.

Die Hauptaufgabe des CAQ-Programm-Moduls besteht darin, diesen Schulungsprozeß zu regeln (vgl. Abb. 3.7) und das CAQ-Anwendungsprogramm für den Lernenden zur Bearbeitung einer bestimmten QM-Übungsaufgabe zu präparieren. Die wesentlichen Aufgaben des CAQ-Programm-Moduls bestehen somit darin, den CAQ-Datenbestand auf CAQ-Übungen anzupassen und dem Lernenden eine Rückmeldung über die Zielerfüllung seiner durchgeführten CAQ-Übung zu geben. Weiterhin besteht die Möglichkeit, Übungen zu wiederholen oder Teile des Lehrstoffes im Hypermedia- bzw. Simulations-Modul nachzuschlagen.

3.1.3 Vorgehensweise und Hilfsmittel zur Entwicklung von QM-Lernsoftware

Trotz der bereits beschriebenen Nutzungspotentiale, die sich z.B. durch den Einsatz von Hypertext bzw. Hypermedia oder der Nutzung verschiedener CBT-Gestaltungselemente ergeben, birgt Computer Based Training noch eine Reihe von Problemen, die bis heute einen breiten Durchbruch dieser Schulungsform verhindert haben. Sie werden von Glowalla unter den beiden Aspekten „Entwicklung" und „Wirtschaftlichkeit" zusammengefaßt.[14] Die Problematik der Wirtschaftlichkeit von CBT wurde bereits in dem Kapitel „CBT-Aufwand und Schulungserfolg" erläutert. Im folgenden soll nun die Seite der Entwicklung und Erstellung von QM-Lernprogrammen betrachtet werden.

Der Entwurf und die Entwicklung von CBT Programmen sollten strengen Regeln der Projektorganisation unterworfen sein. In der Literatur existieren mehrere und zum Teil sehr ähnliche Ansätze, in denen CBT-Entwicklungsphasen beschrieben werden.[15] Dabei wird oft die Notwendigkeit betont, CBT-Programme unter Wirtschaftlichkeitsaspekten systematisch und zielorientiert entwickeln zu müssen, doch selten werden die dazu geeigneten Methoden und Verfahren vorgestellt.

Nach Steppi wird der CBT-Entwicklungsprozeß in die drei Hauptphasen Lernprogramm-Planung, Lernprogramm-Erstellung und Lernprogramm-Erprobung gegliedert (vgl. Abb. 3.8).[16] Die Lernprogramm-Planung soll unter anderem die Zeit- und Kostenfrage beantworten, während in der Phase der Lernprogramm-Erstellung das eigentliche CBT-Konzept entwickelt, das Drehbuch erstellt und anschließend das CBT-Programm einem technischen Test unterzogen wird. In der dritten Phase, der Lernprogramm-Erprobung, wird ein Feldtest zur empirischen Evaluation des Programms durchgeführt, und es

• CBT-Entwicklungs-phasen

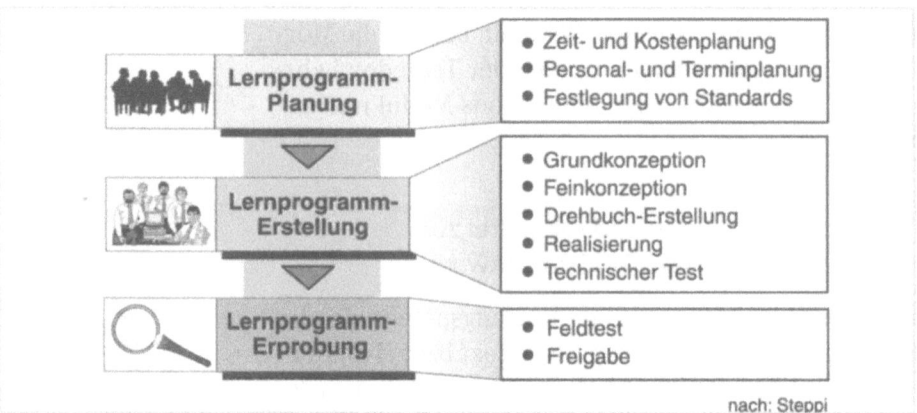

Abb. 3.8:   CBT-Entwicklungsphasen

• CBT-Prototyping

erfolgt nach eventuellen Änderungen schließlich die Freigabe der Software.

Der Hauptvorteil des beschriebenen Phasenkonzeptes sind die definierten Teilschritte. Diese helfen, den Überblick zu wahren und durch festgeschriebene Teilziele, Ergebnisse und Verantwortlichkeiten die CBT-Entwicklung zu überwachen. Diesem Vorteil steht allerdings der Nachteil gegenüber, daß bereits in frühen Planungsphasen kaum rückwärts gerichtete Einflußmöglichkeiten auf bereits abgearbeitete Schritte möglich sind.

Eine Alternative dazu ist die von Glowalla vorgeschlagene Prototypenentwicklung.[17] Die Erstellung von CBT-Programmen sollte hierbei im Gegensatz zur stufenweisen Entwicklung, als iterativer Kreislauf im Sinne des Prototyping realisiert werden (vgl. Abb. 3.9). Die erste Stufe des Prototyping ist die Teambildung, danach folgen die Punkte Problemanalyse, Entwurfsspezifikation, Codierung, Anwendung und Evaluation.

Dieser Kreislauf wird während des gesamten Prototyping mehrfach durchlaufen und so bereits von Anfang an der Kontakt zum Kunden gesucht. Am Ende eines jeden Kreislaufes entsteht ein neuer Prototyp als in sich abgeschlossenes, lauffähiges Programm, mit dem, zumindest in fortgeschrittenen Projektstadien, auch schon gearbeitet werden kann. Dieser Prototyp beinhaltet jedoch nicht

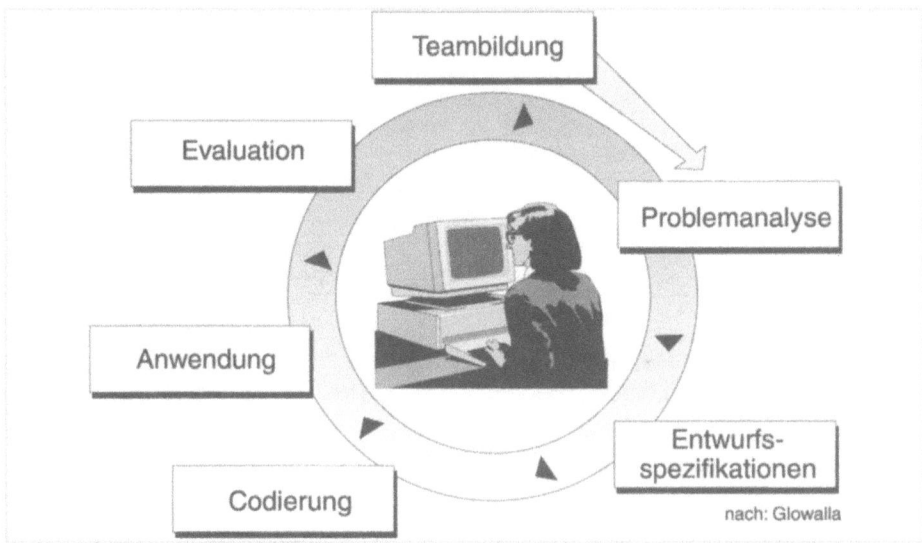

Abb. 3.9:   CBT-Prototyping

notwendigerweise den vollständigen funktionalen Umfang der Problemlösung, vielmehr stellt er eine dynamische und veränderbare Formulierung der Anforderungen
dar, die zur experimentellen Klärung beitragen.[18]

Während bei der stufenweisen CBT-Entwicklung der
Zielerreichungsgrad erst am Ende der Entwicklung untersucht wird, erlaubt die Vorgehensweise des Prototyping
eine begleitende und damit frühe Erkennung von Abweichungen.

Im folgenden werden die einzelnen zu durchlaufenden
Entwicklungsschritte bei der Erstellung eines CBT-Lern-
programms für den Bereich des Qualitätsmanagements
detailliert beschrieben und geeignete Hilfsmittel, Verfahren und Methoden vorgestellt, die zu einer zielgerichteten
und systematischen Programmerstellung eingesetzt werden können. Daher wurde der Prototyping-Kreis aufge-
schnitten und weiter unterteilt. Die daraus resultierenden
Teilschritte, die bei einer CBT-Erstellung durchlaufen werden, sind in Abb. 3.10 dargestellt. Die detaillierte Beschreibung der einzelnen Entwicklungsstufen und der eingesetzten Werkzeuge, Vorgehensweisen und Methoden erfolgt in
den folgenden Abschnitten analog ihrer chronologischen
Reihenfolge, doch können einzelne Schritte auch parallel

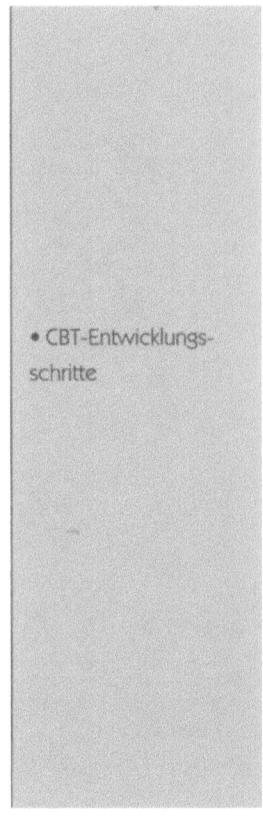

• CBT-Entwicklungs-
  schritte

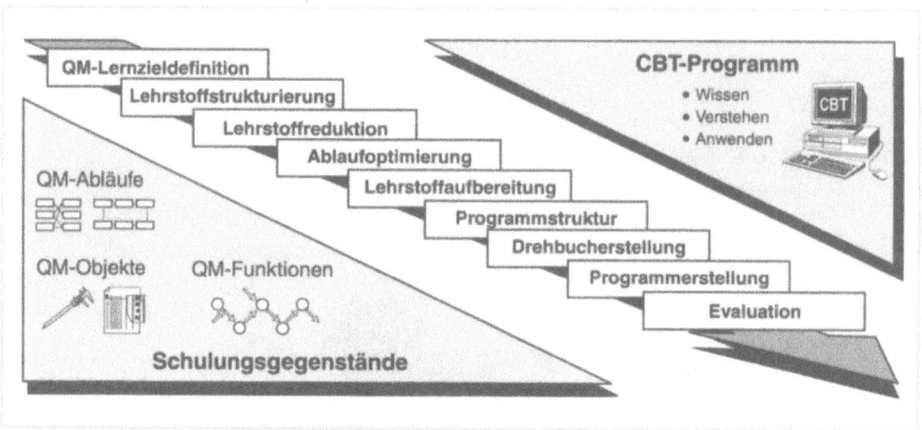

Abb. 3.10: CBT-Entwicklungsschritte

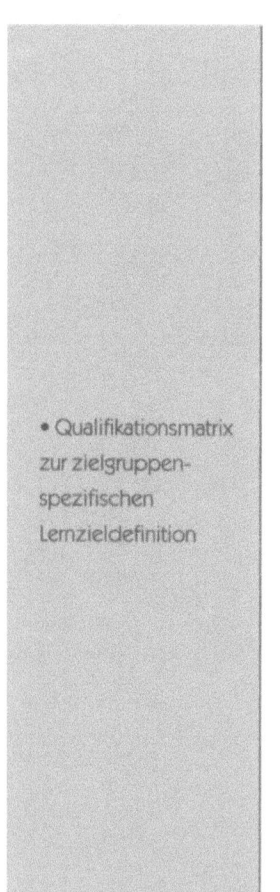

• Qualifikationsmatrix
zur zielgruppen-
spezifischen
Lernzieldefinition

zueinander ablaufen, insbesondere dann, wenn bei einer synchronen Programmentwicklung mehrere CBT-Autoren gleichzeitig an einem Programm arbeiten.

3.1.3.1 Ermittlung schulungsrelevanter QM-Inhalte

Die Erstellung von multimedialen CBT-Programmen ist eine fachübergreifende Aufgabe, die möglichst durch ein interdisziplinäres Team mit Vertretern aus den Bereichen Mediendidaktik, Psychologie, Grafikdesign und Informatik durchgeführt werden sollte.

Eine der ersten Aufgaben des Entwicklungsteams ist die Ermittlung des zu schulenden Lehrstoffes. Dazu sind zum Beispiel Fragestellungen nach der Zielgruppe, dem globalen Themengebiet, der Art und dem notwendigen Detaillierungsgrad des zu vermittelnden Wissens zu beantworten. Es gilt also, dasjenige Qualitätsmanagement-Wissen ausfindig zu machen, das eine Zielgruppe zur Lösung eines bestimmten Problems benötigt. Eine Möglichkeit, diese Themengebiete des Qualitätsmanagements zu strukturieren, stellt die im Zuge des Forschungsprojektes entwickelte Methode der Qualifikationsmatrix dar (vgl. Abb. 3.11). In einer dreidimensionalen Matrix werden auf den Achsen die Unternehmensbereiche, die unterschiedlichen Zielgruppen und Strat Egien, Methoden und Werkzeuge des Qualitäts-

managements aufgetragen. Wird eine zu schulende Zielgruppe vorgegeben, so kann mit Hilfe der Qualifikationsmatrix für jeden Unternehmensbereich bestimmt werden, welche spezifischen Inhalte des Qualitätsmanagements für diese Zielgruppe schulungsrelevant sind. Weiterhin ist es wichtig festzulegen, ob diese Zielgruppe
bestimmte QM-Inhalte nur wissen, verstehen oder auch
anwenden soll, denn dies setzt u.a. unterschiedliche Strategien der Vermittlung voraus. In der Abb. 3.11 werden
exemplarisch die Zielgruppen Ingenieure, Meister/Tech-
niker, Facharbeiter und angelernte Fachkräfte aufgeführt.

Eine ähnliche Unterscheidung greift auch die DIN ISO
9004 auf, in der die drei Ebenen „Oberste Leitung", „Tech-
nisches Personal" und „Mitarbeiter der Produktion und
Vorgesetzte" unterschieden werden.[19]

Zu den Qualifikationsanforderungen zählen beispielsweise, in der

Ebene 1:
- Kenntnis von Bewertungskriterien

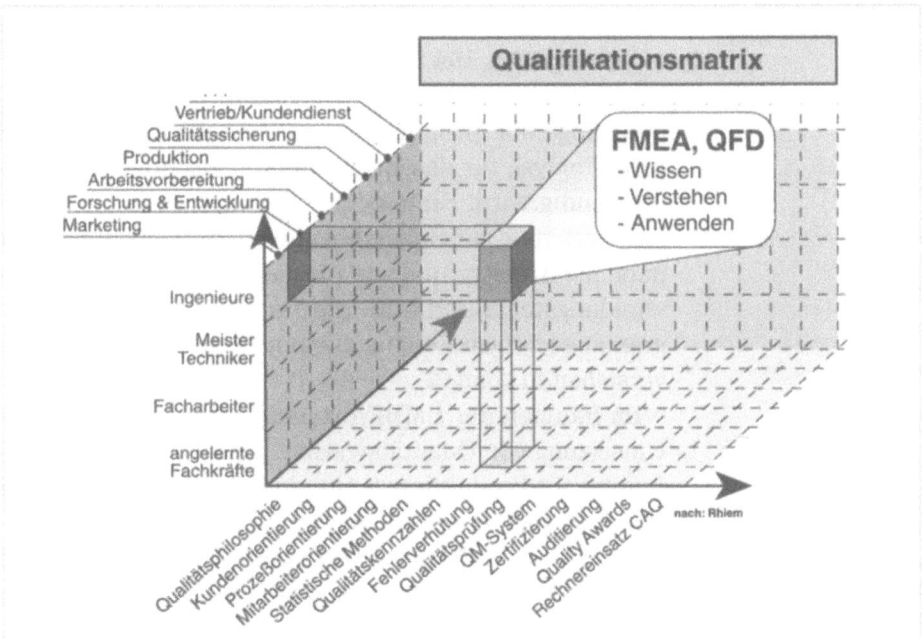

Abb. 3.11: Qualifikationsmatrix

- Verständnis des QM-Systems
- Anwendung von Methoden/Strategien
Ebene 2:
- Kenntnis und Anwendung präventiver QM-Methoden
- Anwendung statistischer Verfahren

Ebene 3:
- Anwendung von Prüfmitteln
- Verständnis des Arbeitsplatzes bezüglich Qualität
- Anwendung (Durchführung) statistischer Verfahren

Beim Füllen der Matrix ist zu beachten, daß das Fachgebiet des Qualitätsmanagements einem ständigen Veränderungsprozeß unterworfen ist, so daß die Zuordnung von Qualitätsmanagement-Themen zu den einzelnen Zielgruppen nicht als starr angesehen werden darf und eine erstellte Qualifikationsmatrix ständig aktualisiert werden muß.

3.1.3.2 Strukturierte Lehrstoffanalyse

• Systematische Strukturierung des Lehrstoffes

Jeder CBT-Autor wird zu Beginn seiner Arbeit mit einer Strukturierung des zu schulenden Themengebietes konfrontiert sein, d.h. er muß sich zunächst einen Überblick über die zu vermittelnden Sachverhalte und Abhängigkeiten verschaffen. Bei zunehmender Größe des Themengebietes steigt die Komplexität der darin vernetzten Zusammenhänge überproportional an, so daß eine systematische Analyse für das Erfassen aller Interdependenzen notwendig wird. Eine solche systematische Lehrstoffstrukturierung mit einer einheitlichen Nomenklatur bildet dann die Arbeitsgrundlage für das interdisziplinäre Entwicklungsteam und hilft, die für das spätere Lernprogramm wichtigen Abhängigkeiten leichter erkennen und verstehen zu können.

Im Rahmen der BMBF-Projektgruppe „Konzepte zur Umsetzung von Qualitätswissen" wurde am Fraunhofer-Institut für Produktionstechnologie in Zusammenarbeit mit den Projektpartnern an der JLU Gießen eine Methodik zur Lehrstoffstrukturierung entwickelt. Prinzipiell stellt diese Methode eine Abwandlung der Strukturierten Systemanalyse nach DeMarco dar. DeMarco hatte sie ursprünglich als Werkzeug zur Erstellung von Anwendungs-

und Basissoftware entwickelt, mittlerweile wird sie aber auch zur Organisationsanalyse und -planung eingesetzt.[20] Im folgenden soll in einigen Sätzen die zur CBT-Entwicklung eingesetzte Methode der „Strukturierten Lehrstoffanalyse" kurz dargestellt werden (vgl. Abb. 3.12).

Bei der Strukturierten Lehrstoffanalyse handelt es sich um eine objektorientierte Zerlegung von komplexen Sachverhalten durch die Abbildung des Themenbereiches in einem Modell. Zunächst wird in einem Kontext-Diagramm das betrachtete System gegen seine Umgebung abgegrenzt und so die Wechselwirkung mit der Umgebung aufgezeigt. In den folgenden Schritten wird das zu analysierende System mit einem Top-down-Ansatz Ebene für Ebene in modulare Elemente überführt, bis es schließlich in seiner Gesamtheit systematisch zerlegt ist.

In der modularen Konzeption der Lehrstoffanalyse läßt sich prinzipiell jedes System anhand von Funktionselementen (Operationen) und Datenelementen darstellen. Funktionselemente stehen immer zwischen Datenelementen und verändern, vergleichbar mit einer mathematischen Funktion, den Inhalt der Input-Daten; als Ergebnis erhält man dann Output-Daten. Funktionselemente sind durch eine Tätigkeit, Anweisung oder Vorschrift charakterisiert und werden durch ein Substantiv und einen Infinitiv beschrieben. In dem Modell der Strukturierten Lehrstoffanalyse werden die Datenelemente durch einen stilisierten Datenausdruck und die Funktionselemente durch einen Kreis dargestellt.

In Abb. 3.12 erkennt man ein weiteres Merkmal der Lehrstoffanalyse: In jeder tieferen Ebene wird eine Funktion der jeweils höheren Ebene in Subfunktionen aufgebrochen. Dabei werden die Datenelemente, die die Funktion umgeben, jeweils mit in die tiefere Ebene übernommen. Diese Vorgehensweise wird in einer Iteration so lange fortgesetzt, bis keine sinnvolle Aufgliederung der Funktionselemente mehr möglich ist. Für die Belange der CBT-Entwicklung wird man sich hier am Wissensstand der Zielgruppe orientieren und ein bestimmtes Grundwissen als bekannt voraussetzen. Mit dieser Vorgehensweise kann nun das gesamte Themengebiet in hierarchisch geordnete Funktionsstrukturdiagramme aufgelöst werden.

• Strukturierte Lehrstoffanalyse

• Top-Down-Zerlegung

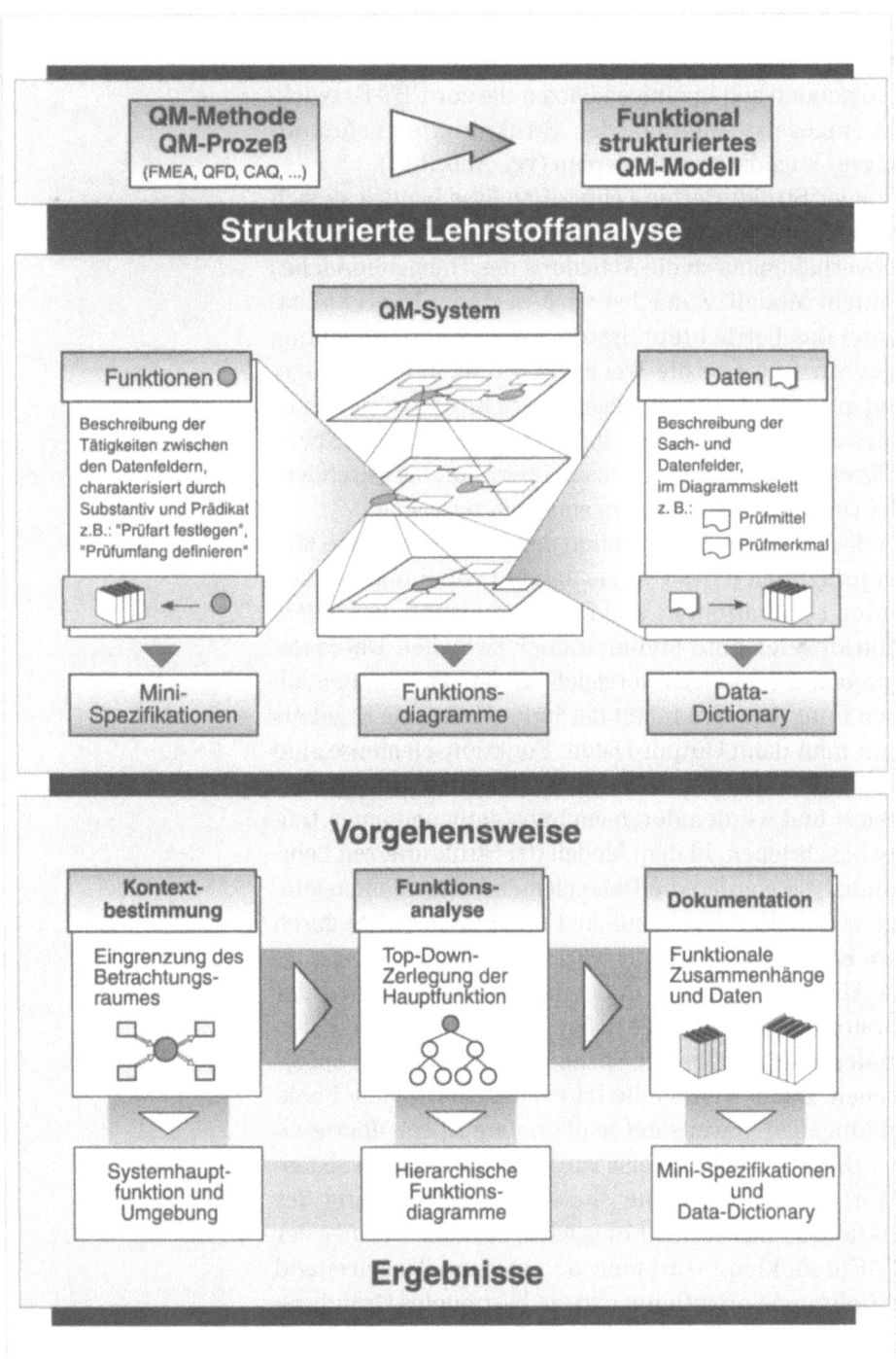

Abb. 3.12: Strukturierte Lehrstoffanalyse

Somit nimmt die Strukturierte Lehrstoffanalyse grafisch eine dreidimensionale Auflösung des betrachteten Themenkomplexes vor, nämlich eine horizontale Stukturierung durch die Darstellung der Funktionszusammenhänge und der ein- und ausfließenden Daten innerhalb einer Ebene sowie eine vertikale Hierarchiesierung durch das Aufspalten der Funktionen in Unterfunktionen.

Gleichzeitig werden mit der Systemstrukturierung die einzelnen Elemente einer Ebene beschrieben. Die Dokumentation der Daten- und Datenflüsse wird im Data-Dictionary vorgenommen. Durch Auswertung der Fachliteratur und durch Expertenbefragung werden die zugehörigen Wissensinhalte in ein Formblatt aufgenommen, das in Abb. 3.13 für das Beispiel „Prüfplan" die Grundstruktur

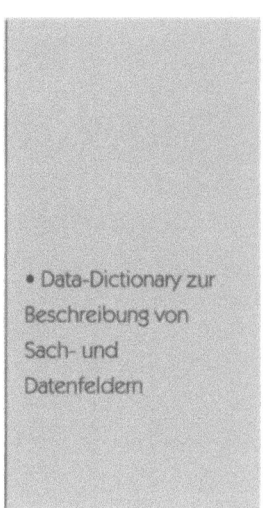

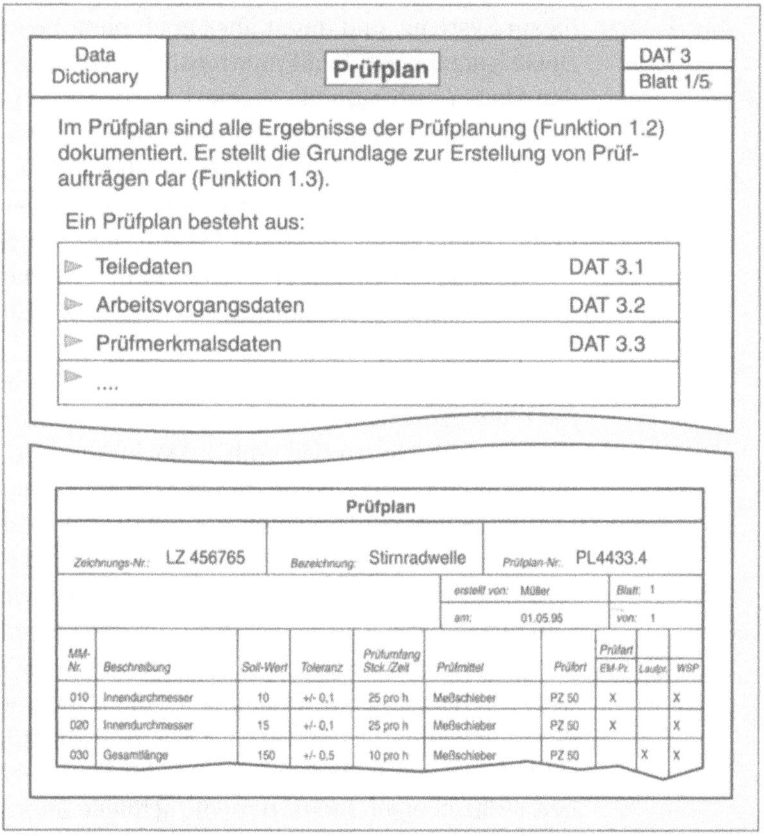

• Data-Dictionary zur Beschreibung von Sach- und Datenfeldern

| Data Dictionary | **Prüfplan** | DAT 3 |
| | | Blatt 1/5 |

Im Prüfplan sind alle Ergebnisse der Prüfplanung (Funktion 1.2) dokumentiert. Er stellt die Grundlage zur Erstellung von Prüfaufträgen dar (Funktion 1.3).

Ein Prüfplan besteht aus:

▷ Teiledaten	DAT 3.1
▷ Arbeitsvorgangsdaten	DAT 3.2
▷ Prüfmerkmalsdaten	DAT 3.3
▷	

Prüfplan

Zeichnungs-Nr.: LZ 456765	Bezeichnung: Stirnradwelle	Prüfplan-Nr.: PL4433.4
	erstellt von: Müller	Blatt: 1
	am: 01.05.95	von: 1

MM-Nr.	Beschreibung	Soll-Wert	Toleranz	Prüfumfang Stck./Zeit	Prüfmittel	Prüfort	Prüfart EM-Pr.	Laufpr.	WSP
010	Innendurchmesser	10	+/- 0,1	25 pro h	Meßschieber	PZ 50	X		X
020	Innendurchmesser	15	+/- 0,1	25 pro h	Meßschieber	PZ 50	X		X
030	Gesamtlänge	150	+/- 0,5	10 pro h	Meßschieber	PZ 50		X	X

Abb. 3.13: Aufbau des Data-Dictionary am Beispiel „Prüfplan"

der Parameterbeschreibung zeigt: In der Kopfzeile werden für eine Zuordnung zum Strukturdiagramm die Numerierung und die Benennung des Parameters festgehalten. Im deskriptiven Teil folgt auf eine verbale Kurzbeschreibung des Parameters eine detaillierte Darstellung und gegebenenfalls ein firmenspezifisches Beispiel. Im Zuge der Lehrstoffaufbereitung kann diese Darstellung über Zusatzblätter erweitert und beispielsweise ein unternehmensspezifisches Beispiel oder der Medieneinsatz definiert werden. Das so modifizierte Data-Dictionary enthält dann alle wesentlichen Informationen zur Erstellung des Drehbuches.

Die bisher dargestellten Analyseschritte führen zu einer systematischen Gliederung des Gesamtsystems sowie zu einer Beschreibung der in die Subsysteme ein- und ausfließenden Daten. Die eigentlichen Funktionen innerhalb dieser Systeme sind damit aber noch nicht beschrieben. Diese Aufgabe erfüllen Funktionsbeschreibungen, die in den Mini-Spezifikationen abgelegt werden. Das Charakteristikum der Strukturierten Systemanalyse ist, wie bereits erwähnt, die Aufspaltung hierarchisch höherer Funktionen in Subfunktionen. So lassen sich die übergeordneten Funktionen immer durch die Verkettung ihrer Subfunktionen beschreiben. Daher ist eine detaillierte Darstellung der Funktionalitäten nur auf der untersten Ebene der Strukturierten Lehrstoffanalyse notwendig.

Das Beispiel „Regelkarte berechnen" zeigt exemplarisch die Struktur einer Funktionsbeschreibung in den Mini-Spezifikationen (vgl. Abb. 3.14). In Analogie zum Data-Dictionary wird die Funktionsbezeichnung und Numerierung in der Kopfzeile des Formblattes dokumentiert. Nach der tabellarischen Auflistung der Datenströme erfolgt eine verbale Beschreibung der Funktionswirkung.

In den unteren Ebenen der Strukturierten Systemanalyse werden jeder einzelnen Funktion eine oder mehrere Seiten in den Mini-Spezifikationen zugeordnet, auf denen die Funktionalität mit Text, Grafik und Beispielen beschrieben werden kann. Die Seiten der Mini-Spezifikationen besitzen einen Index, der eine schnelle Zuordnung zu den beschriebenen Funktionselementen der Funktionsdiagramme erlaubt. Aus dem Aufbau der Mini-Spezifika-

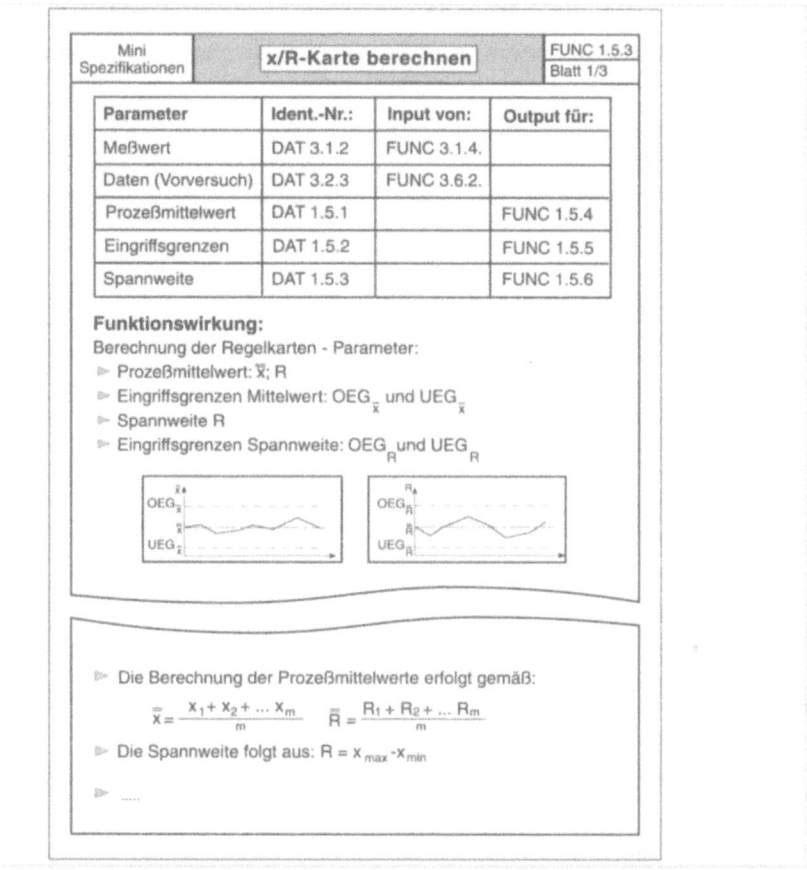

Abb. 3.14: Aufbau der Mini-Spezifikationen am Beispiel „Regelkarte berechnen"

tionen ist zu erkennen, daß sie die Informationen enthalten, die später für die Programmierung des Simulations-Moduls benötigt werden. Dazu können wie beim Data-Dictionary in der Phase der Lehrstoffaufbereitung zusätzliche lerngruppenspezifische und didaktische Umsetzungsvorschläge und Beispiele in die Mini-Spezifikationen aufgenommen werden.

3.1.3.3 Lehrstoffreduktion

Analysiert man ein in der Qualifikationsmatrix beschriebenes Themengebiet mit Hilfe der im letzten Kapitel dargestellten Form der Strukturierten Systemanalyse, so erhält man ein Maximalmodell an QM-Funktionen. Im Rah-

• Festlegung der schulungsrelevanten Funktionen

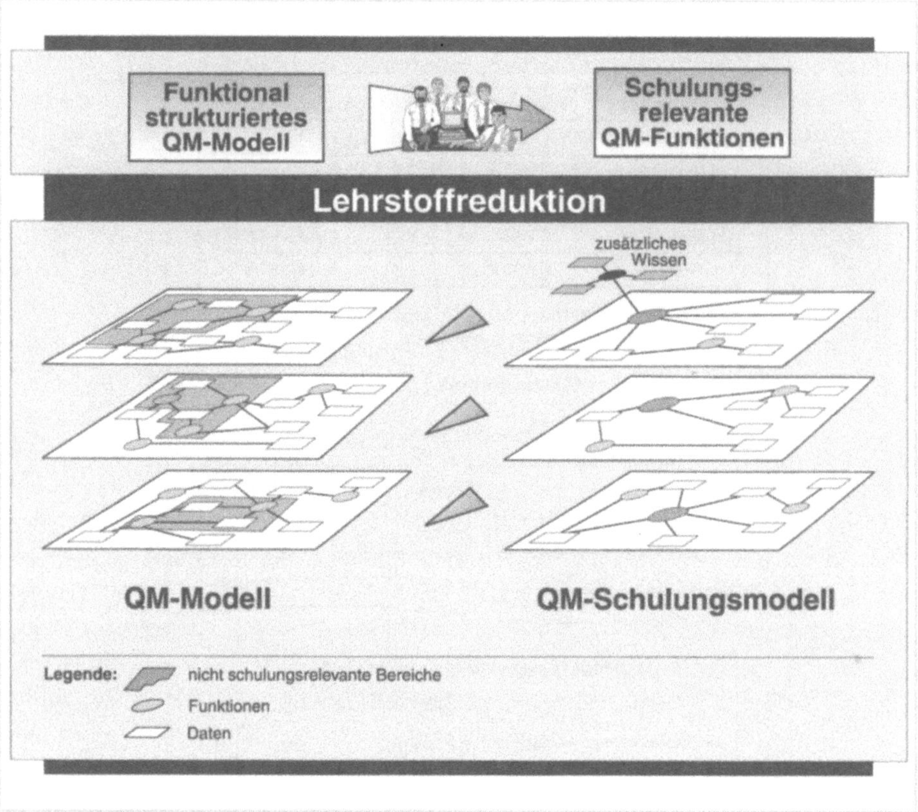

Abb. 3.15:   Lehrstoffreduktion

men einer Lehrstoffreduktion legt das Entwicklungsteam nun fest, welche der in der Strukturierten Lehrstoffanalyse erfaßten QM-Funktionen tatsächlich schulungsrelevante Inhalte darstellen und in das Lernprogramm aufgenommen werden sollen (vgl. Abb. 3.15).

Inhalte, die für die anzusprechende Zielgruppe als bekannt vorausgesetzt werden, können nun aus dem Modell der Strukturierten Lehrstoffanalyse „gestrichen" werden. Auch der gewünschte Detaillierungsgrad des zu konzipierenden Lernprogramms bestimmt, ob Teilbereiche ausgelassen oder vereinfacht werden können. Andererseits kann es notwendig sein, dem Lernenden zusätzliche Hintergrundinformationen zur Verfügung zu stellen, die zunächst nicht mit dem zu schulenden Themengebiet in Verbindung gebracht wurden. Es bleibt aber immer parallel zu überprüfen, inwieweit sich die zu schulende Thematik überhaupt sinnvoll mit dem Computer vermitteln läßt, denn nur Funktionen und Tätigkeiten, die festen präzisen Regeln unterliegen und durch einen Algorithmus auf dem Rechner simuliert werden können, sind mit CBT sinnvoll zu schulen.

3.1.3.4 Schulungsablaufoptimierung

Ein für den Erfolg von rechnerunterstützten Weiterbildungsmaßnahmen wichtiger Schulungsgrundsatz ist es, den Lernenden bei der Vermittlung von Wissensinhalten nicht zu überfordern. Dies setzt voraus, daß alle zum Verstehen eines neuen Sachverhaltes notwendigen Grundlagen zuvor bereits vermittelt wurden und die Möglichkeit besteht, durch einen Sprung im CBT-Programm Wissensdefizite zu beheben. Je geringer die Anzahl der vom Lernenden benötigen Nachfragen zum Verstehen eines Sachverhaltes ist, desto schneller und erfolgreicher wird der Lernende mit dem Programm arbeiten. Der Navigationsaufwand für Rückfragen des Lernenden auf ihm noch fehlendes Wissen kann verringert werden, wenn es gelingt, bei der Vermittlung von QM-Funktionen eine gerichtete Folge zu finden, die eine minimale Anzahl von Rückfragen beinhaltet. Daher muß sich der Lernprogrammautor auch Gedanken über die Reihenfolge der Stoffvermittlung machen.

Diese didaktische optimale Reihenfolge der Stoffvermittlung wird aber nicht ohne weiteres mit dem Ablauf der erstellten Strukturierten Systemanalyse übereinstimmen, da die Strukturierte Lehrstoffanalyse auf zeitliche und didaktische Gegebenheiten keine Rücksicht nimmt. Weiterhin ist zu berücksichtigen, daß die Lehrstoffanalyse nicht lineare, sondern vernetzte Strukturen abbildet. Insbesondere bei komplizierten Systemen mit einer hohen Anzahl von Abhängigkeiten und Sachverhalten ist es vorteilhaft, eine systematische Vorgehensweise zur Ermittlung einer didaktisch sinnvollen Reihenfolge der Wissensvermittlung einzusetzen, um sicherzustellen, daß dem Lernenden zunächst die Grundlagen für das Verstehen von Zusammenhängen und dann erst die eigentlichen Interdependenzen vermittelt werden.

• Festlegung einer geeigneten Schulungsreihenfolge

Die Struktur der Strukturierten Systemanalyse gibt die Voraussetzungen zum Verstehen und Schulen einer einzelnen Funktion gut und übersichtlich wieder, denn eine Funktion wird durch die Mini-Spezifikationen und die sie umgebenden Daten (Data-Dictionary) beschrieben. Will der Autor also eine einzelne Funktion schulen, so kann er durch Vermittlung der Ein- und Ausgangsinformationen dieser Funktion die Grundlage für das Verständnis des Funktionsablaufes schaffen. Erweitert man den Blickwinkel aber auf das Vermitteln von mehreren Funktionen in einem Lernpfad, so gibt die Strukturierte Lehrstoffanalyse, insbesondere bei komplexen und stark vernetzten Systemen, nur noch schwer Auskunft über die Abhängigkeit zwischen den einzelnen Funktionen.

Die Frage „Was ist die Voraussetzung zum Verständnis und zur Erfüllung dieser Funktion?" ist daher die Schlüsselfrage, mit der die, in der Strukturierten Systemanalyse ermittelten, Funktionszusammenhänge und Parameter unter didaktischen Gesichtspunkten auf ihre gegenseitige Beeinflussung geprüft werden müssen. Mit der unten vorgestellten Methode wird versucht, durch die Ermittlung einer „Vorgänger/Nachfolger-Beziehung" eine optimale Schulungsreihenfolge zu schaffen, die sich durch eine möglichst geringe Anzahl von Rückfragen des Lernenden auf den vorausgesetzten Lehrstoff auszeichnet. Diese systematische Vorgehensweise zur Ermittlung einer zeitlich sinnvollen Reihenfolge der Wissensvermittlung soll im folgenden kurz mit „Schulungsablaufoptimierung" bezeichnet werden.

Die auftretende Problematik erinnert an die Ermittlung gerichteter Strukturen, die häufig durch die Methode der linearen Optimierung zu lösen ist. Eine ähnliche Methodik schlägt Schunk zur Ermittlung von gerichteten Planungsfolgen bei der Konzeption von Laseranlagen vor, um eine Planungsfolge mit einer minimalen Anzahl von Iterationsschritten zu erzielen.[21] Dieser Ansatz kann leicht modifiziert auf die hier vorliegende Problematik übertragen werden: Alle in einem Lernabschnitt zu schulenden Funktionen werden in einer quadratischen Matrix aufgelistet und mit der Schlüsselfrage „Ist diese Funktion Voraussetzung zum Verständnis und zur Erfül-

• Aufdecken der Vorgänger-Nachfolger-Beziehungen durch Lineare Optimierung

lung jener Funktion?" paarweise miteinander verglichen (vgl. Abb. 3.16).

Wird eine Abhängigkeit („Voraussetzung") zwischen den beiden Funktionen festgestellt, so wird dies durch eine „1" am Kreuzungspunkt der beiden Felder in der Matrix kenntlich gemacht, bei keiner erkennbaren Beeinflussung wird eine „0" in das entsprechende Matrixfeld eingesetzt. Nach dem Vervollständigen der Matrix sind zunächst die Zeilen- und Spaltensummen zu berechnen.

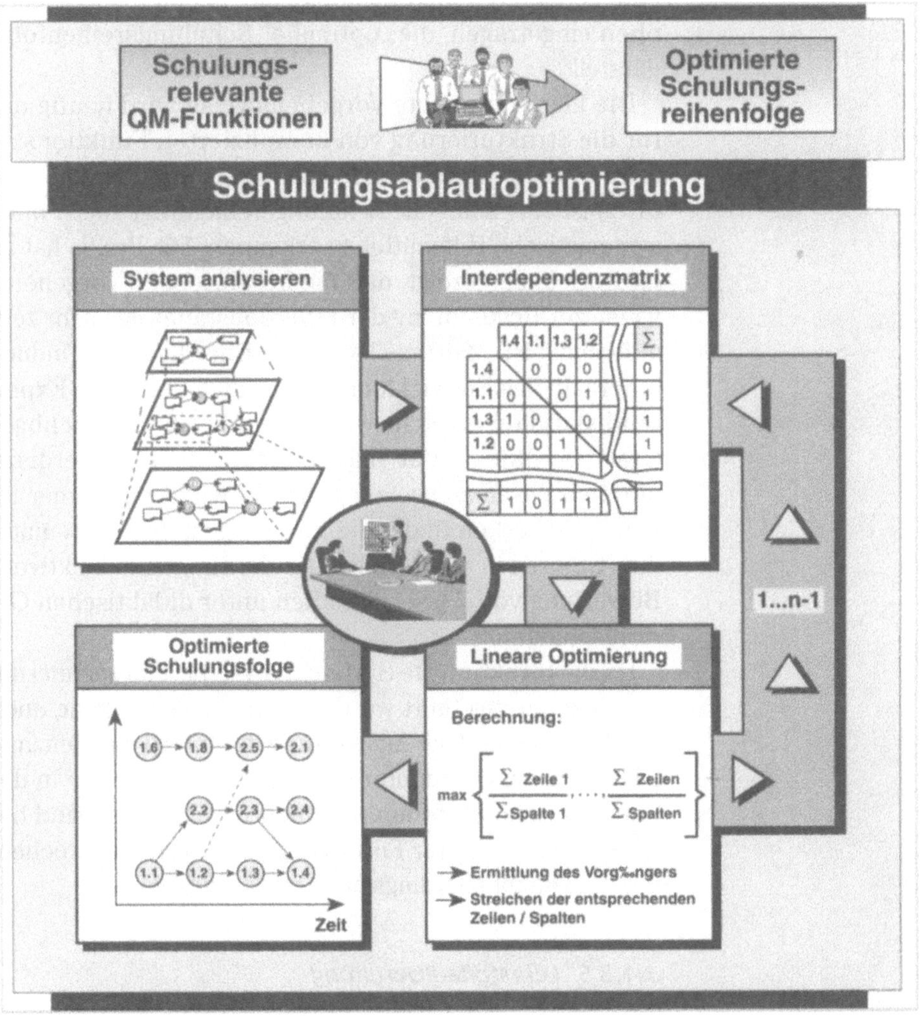

Abb. 3.16: Optimierung der Schulungsreihenfolge

In einem weiteren Schritt sind dann die Quotienten aus Zeilen- und Spaltensumme gleicher Funktionen zu bilden. Der größte Quotient zeigt die Funktion an, die als erste in der optimierten Rangfolge anzusiedeln ist. Anschließend werden die entsprechende Zeile und Spalte aus der Matrix gestrichen und die nun im Rang reduzierte Matrix erneut, wie oben beschrieben, berechnet. Das Verfahren wird in weiteren Iterationsschritten so lange fortgesetzt, bis die Matrix auf den Rang eins reduziert ist. Aus der Reihenfolge der gestrichenen Zeilen bzw. Spalten erhält man eine gerichtete Funktionsfolge, die, in einen Vorranggraphen eingetragen, die „optimale" Schulungsreihenfolge darstellt.

Die hier aufgezeigte Vorgehensweise wird häufig nur für die Strukturierung von komplizierten Funktionszusammenhängen anzuwenden sein, bei einfacheren Strukturen ist eine sinnvolle Schulungsreihenfolge meist ohne systematische Hilfsmittel zu erkennen. Die Praxis hat allerdings auch gezeigt, daß die beschriebene Vorgehensweise zur Bestimmung der Funktionsrangfolge sehr zeitaufwendig ist. Meistens kann eine Entscheidungsfindung innerhalb des Entwicklungsteams auch über eine Expertendiskussion erreicht werden, wobei der erreichbare Grad an Objektivität maßgeblich von der interdisziplinären Zusammensetzung des Entwicklungsteams abhängt. Sicherlich findet die hier vorgestellte Systematik ihre Grenzen in der Problematik der (immer subjektiven) Bewertung von Wissensinhalten unter didaktischen Gesichtspunkten.

Da die Strukturierte Systemanalyse bereits rechnerunterstützt durchgeführt werden kann, ist es denkbar, auch das Erstellen und die Auswertung der Interdependenzmatrizen mit dem Computer vorzunehmen, denn alle in der Schulungsablaufoptimierung benötigten Daten sind bereits in gespeicherter Form vorhanden. Ein entsprechendes Tool bleibt allerdings noch zu entwickeln.

3.1.3.5 Lehrstoffaufbereitung

Nach der Festlegung der schulungsrelevanten QM-Funktionen und der Schulungsreihenfolge muß sich der Lernprogrammautor nun über die Vermittlung der gesetzten Lernziele Gedanken machen. Um Mißverständnisse auszuschließen: Der Begriff „Lehrstoffaufbereitung" steht hier für Umsetzung der mit der Strukturierten Systemanalyse ermittelten Funktionen in den Lehrinhalt des Programms. Es ist also u.a. zu bestimmen, welche Medien, Beispiele oder Übungen sinnvoll eingesetzt werden können, um die zu vermittelnden Funktionszusammenhänge und Begriffe zu schulen. Dabei können durchaus schulungsrelevante Themengebiete auftreten, die besser in traditioneller Unterrichtsform vermittelt werden. In der Praxis geschieht diese Aufbereitung daher am sinnvollsten durch das Entwicklungsteam mit allen an der Erstellung des Lernprogramms beteiligten Personen, insbesondere unter Hinzuziehung von Pädagogen und dem späteren Programmierer. So können insbesondere Fragen der pädagogisch besten Lehrstoffdarbietung und der programmiertechnischen Realisierbarkeit bereits im Vorfeld geklärt werden, um eine reibungslose Umsetzung des späteren Drehbuches zu ermöglichen. In dieser Phase soll aber noch nicht das eigentliche Drehbuch erstellt werden, sondern lediglich die Umsetzung der einzelnen Themengebiete konkretisiert werden. Hier ist zu entscheiden, „was – wie" vermittelt wird, d.h. welche Form der Darbietung den größten Lernerfolg verspricht. Prinzipiell können hier alle Gestaltungselemente von CBT-Programmen eingesetzt werden. Der Autor muß dabei auch unter didaktischen Gesichtspunkten entscheiden, welche Lehrstoffpräsentation den jeweils größten Lernerfolg verspricht (vgl. Abb. 3.17).

Einige Anweisungen für die Lehrstoffaufbereitung lassen sich aber auch allgemeingültig formulieren:[22]

– Verwenden Sie kurze und prägnante Sätze.
– Verwenden Sie hauptsächlich Grafiken und Bildmaterial.
– Bauen Sie komplexe Grafiken schrittweise auf.
– Verwenden Sie einen Einstiegsfilm, in dem der Lernende Sachverhalte aus seiner Arbeitswelt wiedererkennt.
– Schulen Sie praxisnah. Greifen Sie auf Bilder, Dokumente und Unterlagen aus dem betrieblichen Alltag zurück.

• Bestimmung von Unterrichtsform und eingesetzten CBT-Elementen

• Grundsätze der Lehrstoffaufbereitung

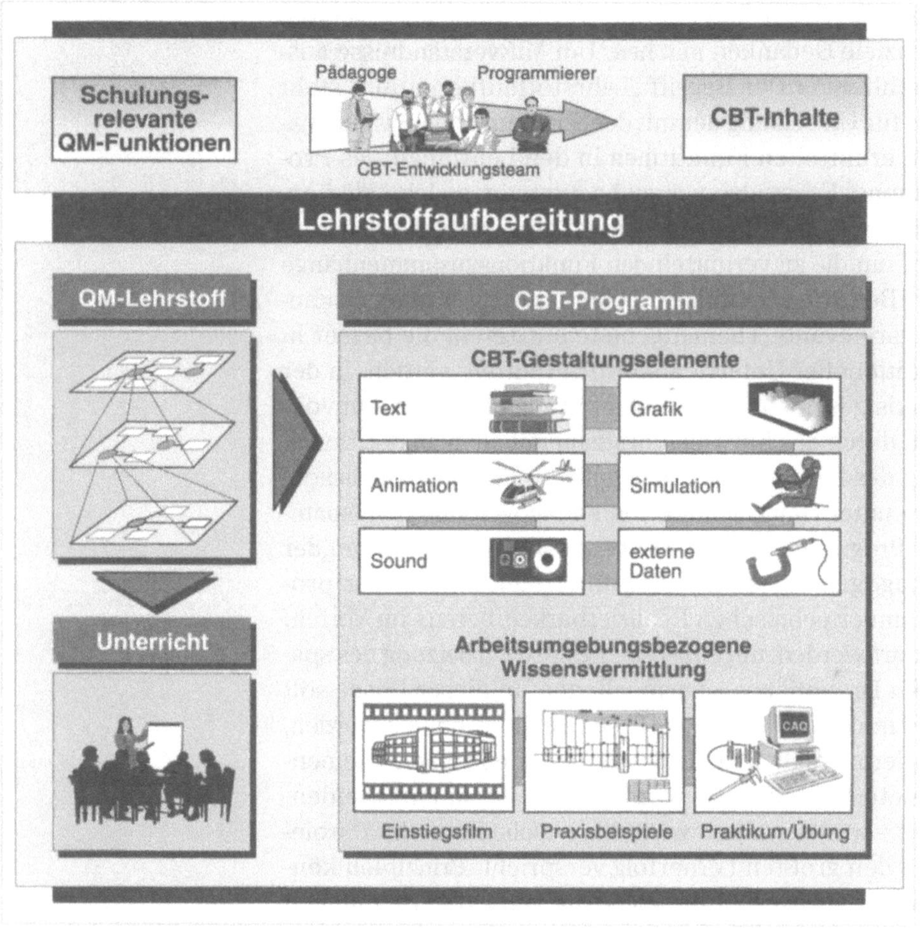

Abb. 3.17:   Lehrstoffaufbereitung

– Beschränken Sie sich pro Bildschirmseite auf die Vermittlung eines zentralen Gedankens.
– Verdeutlichen Sie Beziehungen über Flußdiagramme.
– Abläufe, Materialflüsse und Informationsflüsse lassen sich anschaulich über Animationen vermitteln.
– Interaktivität darf sich nicht darin erschöpfen, daß der Lerner nach Belieben vorwärts oder rückwärts blättern kann! Bauen Sie als Interaktivitäten Fragen und Übungen ein, in denen der Lernende sein erworbenes Wissen anwenden kann.
– Verwenden Sie Farben sparsam und ordnen Sie ihnen eine eindeutige Funktion zu (z.B.: Rot hat Signalfunktion).

Unter Beachtung dieser Grundsätze werden nun die einzelnen Themengebiete vom Autor aufgearbeitet. Die entstehenden Texte sollen möglichst ausformuliert werden, und die verwendeten Grafiken müssen mehr als nur flüchtige Skizzen sein. So muß man sich bei der Erstellung des Drehbuches nicht mehr mit dessen Inhalt, sondern nur noch mit seiner Gestaltung beschäftigen.[23]

Hier hat sich folgende Methode bewährt: Ein „Zusatzblatt" wird jeweils an das Data-Dictionary oder die Mini-Spezifikationen angehängt. Jedoch sollte dieses „Zusatzblatt" eher als intuitive Umsetzungs-Ideensammlung angesehen werden, die dann als Hilfsmittel zur Drehbucherstellung herangezogen wird.

3.1.3.6 CBT-Programmstruktur

Nachdem der zu schulende Lehrstoff ermittelt, gegliedert und aufbereitet worden ist, wird sich das CBT-Entwicklungsteam mit der Struktur des späteren Programms befassen. Die in Kapitel 3.1.2 „Konzeption von rechnergestützten Schulungsprogrammen" vorgestellten Module müssen nun in den Aufbau eines Programms überführt werden. Zusätzlich ist ein durchgängiges Steuerungskonzept zu entwerfen, mit dem der Lernende auf unterschiedliche Weise durch die verschiedenen Ebenen des Programms navigieren kann. Die Festlegung einer solchen Programmstruktur ist eine wichtige Eingangsgröße für das im nächsten Schritt zu erstellende Drehbuch, denn sie stellt das Gerüst des zu programmierenden Lernprogramms dar. Daher ist es sinnvoll, die festgelegte Struktur zu dokumentieren.

Hier bietet sich die Unterteilung des gesteckten Lernziels in Richtziele, Grobziele und Feinziele an. Die Umsetzung dieser Untergliederung in einem CBT-Programm führt zu den in Abb. 3.18 gezeigten Zuordnungen der einzelnen Gliederungsebenen: Ein gestelltes Richtziel soll durch den Umfang eines Kapitels im Lernprogramm vermittelt werden, ebenso korrelieren die Umsetzung von Grobzielen in Abschnitten und die Umsetzung von Feinzielen in Lernschritten. Die in der Lehrstoffanalyse vorgenommene Strukturierung des Lehrstoffes kann dabei

• Design von
Lernprogrammstruktur
und
Steuerungskonzept

• Übertragung der
Zielhierarchie in
Programmebenen

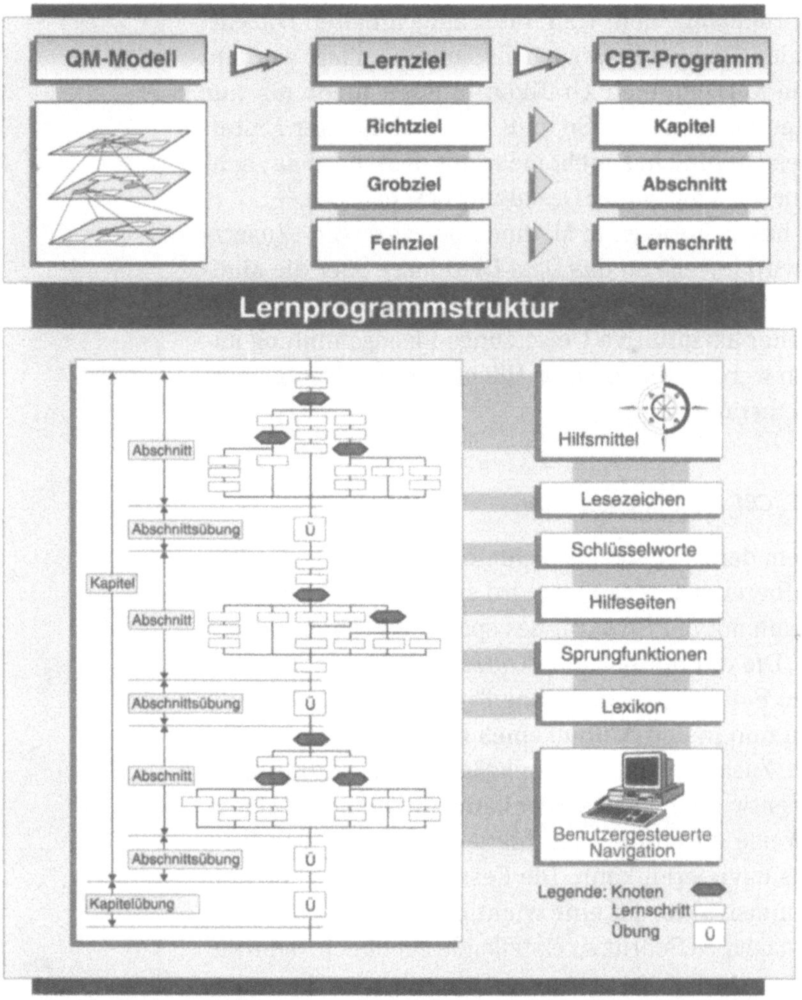

Abb. 3.18: Lernprogrammstruktur

unterstützend zur Festlegung der einzelnen Ziele und damit auch zur Untergliederung des CBT-Programms herangezogen werden. Die Unterteilung des Lehrstoffes in
Kapitel, Abschnitte und Lernschritte eröffnet die Möglichkeit, das entstehende CBT-Programm durch Zusam-
menfügen einzelner Komponenten aufzubauen. Die in
der Strukturierten Lehrstoffanalyse ermittelten Abhängigkeiten zwischen den QM-Funktionen werden dabei
durch die Programmierung von bedingten Sprüngen
berücksichtigt.

In diese Gliederung der Programmstruktur wird die Vermittlung des Faktenwissens aus dem Hypermedia-Modul und die Vermittlung von Handlungskompetenz aus dem Simulationsmodul eingearbeitet. In den einzelnen Kapiteln und Abschnitten wird, nach einer kurzen Einführung in die Thematik, der aufbereitete Lehrstoff schrittweise präsentiert. Ist ein Abschnitt vom Lernenden durchlaufen worden, werden auf einem Bildschirm die wichtigsten Punkte nochmals zusammengefaßt. Anschließend erfolgt eine Lernerfolgsmessung durch die Überprüfung der vermittelten QM-Wissensinhalte. Dazu werden dem Lernenden Fragen gestellt, die mittels Interaktionen zu beantworten sind und anschließend vom Rechner ausgewertet werden. Im Falle der Vermittlung von Handlungskompetenz, wird der Lernende aufgefordert, selbständig eine Aufgabenstellung zu lösen. In einer Rückmeldung durch den Computer wird der erzielte Lernerfolg visualisiert und eventuell Hilfestellungen gegeben sowie bei fehlerhaften Antworten eine Wiederholung des Lernabschnittes angeboten. Dabei trifft der Lernende dann eigenverantwortlich die Entscheidung, den gerade bearbeiteten Abschnitt nochmals zu bearbeiten oder mit einem neuen fortzufahren.

In Abschn. 3.1.2.5 wurde bereits das CAQ-Programm-Modul vorgestellt: es steuert das Üben im CAQ-Programm, das in die CBT-Schulung integriert ist. In die CBT-Programmstruktur wird dieses Modul auf Abschnittsebene integriert.

Zur Klärung von Verständnisfragen kann der Lernende das Hypermedia-Lexikon zu Rate ziehen. Es ist jederzeit zugänglich im „Hintergrund" plaziert. Der Zugriff auf die Wissensinhalte erfolgt durch markierte Schlüsselwörter (Hotwords) oder eine spezielle Schaltfläche der Programmnavigation. Die Wissensvermittlung von nichtlinearen Strukturen und Abhängigkeiten soll in dem zu erstellenden CAQ-Lernprogramm auch durch das Hypermedia-Lexikon unterstützt werden. Dieses eignet sich dann, neben der eigentlichen Nachschlagefunktion, auch zum Wissenserwerb „etwas abseits" vom Lernweg. Es ist sinnvoll, das Lexikon als eigenständiges Programm zu erstellen, denn so kann das dort abrufbare Wissen auch zur Lösung

• Hypermedia-Lexikon

von Fragestellungen bei der täglichen Bearbeitung von QM-Aufgaben eingesetzt werden.

Über die Lernprogrammsteuerung müssen alle angesprochenen Komponenten des späteren Lernprogramms miteinander verbunden werden. Hierbei ist zwischen einer automatischen und einer vom Benutzer zu beeinflussenden Steuerung zu unterscheiden. Die automatische Steuerung wird vom CBT-Programm nach im Drehbuch fest vorgegebenen Sprunganweisungen durchgeführt, während die benutzergesteuerte Navigation über Schaltflächen durch den Lernenden vorgenommen wird.

Die vorgestellte CBT-Konzeption sieht vor, dem Lernenden in weiten Grenzen die Navigation im Lernprogramm selbst zu überlassen. Daher müssen Schaltflächen zur Navigation zwischen einzelnen Seiten eines Abschnittes, zwischen den einzelnen Abschnitten und schließlich zwischen den unterschiedlichen Kapiteln geschaffen werden.

Prinzipiell ist die Navigation des Lernenden, solange er sich vorwärts bewegt, durch die bisher angesprochenen Schaltflächen relativ einfach realisierbar. Ungleich schwieriger ist es, eine Zurückbewegung zu realisieren, denn dazu muß der Weg, den der Lernende vorwärts durchlaufen hat, vom CBT-System gespeichert werden. So muß beispielsweise sichergestellt werden, daß der Lernende nach einem „Ausflug" in das Lexikon automatisch wieder an die Ausgangsstelle der aktuell bearbeiteten Lektion zurückkehrt.

3.1.3.7 Drehbucherstellung

• Schnittstelle zwischen Entwickler und Programmierer

Eine wesentliche Voraussetzung für die schnelle und zielgerichtete Erstellung großer und komplexer CBT-Programme ist eine normierte Schnittstelle zwischen dem Entwicklungsteam und dem Implementierungsteam, also vornehmlich den Programmierern. Eine solche einheitliche Schnittstelle ist das im folgenden zu konkretisierende Drehbuch, das nicht nur den zu vermittelnden Lehrstoff, sondern auch alle zu programmierenden Eigenschaften und Funktionen des späteren Lernprogramms enthalten muß. Ferner stellt das Drehbuch eine umfassende Dokumentation des Lernprogrammsystems dar, in der die gesamten Inhalte, Strukturen und das Design der CBT-Module abgelegt sind (vgl. Abb. 3.19).

Daher kann ein erstelltes Drehbuch für einen Teilbereich oder ein Programmmodul auch im Sinne des Prototyping vom Auftraggeber (externes Feedback) oder von Mitgliedern des Entwicklungsteams (internes Feedback) als Beurteilungsgrundlage der entstehenden Software verwendet werden. Eine erste Rückkopplung kann so bereits vor der eigentlichen Programmierung erfolgen, so daß der Aufwand für einzuarbeitende Änderungen minimal gehalten werden kann.

Aus diesen Ausführungen lassen sich die Forderungen an das Konzept des Drehbuches ableiten. Einerseits soll der Erstellungsaufwand eines Drehbuches durch größtmögliche Systematik gering gehalten werden, andererseits ist es zur Überprüfung durch Dritte in einer allgemein verständlichen Form zu gestalten. Das zu ent-

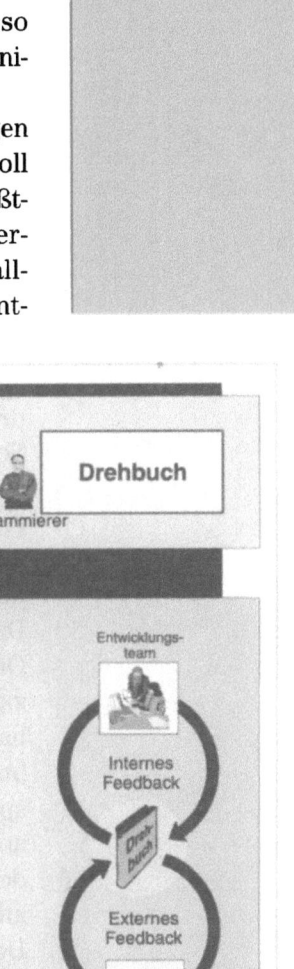

Abb. 3.19: Drehbucherstellung

wickelnde Drehbuch ist daher immer ein Kompromiß zwischen den beiden Extremen. Das im folgenden vorgestellte Drehbuchkonzept wurde im Laufe der CBT-Programmentwicklung erstellt und empirisch an die speziellen Forderungen eines CAQ-Lernprogramms angepaßt.

Prinzipiell soll das Drehbuch dem Programmierer eine Vorstellung davon geben, wie die einzelnen Bilder des fertigen Lernprogramms später auf dem Bildschirm aussehen, wie sie miteinander verknüpft werden und welche Aktionen von dem Lernenden erwartet werden. Zur Reduzierung des Erstellungsaufwandes ist es nötig, eindeutige Vereinbarungen über Vereinfachungen zu treffen, die dann konsequent im Drehbuch angewandt werden. Hierzu können unterschiedliche Hilfsmittel, wie Vordrucke von Drehbuchseiten für Bildhinter- und -vordergründe, Farben, Abkürzungen und Ablaufdiagramme für bestimmte Interaktionsformen eingesetzt werden.

Als Grundlage für eine Drehbuchseite wurde ein Vordruck im DIN A3-Querformat verwandt, der auf einem Vorschlag von Steppi basiert, aber auf die Gegebenheiten der CAQ-Lernprogrammerstellung abgestimmt wurde (vgl. Abb. 3.20).

• WYSIWYG-Prinzip

Ein Charakteristikum dieses Drehbuchvordrucks ist, neben Feldern für Regieanweisungen und Blattdaten, die Darstellung des zu realisierenden Bildschirmaufbaues in Originalgröße. Der Autor kann somit im WYSIWYG-Prinzip (**W**hat **Y**ou **S**ee **I**s **W**hat **Y**ou **G**et) den Bildschirminhalt, den der Nutzer später zu sehen bekommt, im Drehbuch originalgetreu anlegen, so daß Texte zeilen- und spaltengerecht, in der richtigen Reihenfolge und annähernd in der richtigen Schriftgröße eingetragen werden können. Grafiken erscheinen im richtigen Maßstab, am richtigen Platz und werden mit allen erforderlichen Detaillierungen dargestellt.

Die Unterteilung des zu entwerfenden Bildschirmes in Vordergrund und Hintergrund bringt weitere Vereinfachungen mit sich. Der immer wiederkehrende Hintergrund, zum Beispiel das Programmseitenlayout, wird nur einmal auf einer Drehbuchseite gezeichnet (und auch nur einmal im späteren Lernprogramm programmiert) und

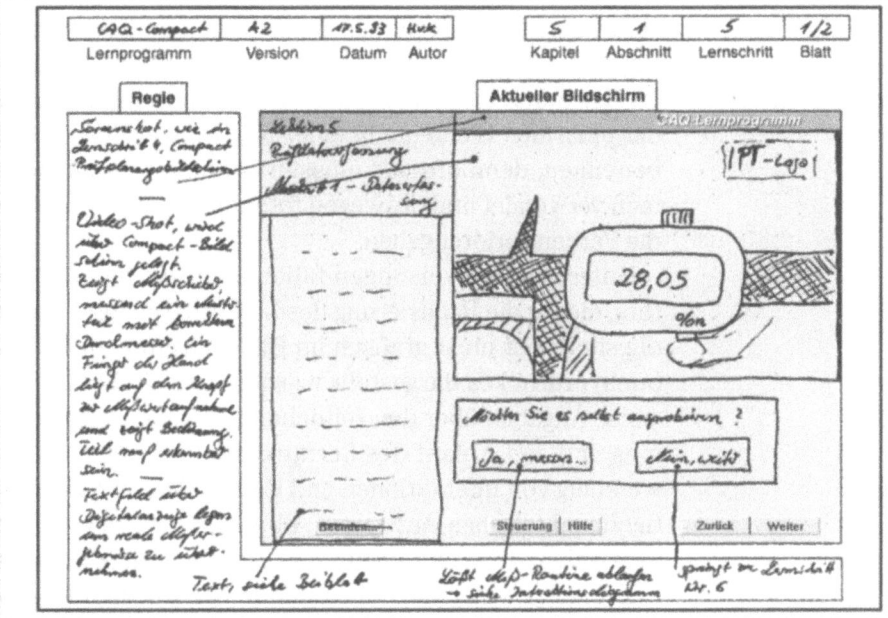

Abb. 3.20: Beispiel einer Drehbuchseite für die Thematik „Daten erfassen"

dann für alle weiteren Drehbuchseiten kopiertechnisch vervielfältigt.

Links auf dem Drehbuchvordruck befindet sich eine Spalte für Regieanweisungen, während auf der rechten Seite Raum für die Darstellung des Bildschirmes bleibt. Eine Rasterung des Bildschirmes erlaubt die genaue Positionierung von Texten, Objekten und Grafiken, sowohl beim Erstellen des Drehbuches als auch bei der späteren Realisierung des Programms. Die organisatorischen Daten werden in einer Kopfleiste erfaßt. Ein weiteres zeitsparendes Detail ist die am unteren Rand des Bildschirmes aufgedruckte Benutzerführung. Sie zeigt die tatsächlich auf jedem Bildschirm des Lernprogramms vorhandenen Schaltflächen, und bei Bedarf können individuell weitere Buttons in den Vordruck eingezeichnet werden (vgl. Abb. 3.20).

Für die leichte Lesbarkeit eines Drehbuches ist es wichtig, daß sich Bildschirminhalt und Regieanweisungen eindeutig voneinander unterscheiden. Bildschirminhalte sollen daher konsequent in Schwarz, Regieanweisungen in Rot (oder in einer anderen fotokopierbaren Farbe) ge-

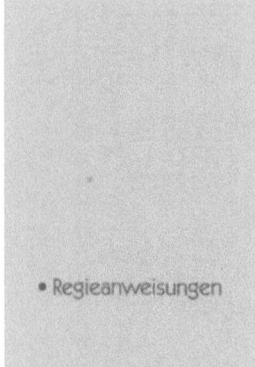

• Regieanweisungen

schrieben werden. Radierfähige Stifte sind wegen der
sehr häufig erforderlichen Änderungen zu bevorzugen.
Bei farbigen Bildschirmobjekten sollte man die Grafiken
im Drehbuch nicht farbig gestalten, sondern die Farben
der einzelnen Elemente in einer Regieanweisung einfach
benennen, denn oftmals müssen Drehbuchseiten mehrfach verwendet und deswegen fotokopiert werden, wobei
die Farben verlorengehen.

Unter Regieanweisungen fallen alle Angaben des Au-
tors, die für die Realisierung des Lernprogramms notwendig sind, aber nicht grafisch im Bildschirmfeld des Dreh-
buchvordruckes dargestellt werden. Das sind beispielsweise Angaben über den zeitlichen Aufbau des Bildschirmes und den Ablauf des Lernprogramms, über die Ab-
wicklung von Interaktionen und Rückmeldungen bei richtigen und falschen Antworten, über Leistungsbewertung,
Verzweigungsbedingungen oder Hilfen. Weiterhin kann
mit Regieanweisungen der Einsatz von Filmsequenzen,
Sprache oder Tönen angeordnet werden.

Regieanweisungen zur Bildschirmgestaltung vollziehen
sich hauptsächlich visuell über die Zeichnungen im Drehbuchvordruck. Doch nicht alle Merkmale können auch
grafisch dargestellt werden. Das gilt in erster Linie für
Farben, doch werden auch Muster, Schriftarten, -schnitte
und -grade, Linienstärken usw. zusätzliche Regieanweisungen brauchen.

Solange sich der Bildschirminhalt nicht ändert, sind die
Vorgaben in den Regieanweisungen relativ einfach zu erstellen. Wird aber der Bildschirm stufenweise aufgebaut
oder sollen Animationen eingebaut werden, so wird die
Beschreibung dieser Sachverhalte ungleich schwieriger.
Für komplizierte Abläufe werden dann meist mehrere
Drehbuchseiten gebraucht, und es hat sich als hilfreich
erwiesen, den Regieanweisungen eine zeitliche Hierar-
chie in Form einer Numerierung zu geben. Ebenso ist mit
der Steuerung von Ton zu verfahren. Größere Sequenzen
können aber auch auf einer gesonderten Seite dokumentiert werden, die dann an die entsprechende Stelle im
Drehbuch geheftet wird.

Eine weitere Vereinfachung der Regieanweisungen für
den Programmablauf bietet die Verwendung von Hafteti-

ketten für kleine Erklärungen und Felder, die beim Anklicken bestimmter Schaltflächen oder Hotwords (Schlüsselworte) erscheinen. Hier wird zunächst der eigentliche Bildschirmaufbau auf der Drehbuchseite dargestellt, die Reaktion des Systems (z.B. Öffnen eines Erklärungsfensters) aber auf dem Haftetikett vermerkt oder gezeichnet und dieses an der richtigen Stelle auf der Drehbuchseite befestigt. Eine Regieanweisung in schriftlicher Form kann dann in den meisten Fällen ganz entfallen.

Problematisch werden Regieanweisungen, wenn Interaktionen zwischen Lerner und Computer beschrieben werden sollen. Bei größeren Interaktionen, Mehrfacheingaben und grafischen Simulationen als Antwort wird die Struktur der vielen mit der Interaktion verbundenen Drehbuchseiten so unübersichtlich, daß das Drehbuch ohne Zusatzinformation kaum noch lesbar ist. Eine Möglichkeit, diese Zusatzinformation in eine graphische Form zu bringen, stellt das Interaktionsdiagramm dar (vgl. Abb. 3.21), ein Flußdiagramm, das die Verknüpfung aller zum Ablauf der Interaktion gehörenden Aktionen visualisiert. Bei

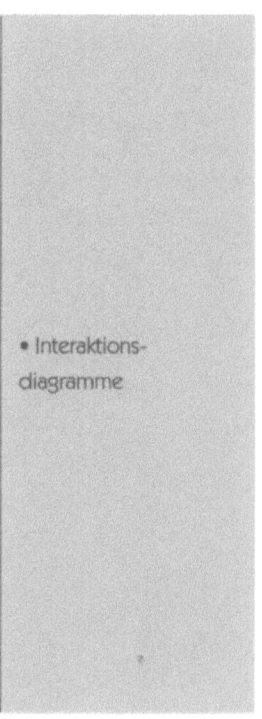

• Interaktions-
diagramme

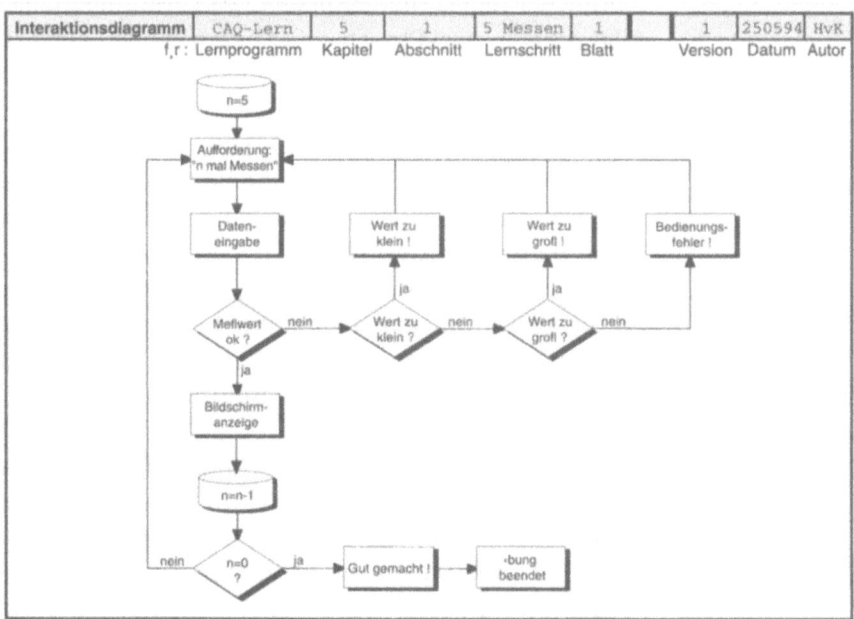

Abb. 3.21: Interaktionsdiagramm für das Beispiel „Meßdaten erfassen"

Übungen und Simulationen enthalten Interaktionsdiagramme Bedingungen und die Reaktionen des CBT-Systems auf alle möglichen Aktionen des Lernenden. In Form eines strukturierten Ablaufes helfen sie dem Autor, die komplizierten Verknüpfungen des unterschiedlichen Programmablaufs für den Programmierer auf eine einfache Art übersichtlich darzustellen. So steht auf der Drehbuchseite, auf der dem Lernenden die Interaktion präsentiert wird, nur noch der Verweis auf das dazugehörige Interaktionsdiagramm, alle weiteren Informationen sind dann dem nachfolgenden Diagramm zu entnehmen. Abb. 3.21 zeigt ein einfaches Interaktionsdiagramm aus dem in Abschn. 3.2.3 beschriebenen CAQ-Lernprogramm. Hierbei handelt es sich um das Aufnehmen von fünf Meßwerten mittels eines an den Rechner gekoppelten Meßschiebers.

3.1.3.8 Evaluation der CBT-Prototypen

Die Evaluation von CBT-Prototypen ist eine interdisziplinäre Aufgabe, die nicht ausschließlich auf technische oder didaktische Aspekte reduziert werden darf. Die Evaluation der rechnerunterstützten QM-Lernprogramme erfolgt daher in zwei Phasen, einer internen und einer externen Prüfung: Während in der internen Prüfung das erstellte Programm auf inhaltliche, methodische/didaktische und auf technische Mängel im Hause des Erstellers kontrolliert wird, beurteilt die externe Prüfung die Leistungsfähigkeit des neuen Lernmediums in einem Pilotlehrgang außer Hause (vgl. Abb. 3.22).

• Interne
Qualitätsprüfung

Die interne Überprüfung des CBT-Prototypen beleuchtet das CBT-Programm auf inhaltliche, methodische und technische Schwachpunkte. Dies erfolgt über die Spiegelung der im Vorfeld definierten Anforderungen an die zu erstellende Software.

Die inhaltliche Qualitätssicherung prüft das Lernprogramm auf Drehbuchkonformität. Hier werden Vollständigkeit und Verständlichkeit des Lernprogramms überprüft und insbesondere auf die Erklärung neu verwendeter Begriffe und Formulierungen geachtet. Schließlich wird auch der grammatikalische Satzbau und die korrekte Rechtschreibung kontrolliert.

Die Art der Wissenspräsentation, der Benutzerführung und der Navigationsmöglichkeiten werden in der methodisch/didaktischen Qualitätsprüfung behandelt. Hier stehen der Einsatz der korrekten multimedialen Elemente, das sinnvolle Beschreiten von Lernpfaden und die Interaktionsmöglichkeiten des Lernenden im Vordergrund. Als Hilfsmittel können die in der Programmkonzeption erstellten Hilfsmittel, wie Regieanweisungen, Navigationskonzept und die aufgestellten Gestaltungsrichtlinien herangezogen werden.

Inhalt der technischen Qualitätsprüfung ist der Test auf fehlerfreien und logischen Programmablauf. Hier stehen also in erster Linie die programmtechnischen Verknüpfungen des erstellten Lernprogramms im Vordergrund.

Inhaltliche Qualitätsprüfung

- Drehbuchkonsistenz
- Lernziele, Wissenstiefen
- Vollständigkeit (neue Begriffe)
- Verständlichkeit (Formulierung)
- Rechtschreibung, Grammatik
-

Hilfsmittel

- Drehbuch
- Qualifikationsmatrix
- Funktionsdiagramme
- Schulungsrangfolge
-

Co-Autor

Methodische Qualitätsprüfung

- Wissenspräsentation
- Benutzerführung
- Navigation
- Interaktivität, Fehlerreaktionen
- Medieneinsatz
-

Hilfsmittel

- Drehbuch
- Regieanweisungen
- Navigationskonzept
- Gestaltungsrichtlinien
- Lernpfade
-

CBT-Team

Psychologe

interne Prüfung

Technische Qualitätsprüfung

- Programmablauf
- Navigationswege, Steuerung, Sprünge
- Interaktionen zwischen CBT- und Anwendungsprogramm
- Fremddateneinbindung
- Begleitmaterial

Hilfsmittel

- Drehbuch
- Interaktionsdiagramme
- Regieanweisungen
- Programmscripten
-

CBT-Team

Test-Person

Pilotlehrgang

- Verbesserungsvorschläge
- Erreichen der Lernziele / Lernerfolg
- Akzeptanz
- (Wissenstransfer)
-

externe Prüfung

Hilfsmittel

- E-Übungsauswertung
- persönliches Gespräch
- Fragebogen
- Flip-Chart
-

Lerngruppe

Abb. 3.22: Evaluation der CBT-Prototypen

Die einzige Methode, möglichst alle Fehler im Lernprogramm aufzuspüren, ist ein systematisches Testen. Allerdings ist es bei komplexen Programmen nur mit sehr viel Aufwand möglich, alle möglichen Programmzustände auszuprobieren, daher kann durch Testen allein die Korrektheit eines Programms nicht endgültig bewiesen werden. Dennoch ist ein solcher Test die allgemein angewandte Methode zur Prüfung von Programmen. Die oben vorgestellte Methode des Prototyping erleichtert diese technische Qualitätsprüfung dadurch, daß es zunächst ausreicht, einzelne CBT-Module auf ihre Funktionsfähigkeit und Schlüssigkeit zu prüfen. In einem weiteren Schritt muß dann nur noch das Zusammenspiel der einzelnen Module überprüft werden, da die Funktionstüchtigkeit der Einzelelemente als überprüft vorausgesetzt werden kann. Als Referenz-Modell dienen dazu die strukturierte Systemanalyse und das Drehbuch.

• Externe Qualitätsprüfung

Während die interne Prüfung des CBT-Systems vom Autorenteam und den Programmierern sowie ausgewählten Testpersonen durchgeführt wird, erfolgt die externe Qualitätsprüfung mit Repräsentanten der Zielgruppe des CBT-Programms. Ein Pilotlehrgang dient dazu, den Lernerfolg und die Wirkung der programmierten CBT-Bausteine auf den CBT-Nutzer zu ermitteln (vgl. Abb. 3.22), bevor das CBT-System seinen ersten Einsatz erfahren darf. Die dazu notwendigen Feldtests werden mit einer Gruppe von Testpersonen, die Repräsentanten der späteren Zielgruppe des CBT-Systems sind, durchgeführt. Dabei verlangt insbesondere die Prüfung von CBT-Prototypen eine detaillierte Einsatzplanung. Für einen erfolgreichen CBT-Test ist es weiterhin erforderlich, die Zielgruppe bzw. die Testpersonen entsprechend vorzubereiten. Hierzu gehören die Vermittlung von Kenntnissen über das CBT-Konzept, dessen Funktionalität und Zielsetzung. So können bereits im Vorfeld Hemmschwellen abgebaut und unrealistische Erwartungshaltungen an die zu erzielenden Lernerfolge vermieden werden.

Die Durchführung eines Pilotlehrgangs soll vor allem zur Klärung folgender Fragen beitragen:[24]

– Enthalten CBT-Teile technische Fehler?
– Gibt es noch gravierende didaktische Fehler/gestalterische Mängel?
– Werden die gesetzten Lernziele erreicht?
– Gibt es sinnvolle Verbesserungsvorschläge?
– Wie ist die Akzeptanz seitens der Anwender?

Antworten auf diese Fragen lassen sich mit Hilfe von Fragebögen und Interviewleitfäden finden, wie sie in Abschn. 3.2.4 „Evaluation des CAQ-Lernprogramms" erläutert werden. Eine Auswertung der Befragungen verschafft kontinuierlich einen Überblick über die Stärken und Schwächen der entwickelten CBT-Module.

Zunächst sollten daher alle festgestellten Mängel aufgelistet und einer Bewertung unterzogen werden. Das Fehlergewicht bzw. die Auswirkung eines Fehlers ist dabei höher zu bewerten als die Häufigkeit der Entdeckung durch Testpersonen. Die Realisierung von Korrekturmaßnahmen wird dann gemäß dieser Liste vorgenommen und die entsprechende Programmdokumentation sowie das Drehbuch an die vorgenommenen Modifikationen angepaßt. Anschließend sollte der technische Test, zumindest in den veränderten Programmteilen, wiederholt werden.

3.2 Beispiel eines Lernprogramms zum Thema „CAQ"

Die bisher vorgestellten Methoden und Vorgehensweisen zur Lernprogrammerstellung wurden bei der Programmierung eines Lernprogramms zur Vermittlung des Themengebietes CAQ (Computer Aided Quality Assurance) eingesetzt und auf ihre Anwendbarkeit hin überprüft. Die Ergebnisse und das entwickelte Lernprogramm werden in diesem Kapitel zusammenfassend dargestellt.

CAQ-Systeme werden zunehmend als notwendiges Hilfsmittel für die Unterstützung des Qualitätsmanagements betrachtet. Angestrebt wird, insbesondere bei kleinen und mittelständischen Unternehmen, zumeist eine Standardlösung, die dem unternehmensspezifischen An-

• Auswahl eines CAQ-Systems

forderungsprofil gerecht wird. Die für die erfolgreiche Systemeinführung erforderlichen Schulungsmaßnahmen sind aufwendig und auch nach der Systemeinführung zur Stabilisierung weiterhin notwendig.

Die Auswahl eines geeigneten CAQ-Systems für den industriellen Einsatz erweist sich in der Praxis oft als problematisch. So weisen die am Markt angebotenen Systeme häufig eine komplexe Struktur und einen erheblichen Funktionsumfang auf.[25] Mit Hilfe des am Fraunhofer-Institut für Produktionstechnologie entwickelten Datenbanksystems „CAQbase" zur Auswahl von CAQ-Systemen wurde im Vorfeld dieser Arbeit speziell zur studentischen Ausbildung im Ingenieurstudium und zur Weiterbildung von Ingenieuren im Rahmen der Schulungsmaßmaßnahme „Qualifizierung für die integrierte Produktion (QUIP)" ein marktgängiges CAQ-System ausgesucht. Dieses System wurde von den Autoren zur Ausbildung der zuvor genannten Zielgruppen im „Aachener Demonstrationslabor für integrierte Produktionstechnik" (ADITEC) eingesetzt.

• Schulungsdefizite im CAQ-Bereich

Auf dem Gebiet des rechnerunterstützten Qualitätsmanagements (CAQ) ist die Möglichkeit des Einsatzes rechnerunterstützter Lernmedien bisher nur in verschwindend geringem Maße bekannt, obwohl die Hardware-Voraussetzungen für einen solchen Einsatz oft schon vorhanden sind. Die in der Einleitung erwähnte Analyse des innerbetrieblichen Qualitäts-Wissens [26] zeigt, daß nur 10% der Unternehmen, die CAQ-Systeme einsetzen, gezielt Mitarbeiterschulungen bzw. Nachschulungen zu diesem QM-Themengebiet durchführen.

Das prototypisch entwickelte CAQ-Lernprogramm setzt auf einer vorhandenen Hard- und Softwareumgebung auf und soll zur Vermittlung des fachgerechten Umganges mit einem CAQ-System eingesetzt werden. Es dient somit als Informations- und Lehrsystem, das den Benutzer anhand von konkreten Beispielen auf die Anwendung des Programms an seinem Arbeitsplatz vorbereitet und mit diesem vertraut macht.

Die Schulung von CAQ-Anwendungen stellt im Rahmen der rechnerunterstützten QM-Schulung einen Sonderfall dar, da hier der Arbeitsplatz gleichzeitig auch Gegenstand des Lernens ist. Es besteht daher die Möglichkeit, nicht nur durch Simulation anhand eines Modells, also mit Hilfe simulierter Bildschirmoberflächen und Daten, sondern mit der Anwendersoftware selbst zu arbeiten und so die Funktionsweise des CAQ-Systems zu erlernen. So werden Anwendungs- und Lernfeld direkt verbunden, es kann zwischen Lern- und Arbeitsfeld gesprungen und mit den bestehenden Unternehmensdaten gelernt und geübt werden.

Im folgenden Kapitel soll nun auf die praktische Umsetzung und Erstellung eines Lernprogramm-Prototypen eingegangen werden. Ein wichtiger Punkt in der Umsetzung des multimedialen CAQ-Schulungsvorhabens ist hierbei die Festlegung des zu schulenden CAQ-Programms sowie aller benötigter Hard- und Softwarekomponenten zur Programmrealisierung. Ausgehend von der Darstellung einer geeigneten Entwicklungsumgebung wird die Systematik und die Vorgehensweise der CBT-Programmierung mit dem eingesetzten Autorensystem beschrieben. Im letzten Kapitel wird die Umsetzung des entwickelten Konzeptes durch die Programmierung eines exemplarischen CAQ-Lernprogramm-Prototypen dokumentiert. In dieses CBT-Programm konnten zusätzlich pädagogische Aspekte aus Synergieeffekten der Zusammenarbeit mit den Projektpartnern an der JLU Gießen eingebracht werden.

3.2.1 Beschreibung der Entwicklungsumgebung

Aufgrund der Vielzahl der auf dem Markt angebotenen Hardware- und Softwarekomponenten und der rasanten Entwicklung der Multimedia-Technologie sind derzeit unterschiedlichste Entwicklungsumgebungen einsetzbar. Die immer schnelleren Zyklen und Neuerungen auf dem Hard- und Softwaremarkt machen eine allgemeingültige Empfehlung unmöglich. Die Beschreibung der eingesetzten Systemkomponenten bezieht sich daher im folgenden vorrangig auf die Funktionalität des Autorensystems und auf grundlegende Programmierprinzipien. Mit dieser Darstellung wird das Ziel verfolgt, die entwickelten Funktionalitäten und Interaktionen des CAQ-Lernprogramms besser verständlich zu machen.

3.2.1.1 Eingesetzte Hardware

Wie oben bereits angedeutet, dürfte sich die Rechner-
landschaft bei der Drucklegung dieses Werkes bereits
wieder stark verändert haben. Daher soll hier nur kurz
auf die Grundausstattung eines CBT-Rechners eingegangen werden. Die im folgenden beschriebenen Hard- und
Softwarekomponenten beziehen sich alle auf einen CBT-
Entwicklungsrechner, bei der Ausstattung des Lerncom-
puters kann natürlich von dieser Maximalausstattung ab-
gewichen und bei bestimmten Komponenten auf einfa-
chere und preiswertere Konfigurationen zurückgegriffen
werden.

• Konfiguration eines
CBT-
Entwicklungsrechners

Die Auswahl der einzusetzenden Hardware orientiert
sich an der in der Aufgabenstellung definierten Zielgruppe: Da die Schulung in der Industrie eingesetzt werden
soll, ist es sinnvoll, auf Rechnersysteme zurückzugreifen,
die dort bekannt sind und bereits mehrheitlich eingesetzt
werden. Hier bietet sich der IBM-kompatible PC an, der
mit einem schnellen Prozessor der 486-er Klasse oder mit
einem Pentium-Chip ausgerüstet sein sollte, um die anfallenden Datenmengen in angemessener Geschwindigkeit
zu verarbeiten. Der Rechner sollte auch über eine ausreichende RAM-Speicherkapazität verfügen, was der Pro-
grammausführungsgeschwindigkeit zugute kommt (vgl.
Abb. 3.23). An Speichermedien wird neben einem Diskettenlaufwerk eine schnelle Festplatte mit einer Speicherkapazität von mindestens 200 MB benötigt. Zur Grundausstattung des Rechnersystems gehört neben einer MF2-Ta-
statur und einer Maus auch ein VGA-Monitor, möglichst
mit einer 17" Bildschirmdiagonale. Weiterhin sollte der
Rechner mit einem CD-ROM-Laufwerk ausgestattet sein.

• Multimedia-
Zusatzkomponeneten

Zur Nutzung der multimedialen Fähigkeiten ist eine
Sound- und eine schnelle Grafikkarte erforderlich. Die
Ankopplung von Maus und Drucker, die Steuerung von Video und einer eventuellen Bildplatte sowie der Austausch
von Daten erfolgt über eine Multi-IO-Karte.

Die Einbindung von Videobildern und Videosequenzen
erfolgt über eine Videodigitalisierungskarte, welche die
analogen Videodaten in digitale Signale umsetzt. Die Bild-
daten selbst können dabei von einem Videorecorder oder

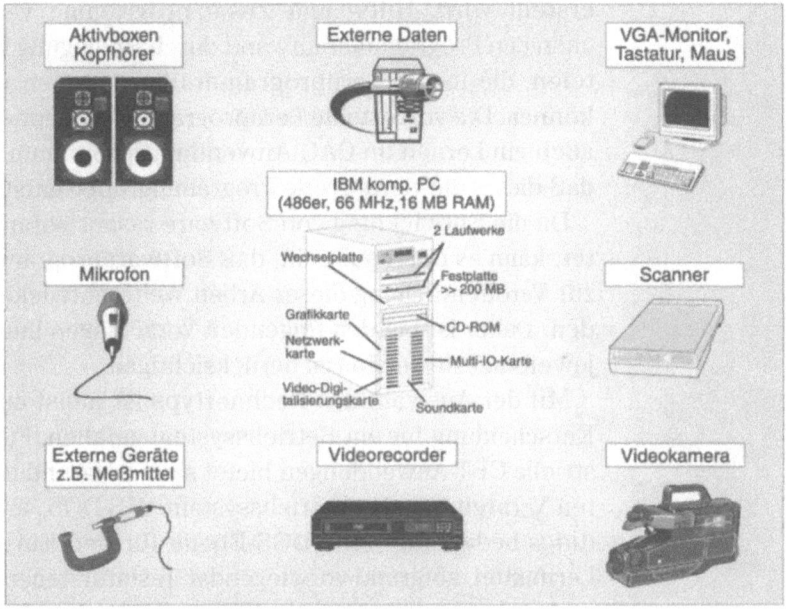

Abb. 3.23:   Hardwarekomponenten zur Lernprogrammerstellung

direkt von einer Videokamera in den Rechner eingelesen werden. Auch die Digitalisierung von Sprache durch die Anbindung eines Mikrofons bereitet keine Schwierigkeiten. Der digitalisierte Ton kann dann über zwei Aktivboxen wiedergegeben werden.

Bilder können nicht nur von Grafikprogrammen erzeugt werden: Eine einfache Methode der Bildgenerierung aus gedruckten Vorlagen bietet der Einsatz eines Scanners.

Eine Netzwerkkarte schafft die Möglichkeit, auf andere Rechner und Fremddaten zuzugreifen oder auch die Lernprogramme von einer zentralen Stelle aus anzubieten.

3.2.1.2 Eingesetzte Software

Die zur Realisierung des CAQ-Lernprogramms eingesetzte Software läßt sich in vier Gruppen unterteilen: Auf die Basis eines Betriebssystems, das die interne Rechnerdatensteuerung übernimmt, wird ein CBT-Autorensystem aufgesetzt, mit dem das eigentliche Lernprogramm

• Software zur CBT-Erstellung für das Themengebiet CAQ

• Betriebssystem

• CAQ-Programm

erstellt wird. Hilfs- und Zusatzprogramme vereinfachen den Programmieraufwand durch Erzeugung von Dateien, die in das Lernprogramm übernommen werden können. Die vorgestellte Lernprogramm-Konzeption sieht auch ein Lernen im CAQ-Anwendungsprogramm vor, so daß dieses die vierte große Programmgruppe darstellt.

Da die Entwicklung von Software rasant voranschreitet, kann es durchaus sein, daß Softwareprogramme bis zur Veröffentlichung dieser Arbeit weiterentwickelt wurden. Daher ist bei den folgenden Vorschlägen immer die jeweils neuste Version zu berücksichtigen.

Mit der Auswahl des Rechnertyps ist meist auch die Entscheidung für ein Betriebssystem gefallen. Für industrielle CBT-Anwendungen bietet sich, aufgrund der weiten Verbreitung, das Betriebssystem "MS-DOS„ an. Allerdings bedarf die reine DOS-Ebene für den Einsatz als Lernmittel, aufgrund vorwiegender Tastatursteuerung, einer anwendergerechten Modifikation: „Microsoft Windows for Workgroups" stellt die grafische Erweiterung des MS-DOS Betriebssystems dar und bietet in allen Windows-Anwendungen eine einheitliche Darstellung und Bedienung. Weitere für die CBT-Erstellung wichtige Merkmale von Windows sind die Möglichkeiten des gleichzeitigen Aufrufs von mehreren Anwendungen und das Umschalten zwischen Anwendungen sowie die Möglichkeit, Daten zwischen Anwendungen auszutauschen. Mittlerweile ist auch das Windows 95-Betriebssystem auf dem Markt erhältlich; es wird aber sicherlich noch eine Zeit dauern, bis es sich auch in der Industrie als Standard etablieren wird.

Das vorgestellte Konzept verlangt mit dem CAQ-Programm-Modul die Vorgabe eines marktgängigen CAQ-Programms. Mit der Zielgruppe eines CAQ-Systems für Klein- und Mittelständische Unternehmen und der Option der Nutzung der graphischen Benutzeroberfäche „Windows" läßt sich der Kreis der zur Verfügung stehenden Programme weitgehend eingrenzen.

Die gängigen Anforderungen an ein modernes, netzwerkfähiges, PC-gestütztes CAQ-Programm umfassen die Bereiche „Wareneingangsprüfung", „fertigungsbegleitende Prüfung mit SPC" und „Warenausgangsprüfung" mit dem Ziel der rechnerunterstützten Realisierung der CAQ-Funktionen „Planen", „Erfassen", „Auswerten" und „Dokumentieren" von relevanten Prüfdaten unter der grafischen Benutzeroberfläche „Microsoft Windows".

Wie bereits erwähnt, liegen am Fraunhofer-Institut für Produktionstechnologie (IPT) bereits umfangreiche Erfahrungen mit CAQ-Softwareschulungen vor. Damit später ein Vergleich zwischen konventionellem Unterricht und CBT-Schulung möglich ist, wird das erarbeitete Konzept auf eine am IPT bereits eingesetzte CAQ-Software angewandt, nämlich auf das Programm „Compact" der Firma GFQ.[27] Das Programm besteht aus vier eigenständigen Programmteilen, die die oben beschriebenen CAQ-Funktionen abdecken.

Besonders interessant ist dieses CAQ-Programm für die Erstellung einer Lern- und Trainingssoftware aufgrund seiner einfachen Bedienung über die „Windows-Fenstertechnik" und seines modularen Aufbaus.

Mit der Festlegung des Betriebssystems und der grafischen Benutzeroberfläche stellt sich nun die Frage nach einem geeigneten Autorensystem. Hier wird ein speziell auf multimediale Ansprüche zugeschnittenes Entwicklungstool benötigt. Mit den oben bereits genannten Randbedingungen, wie der Einbindung von Multimedia- Hardware und umfangreichen Text-, Grafik-, Interaktions- und Animationsfunktionen, lassen sich die Auswahlmöglichkeiten für eine geeignete Software bereits auf wenige Programme einschränken. Bei der CBT-Programmentwicklung, innerhalb der BMFT-Projektgruppe „Konzepte zur Umsetzung von Qualitätswissen" wurde durch Prof. Leutner, JLU Gießen, bereits eine Vorauswahl getroffen (vgl. Abb. 3.24). Mit den im Bild dargestellten Auswahlkriterien fällt nach Leutner die Entscheidung für das System „ToolBook" der Firma Asymetrix.

Auch die Zeitschrift WIN testete im Mai 1993 vier verschiedene windowsfähige Entwicklungstools für Multimedia, darunter auch das Programm „ToolBook". In der abschließenden Wertung liegt „ToolBook" aufgrund seiner umfangreichen Funktionen eindeutig an der Leistungsspitze der betrachteten Programme [28].

• Autorensystem

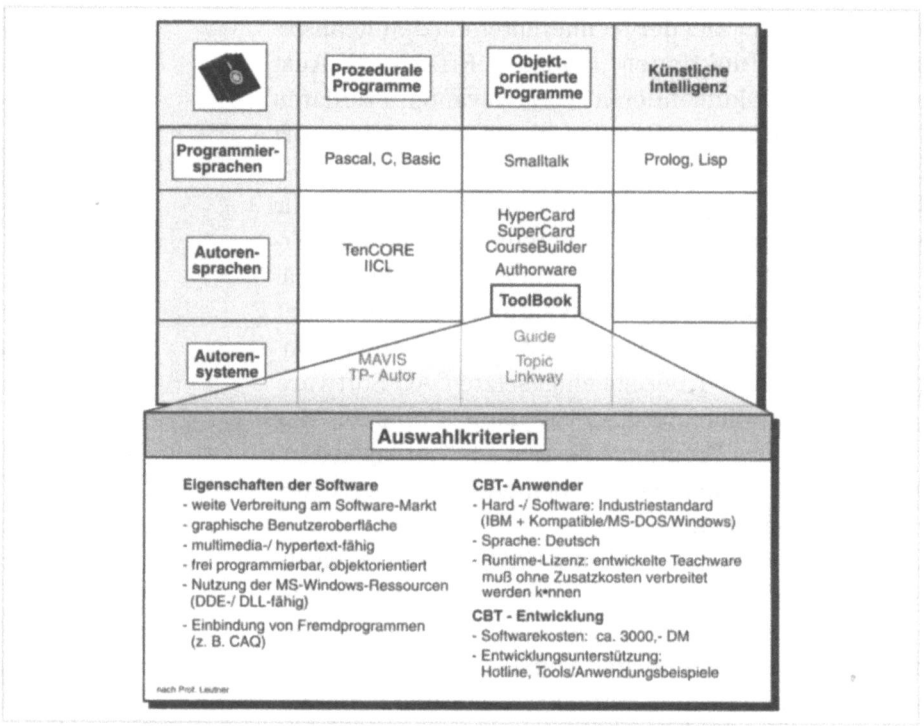

	Prozedurale Programme	Objekt-orientierte Programme	Künstliche Intelligenz
Programmier-sprachen	Pascal, C, Basic	Smalltalk	Prolog, Lisp
Autoren-sprachen	TenCORE IICL	HyperCard SuperCard CourseBuilder Authorware **ToolBook**	
Autoren-systeme	MAVIS TP- Autor	Guide Topic Linkway	

Auswahlkriterien

Eigenschaften der Software
- weite Verbreitung am Software-Markt
- graphische Benutzeroberfläche
- multimedia-/ hypertext-fähig
- frei programmierbar, objektorientiert
- Nutzung der MS-Windows-Ressourcen (DDE-/ DLL-fähig)
- Einbindung von Fremdprogrammen (z. B. CAQ)

CBT- Anwender
- Hard- / Software: Industriestandard (IBM + Kompatible/MS-DOS/Windows)
- Sprache: Deutsch
- Runtime-Lizenz: entwickelte Teachware muß ohne Zusatzkosten verbreitet werden können

CBT - Entwicklung
- Softwarekosten: ca. 3000,- DM
- Entwicklungsunterstützung: Hotline, Tools/Anwendungsbeispiele

nach Prof. Leutner

Abb. 3.24:   Auswahlkriterien für das Autorensystem

• Das Autorensystem „ToolBook"

Das Autorensystem „ToolBook" ist ein „Software construction set", mit dem andere Anwendungen/Programme erstellt werden können. Aufgrund einer grafisch aufbereiteten Benutzeroberfläche und objektorientierten Programmierhilfen ähnelt das Erstellen von Anwendungen dem Arbeiten mit einem Zeichenprogramm. Es werden zunächst einzelne Seiten generiert, die dann miteinander verknüpft und schließlich in Büchern zusammengefaßt werden. Die einzelnen Seiten eines Buches können Objekte wie beispielsweise Felder, Schaltflächen und Grafiken enthalten. Verknüpfungen und Funktionen von Objekten und Seiten werden in der Programmiersprache „OpenScript" eingefügt. Die Multimedia-Erweiterung „Multimedia ToolBook" ermöglicht die volle Ausnutzung der multimedialen Fähigkeiten des Computers, beispielsweise Möglichkeiten der Einbindung von Ton und Video in die zu erstellende Anwendung, sowie der Ansteuerung von Videorecorder, CD oder Bildplatte durch das Lernprogramm.

Eine besondere Stärke dieses Autorensystems ist die Möglichkeit des unkomplizierten Wechsels zwischen Autoren- und Leserebene. So können die Auswirkungen der Programmierung direkt aus der Sicht des Lernenden beurteilt werden.

Zur Erstellung von CBT-Programmen ist neben dem Autorensystem weitere Software notwendig, die unter dem Synonym „Hilfsprogramme" zusammengefaßt werden soll. Hierbei handelt es sich vorwiegend um Softwareprogramme zur Bild- und Tonbearbeitung.

• Weitere Software

Es ist von großem Vorteil, neben dem internen Grafikeditor des Autorensystems ein professionelles Grafikprogramm zu benutzen. In der Realisierungsphase hat sich das Programm „CorelDraw" hervorragend bewährt, da das Autorensystem „ToolBook" für dieses Grafikformat einen Importfilter besitzt, so daß in CorelDraw erstellte Grafiken und Bilder direkt als Vektorgrafiken in das zu programmierende Lernprogramm eingeladen werden können.

Das Importieren von Bildern und Grafiken als Pixelgrafik in das Lernprogramm stellt eine weitere Möglichkeit der Bildschirmgestaltung dar, insbesondere dann, wenn Vektorgrafiken besonders komplexe Strukturen darstellen müssen und die daraus resultierende Größe der Grafikfiles den Bildschirmaufbau des CBT-Programms stark verlangsamen würde. Komplikationslos lassen sich Windows-Bitmap-Grafiken (BMP) in das Autorensystem einbinden und beliebig positionieren, daher wurde dieser Grafiktyp durchgängig in der Lernprogrammerstellung verwendet. Auch die Übernahme von mittels einer Videokamera digitalisierten oder eingescanten Fotos kann über dieses Grafikformat vorgenommen werden. Zur Bearbeitung ist eine eigene Bildbearbeitungssoftware notwendig, die auch im Corel-Paket enthalten ist.

An dieser Stelle sei erwähnt, daß sich für den Programmierer bei jedem eingebundenen Bildobjekt die Entscheidung zwischen Pixel- und Vektorgrafik stellt. Im Sinne einer möglichst kleinen Programmgröße sollte er die jeweils datentechnisch kleinere Form bevorzugen. Dies ist

bei geometrisch einfachen Bildern sicherlich die Vektor-
form, bei sehr komplexen Bildern kann es aber vorteilhaft, sein auf die Bitmap-Darstellung auszuweichen.

Es ist auch möglich, Bilder aus einer Videokamera oder
einem Videorecorder in das CBT-Programm zu integrieren: Die von der Videokamera gelieferten analogen Video-
signale werden dabei digitalisiert und in ein computerles-
bares Grafikformat umgewandelt. Das Programm „Video
for Windows" stellt in seiner Hauptfunktion ein digitales
Videoschnitt- und -bearbeitungsprogramm dar, mit dem
die gespeicherten Bewegtbilder beliebig manipuliert werden können.

Eine Möglichkeit zur Digitalisierung und Bearbeitung
von Tonsignalen bietet ein Programmpaket, das im Liefer-
umfang des „Windows Soundsystem" enthalten ist. Es besteht aus einem Recorder, einem Kontrollpult mit Mixer
und einem Player, die gemeinsam ein digitales Tonstudio
zur Abmischung, Verfremdung und Digitalisierung von
Geräuschen und Musik bilden, die über ein CD-Laufwerk
oder über Audioschnittstellen in den Rechner eingelesen
werden. Eine Einbindung der erzeugten Tondateien in das
Lernprogramm kann dann über „wav-Files" geschehen.

Damit sind alle notwendigen Softwarekomponenten
zur CBT-Erstellung beschrieben. Gemeinsam mit der zuvor beschriebenen Hardware bilden sie das Fundament
für eine erfolgreiche Lernprogrammentwicklung.

3.2.2 CBT-Programmierung

• CBT-Erstellung mit
dem Autorensystem

In diesem Kapitel werden in Grundzügen die Funktionen
des zur CBT-Erstellung eingesetzten Autorensystems beschrieben. Da das oben bereits vorgestellte Autorensystem „ToolBook" für die Programmierung des CAQ-Lernprogramms ausgewählt und eingesetzt wurde, gehen
auch die folgenden Ausführungen zur CBT-Programmierung auf die Gegebenheiten des verwendeten Autorensystems ein. Die Erstellung von CBT-Programmen mit anderen Autorenwerkzeugen kann von der Grundkonzeption
her aber sehr ähnlich ablaufen.

Wird im folgenden von der CBT-Programmierung ge-
sprochen, so ist hierunter nicht ausschließlich die Pro-

grammierung eines CAQ-Lernprogramms im Autorensystem zu verstehen, sondern auch das Zusammenführen und Verknüpfen einzelner Programmkomponenten und Programme, die dann erst als Gesamtsystem das CBT-Programm bilden.

3.2.2.1 Programmierumgebung

Die mit dem Autorensystem erstellten Programme lassen sich am besten über die Metapher des Buches beschreiben. Sie bestehen aus einzelnen (Bildschirm-) Seiten, die programmtechnisch über Schaltflächen oder Scripte miteinander verknüpft sind, so daß der Verweis auf reale Bücher sehr treffend ist. Ein „Book" ist die grundlegende Datei, die mit dem Autorensystem erstellt wird, und stellt das Äquivalent zu einer ausführbaren Datei dar. Da sich einzelne Bücher untereinander vernetzen lassen, kann ein CBT-Programm aus einem oder mehreren miteinander verkoppelten Büchern bestehen.

Das Autorensystem sieht zwei Ebenen des Zuganges zu einem erstellten Buch vor: eine Programmierplattform (Autorenebene), auf der Seiten und Objekte erstellt und über Scripte miteinander verknüpft werden, und eine Anwendungsplattform (Leserebene), in der die erstellten Bücher ausgeführt werden.

Die Entwicklung von CBT-Programmen erfolgt durch den Programmierer in der Autorenebene. Hier stehen ihm Zeichenhilfsmittel und Programmierwerkzeuge zur Verfügung, mit denen Bücher sowie die darin enthaltenen Objekte erstellt und bearbeitet werden können. Nach dem Erstellen von Bildschirmseiten aus grafischen Elementen müssen diese Seiten, bzw. die Objekte auf diesen Seiten, noch mit Funktionalitäten versehen werden. Hierzu kann in der Programmiersprache „OpenScript" das Verhalten jedes Objektes definiert werden, das eintritt, wenn ein Ereignis an dieses Objekt gesendet wird. Mit der Zuweisung von Objekt- und Seitenscripten können die Interaktionen zwischen dem User und dem ToolBook-System und damit auch der Programmablauf der Anwendung gesteuert werden. Die der englischen Sprache sehr ähnliche Syntax und der große Befehlssatz machen das Programmieren we-

• Architektur der CBT-Programme

• Autorenebene

• Leserebene

• Seitengenerierung

sentlich einfacher und schneller als das Erstellen ähnlicher Anwendungen mit vergleichbaren Programmiersprachen wie C oder C++. Weiterhin stehen dem Programmierer in der Autorenebene umfangreiche Werkzeuge zur Fehlersuche zur Verfügung, und er kann über eine Tastenkombination schnell in die Leserebene wechseln, um die programmierte Seite oder Funktionalität aus Sicht des späteren Anwendungsbenutzers zu testen.

Alle programmierten Bücher werden auf der Leserebene ausgeführt, d.h. Nutzer von Anwendungen arbeiten ausschließlich in der Leserebene, insbesondere dann, wenn die Anwendung in der Runtime-Version, also ohne Autorenumgebung, ausgeliefert wird.

3.2.2.2 Seitenprogrammierung

Die Erstellung eines Lernprogramms in einer objektorientierten Programmiersprache erfolgt durch die Erzeugung einzelner Bildschirmmasken und durch Anlegen von unterschiedlichen Objekten auf diesen Bildschirmen. Prinzipiell hat man die Möglichkeit, Objekte im Vordergrundbereich, der als Seite bezeichnet wird, oder auf der Hintergrundebene, dem Hintergrund, einzufügen (vgl. Abb. 3.25). Kommt es darauf an, mehrere ähnliche Seiten zu gestalten, kann der Teil der gleichen Bildschirmelemente in den Hintergrund ausgelagert werden, da vor einem definierten Hintergrund mehrere Vordergrundseiten plaziert werden können. Somit sind die Objekte des Hintergrundes auch auf allen diesem Hintergrund zugeordneten (Vordergrund-) Seiten zu sehen und müssen nicht erneut erstellt werden. Eine sinnvolle Anwendung für solche Hintergrundobjekte sind zum Beispiel Navigationsschaltflächen, die in allen Masken eines Programms sichtbar sein sollen.[29]

Die unterschiedlichen Elemente, aus denen die Seiten eines CBT-Programms aufgebaut sind, lassen sich in vier große Gruppen einteilen: Textfelder, Grafische Elemente, Schaltflächen und Multimediale Elemente

Textfelder und Schaltflächen können mit der Maus erzeugt und in der Größe festgelegt werden. Paletten erlauben das Zuweisen von Farben, Strichstärken, Form und Schriftgröße sowie weiterer Eigenschaften. Ist das Ob-

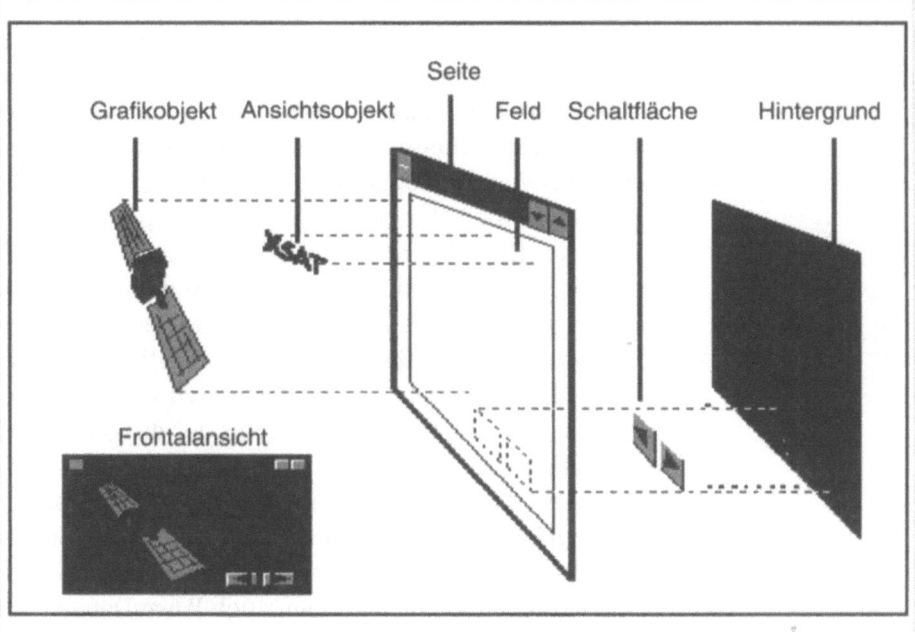

Abb. 3.25:   Aufbau einer Lernprogramm-Seite

jekt angelegt, besitzt es allerdings noch keine spezifischen Eigenschaften, die in Verbindung mit einer Bedie-
neraktion ablaufen, d.h. bei einem Klick auf eine definierte Schaltfläche wird keine Reaktion des Programms erfolgen. Erst die im Objektscript abgelegte Anweisung, wie
auf das Eintreffen einer Information zu reagieren ist, löst
eine entsprechende Reaktion des Programms aus.

Eine Besonderheit in Textfeldern ist die Möglichkeit
der Definition von Aktionswörtern, den sogenannten Hotwords. Aktionswörter weisen eine Analogie zu Schaltflächen auf, mit dem Unterschied, daß ein Aktionswort
zum Textinhalt eines Feldes gehört. Beim Klicken auf ein
Hotword in der Leseebene löst das Autorensystem dessen Script aus und führt die dort dokumentierten Anweisungen aus. So können programmierte Aktionen direkt in
Fließtext integriert werden, und der wissensvermittelnde
Text erhält eine neue Funktionalität.

Auch Grafikobjekte können im Autorensystem erzeugt
werden. Funktions-, Strich- und Farbpaletten erlauben es,
die unterschiedlichsten geometrischen Formen zu zeich-

• "Hotwords"

nen und zu manipulieren, so daß aus vielen Einzelelementen eine komplexe Grafik erstellt werden kann, die dann zu einer Gruppe zusammengefaßt wird. Da auch eine Gruppe ein Objekt darstellt, kann ihr anschließend ein eigenständiges Verhalten über ein Script zugewiesen werden. Eine weitere Möglichkeit der Bilderstellung ist das Importieren von Vektorgrafiken oder Bitmaps.

Bewegte Bilder werden in Form von digitalisierten Videoclips, sogenannten AVI-Dateien, von dem Autorensystem angesteuert. Das Abspielen der Videosequenzen erfolgt dabei auf vordefinierten Flächen bestimmter Pixelgröße, den stage-Objekten. Hierzu wird vom Autor zunächst eine „Bühne" definiert, auf der das spätere Video ablaufen soll, und die Start- und Endeffekte, wie beispielsweise das Ein- und Ausblenden des Videoclips, werden festgelegt. Anschließend wird der Befehl zum Starten des Videos in das Script des entsprechenden Startobjektes geschrieben. Ebenso können auch Wave-Dateien, MIDI-Songs, Animationen, CD-Tracks, Bitmaps und Steuersequenzen für an den Rechner angeschlossene Videodisc-Player oder Videorecorder aufgerufen werden.

3.2.2.3 OpenScript-Programmierung

• Festlegung des Verhaltens von Elementen

Unter dem Autorensystem ToolBook erstellte Applikationen sind ereignisgesteuert, d.h. die Eingaben des Benutzers steuern das Programm. Jede Handlung, die der Benutzer durchführt, z B. das Klicken auf eine Schaltfläche oder das Eingeben von Text in ein Feld, ist ein solches Ereignis. Das Autorensystem übersetzt ein eingetretenes Ereignis in eine Botschaft, d.h. eine Meldung, die an das entsprechende Objekt gesendet wird, um es über das eingetretene Ereignis zu benachrichtigen. Mit der Programmiersprache „OpenScript" kann nun das Verhalten des Elements festgelegt werden, wenn eine entsprechende Botschaft eintrifft. Dazu wird für das jeweilige Objekt eine Behandlungsroutine (Script) geschrieben, in der die Reaktion auf unterschiedliche Botschaften festgelegt wird (vgl. Abb. 3.26). In dem im Bild gezeigten Beispiel reagiert das Programm auf die eintreffende Meldung „buttonKlick" mit dem Aufruf der nächsten Seite.

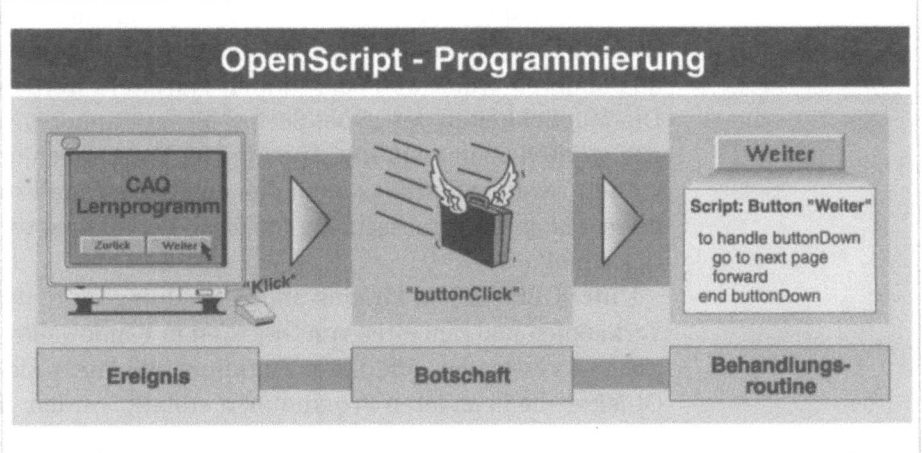

Abb. 3.26: Behandlungsroutinen für Ereignisse

Die Scripten von Schaltflächen enthalten meist die Reaktion des Programms auf eine Schaltflächenaktion des Benutzers. Dies kann beispielsweise die Anzeige von versteckten Objekten, ein Tonsignal, der Start eines Auswertevorganges oder auch der Sprung zu einer bestimmten Seite sein.

Ganz ähnlich ist die Programmierung der oben vorgestellten Aktionswörter vorzunehmen. Auch hier werden die Informationen der auszuführenden Aktionen bei einem Anklicken in einem Script festgelegt. Das Erreichen eines Hotwords mit der Maus wird durch eine automatische Veränderung des Mauszeigers in eine Auswahlhand kenntlich, die auf die Funktionalität des Wortes hindeutet.

Die Erstellung von eigenen Animationen erfolgt mit Hilfe eines Scriptrecorders, der die einzelnen Teilschritte der Animation aufzeichnet und intern in ein Script umwandelt, so daß bei Aufruf des Scripts dann alle Positionen nacheinander ablaufen und der Eindruck einer bewegten Grafik entsteht.

3.2.2.4 Datenaustausch/Fremdprogrammsteuerung

Da das eingesetzte Autorensystem auf der Windows-Oberfläche ausgeführt wird, kann die Funktionalität sei-

• Erweiterung der
Lernprogrammfunktio-
nalitäten

ner Anwendungen, in diesem Fall das zu programmierende CAQ-Lernprogramm, durch die Integration von Daten
aus anderen Windows-Programmen erweitert werden.
Die Möglichkeiten der „OpenScript"-Programmierspra-
che werden so um windowsspezifische Funktionen erweitert, wobei allerdings auch das anzusteuernde Programm über die Voraussetzung für diese Verbindung verfügen muß.

• „OLE"

Unter OLE (Object Linking and Embedding) wird das
Verknüpfen und Einbetten von Objekten in Windows-Programme verstanden. Mit dieser Funktionalität lassen sich
Objekte, die in anderen Programmen erstellt wurden, in
Anwendungen einbinden, die mit dem Autorensystem generiert wurden. OLE-Objekte bieten den Vorteil, daß sie
die Verknüpfung mit dem Programm, mit dem sie erstellt
wurden, aufrechterhalten. Wenn also beispielsweise auf
ein Objekt geklickt wird, das in ein CBT-Programm eingebunden ist, startet das Lernprogramm das Quellpro-
gramm, damit das Objekt bearbeitet oder angezeigt bzw.
abgespielt werden kann. Beim Einbetten eines Objektes
wird also nicht nur das Objekt selbst, sondern es werden
auch die Bearbeitungs- oder Abspielfunktionen des jeweiligen Quellprogramms mit übernommen[30].

• „DDE"

Der Dynamische Datenaustausch (Dynamic Data
Exchange) zwischen Windows-Anwendungen ist ein Win-
dows-Kommunikationsprotokoll. Zwei Programme, die
DDE unterstützen, können Daten miteinander austau-
schen und Befehle aneinander senden. So ermöglicht es
die DDE-Funktion, Windows-Programme in ToolBook-
Anwendungen zu integrieren, um so die Leistungsmerk-
male beider Programme auszunutzen.

• „DLL"

Durch Aufrufen von Dynamic Link Libraries (DLLs)
kann die Funktionalität der Programmiersprache Open-
Script enorm erweitert werden. Eine DLL ist eine Funkti-
onsbibliothek, die allen Windows-Programmen gemeinsam zur Verfügung steht. Das System Windows wird mit
einigen DLLs geliefert, welche die direkte Interaktion mit
dem Windows-System ermöglichen. Sie können z.B. Fenster anzeigen, Windows-Botschaften direkt empfangen
oder den aktuellen Status des Systems ermitteln. Weitere
DLLs werden auch von anderen Herstellern zur Verfü-

gung gestellt, um eine höhere Programmfunktionalität zu erzielen. In dem Fall des programmierten CAQ-Lernprogramms wird beispielsweise die Schnittstelle für die Meßwertübergabe von einem Meßmittel an das Autorensystem mit einer DLL konfiguriert und angesteuert.

3.2.3   Beschreibung des CAQ-Lernprogramms

In diesem Kapitel wird an ausgewählten Beispielen ein Überblick über den Aufbau des programmierten Lernprogramm-Prototypen gegeben. Das lineare und einfache Medium „Papier" dieses Buches ermöglicht leider nur eingeschränkt die Visualisierung der eingesetzten Hypermedia- und Simulationstechniken. Auf die gesamte Darstellung aller Programmseiten oder gar die Beschreibung aller hypermedialen Vernetzungen wird aufgrund der großen Datenmengen in diesem Buch verzichtet und die direkte Vermittlung von Sound-, Bewegtbild sowie Interaktionen muß leider gänzlich den elektronischen Medien vorbehalten bleiben.

• Vorstellung des CAQ-Lernprogramm-Prototypen

Viele der im folgenden beschriebenen realisierten CBT-Funktionen, wie Steuerungselemente, das Lexikon oder Auswerteroutinen, sind mit geringem Änderungsaufwand auch für andere Lernprogramme anpaßbar.

3.2.3.1 *Struktur des CAQ-Lernprogramms*

Der erste Kontakt des Lernenden mit dem Lernprogramm ist entscheidend für das sich aufbauende Interesse und die Motivation, mit dem Programm zu lernen. Daher ist in einem CBT-Programm die Bedeutung einer Einführung (Intro) nicht zu unterschätzen. Hier eignen sich kurze Videosequenzen mit Bildern aus der eigenen Arbeitsumgebung oder dem Unternehmen hervorragend dazu, den Lernenden für die zu schulende Thematik zu sensibilisieren. Mit dem gezielten Aufzeigen von Mängeln und von Möglichkeiten zu ihrer Vermeidung kann dem Lernenden die persönliche Betroffenheit und seine Verantwortung im Gesamtsystem deutlich gemacht werden (vgl. Abb. 3.27).

• Die erste Seite

Auch ein Firmenlogo sollte in der Einführung nicht fehlen, um die Identifikation des Lernprogramms mit der ei-

• Logo

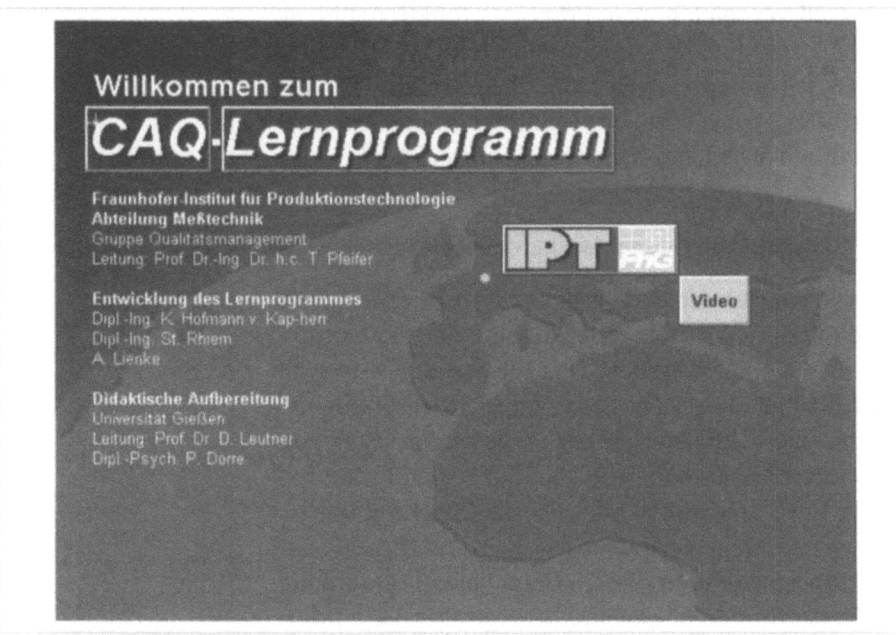

Abb. 3.27:   Intro-Seite des CAQ-Lernprogramms

• Kapitelebene

genen Arbeitsumgebung zu steigern. Auf der anderen Seite kann ein lernprogrammspezifisches Logo den Wieder-
erkennungswert des Programms erhöhen. Der angezeigte
Titel „CAQ-Lernprogramm" mit dem kleinen Stern im
Buchstaben C wird sich als Identifikationsmerkmal für
das Lernprogramm durch alle weiteren Bildschirme der
computerbasierten Schulung ziehen, so daß der Lernende
jederzeit auch eine grafische Rückmeldung darüber hat,
ob er sich im Lernprogramm, im Hypermedia-Lexikon
oder im CAQ-Anwendungsprogramm befindet.

Nach der Information des Lernenden im Intro meldet
sich das Lernprogramm mit einem grafischen Übersichts-
und Steuerbildschirm (vgl. Abb. 3.28). Er zeigt die Gliederung des Programms auf der Kapitelebene, der hierarchisch höchsten Gliederungsebene.

Alle im Steuerungsbildschirm dargestellten Lektionsein-
heiten werden durch ein Pictogramm in der entsprechenden Schaltfläche symbolisiert und können vom Lernenden
eigenständig bearbeitet werden. Durch Anklicken der gewünschten Schaltfläche springt das Lernprogramm in das

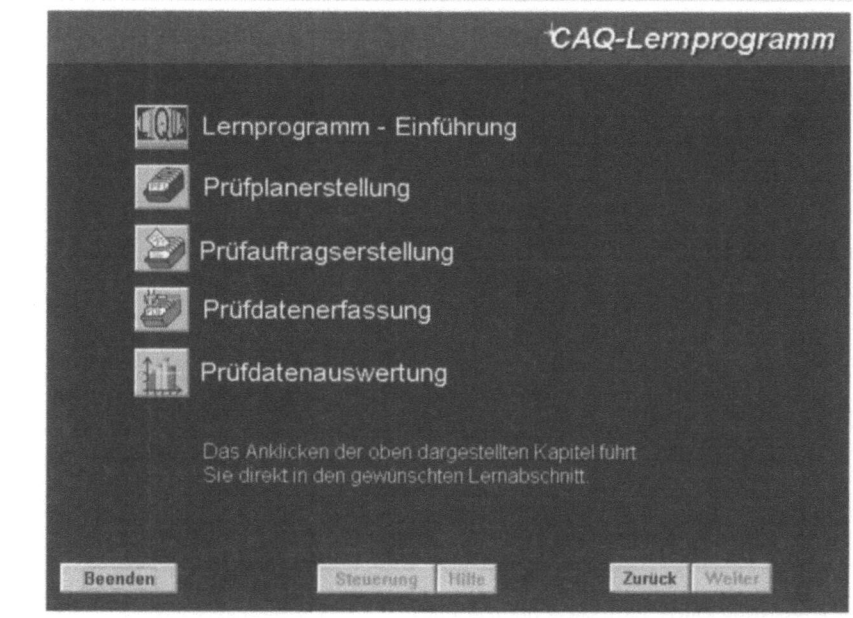

Abb. 3.28: Steuerungsbildschirm Kapitelebene

Buch des gewünschten Themas. Dieser Aufbau aus eigenen Büchern für jedes Kapitel ist ein Teil der Umsetzung
der im Systemkonzept geforderten schnellen Austausch-
und Anpaßbarkeit von Lernprogrammteileinheiten.

Wurde ein Kapitel mit allen Abschnitten vom Lernenden komplett durchgearbeitet, so erhält es in diesem
Übersichtsbildschirm als Zeichen für die erfolgreiche Bearbeitung einen roten OK-Haken (vgl. Abb. 3.29). Auch in
den tieferen Ebenen wird diese Nomenklatur konsequent
weiter verwendet, so daß für den Schüler eine Art „Lesezeichen" entsteht und er weiß, daß er an dem Abschnitt
weiterarbeiten muß, der noch keinen Haken hat.

Beim ersten Arbeiten mit dem CAQ-Lernprogramm
muß sich der Lernende anmelden. Hier ist es sinnvoll, eine personenspezifische Datei anzulegen, in der der aktuelle Bearbeitungsstand des Lernprogramms bei dem Verlassen des Programms abgespeichert wird, d.h. wenn der
Lernende das CAQ-Lernprogramm nach einer Unterbre-
chung wieder aufruft, können alle OK-Haken seiner letzten Bearbeitung wieder rekonstruiert werden.

• Lesezeichen

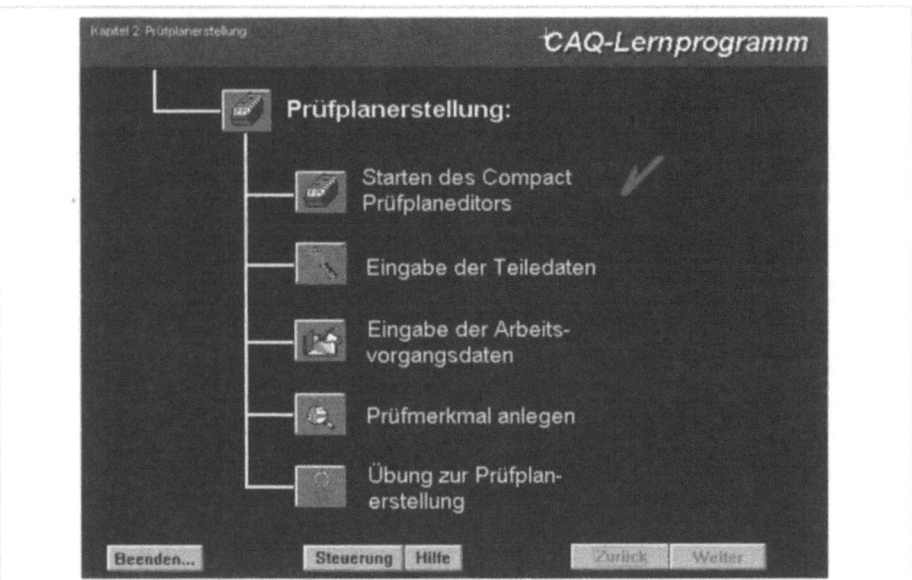

Abb. 3.29: Steuerungsbildschirm Abschnittsebene

Analog zum Steuerungsbildschirm der Kapitelebene sind die Navigationsbildschirme der Abschnittsebenen aufgebaut (vgl. Abb. 3.29).

Die Steuerungsbildschirme der Abschnittsebene stehen auf der ersten Seite eines jeweils eigenen Buches und verzweigen über Schaltflächen in die einzelnen Abschnitte des aufgerufenen Kapitels. Um die Struktur des Programmaufbaues zu visualisieren, wird die Information über die jeweils höhere Ebene, in diesem Fall das Kapitel „Prüfplanerstellung", in Form eines Organigramms dargestellt.

Auch in der Abschnittsebene wurde den einzelnen Lektionen wieder ein Pictogramm zugeordnet und die Funktionalität der OK-Haken beibehalten. Sind alle Abschnitte vom Lernenden bearbeitet und weisen einen entsprechenden Haken auf, so wird diese Information an die Kapitelebene weitergeleitet, und auch das Kapitel erhält einen entsprechenden Haken. Wie auf dem Bild zu erkennen, ist der letzte Abschnitt eines Kapitels jeweils eine Übung zu dem entsprechenden Kapitelthemengebiet.

3.2.3.2 Navigation im Lernprogramm

Alle Möglichkeiten der Navigations- und Zusatzfunktionen des Lernprogramms werden vom Benutzer über Schaltflächen gesteuert, die am unteren Bildschirmrand lokalisiert sind. In diesem Steuerungs- und Funktionsbereich finden sich Schaltflächen zum Vor- und Zurückblättern innerhalb eines Abschnittes, zur Bewegung zwischen Abschnitten und Kapiteln, zum Starten eines Lexikons sowie dem Aufruf der Hilfefunktion zur Programmnavigation. Eine spezielle Schaltfläche mit dem Lautsprechersymbol erlaubt es, über die Sprachausgabe Zusatzinformationen vorsprechen und teilweise Simulationen ablaufen zu lassen. Weiterhin befindet sich die Schaltfläche zum Beenden des Lernprogramms in diesem Bildschirmsegment (vgl. Abb. 3.30).

Die Möglichkeit des horizontalen Navigierens, also des Blätterns innerhalb eines Abschnitts, wird durch die Schaltflächen „Zurück" und „Weiter" realisiert. Das Steuerungsmenü, das über die Schaltfläche „Steuerung" in der Schaltflächenzeile am unteren Rand des Lernprogramm-

• Realisierte Steuerungsmöglichkeiten

• Horizontales Navigieren

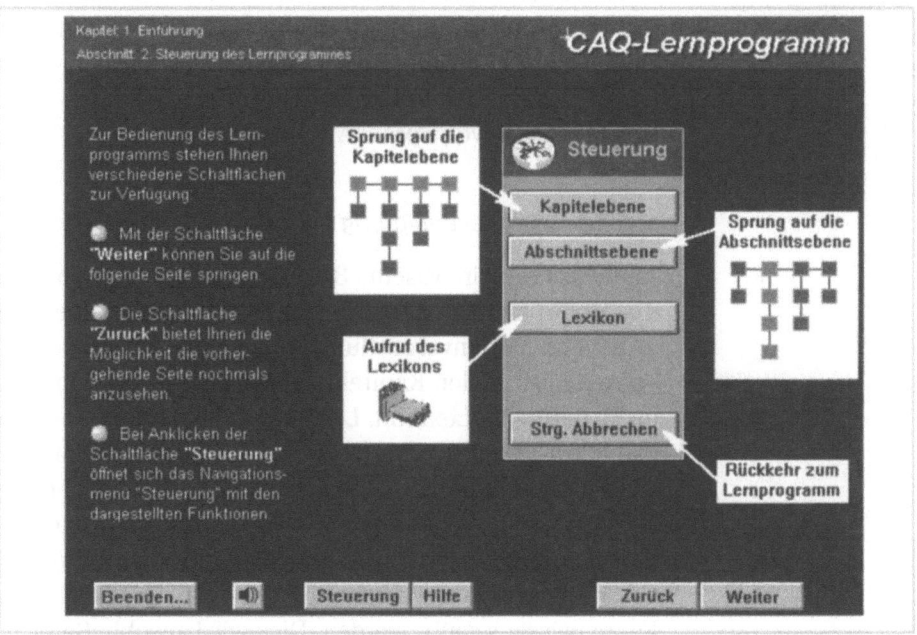

Abb. 3.30: Einführung Lernprogrammsteuerung

• Vertikales
Navigieren

bildschirmes aufgerufen wird, erlaubt eine weiterführende Navigation im Lernprogramm. Es ermöglicht das vertikale Springen in die verschiedenen Ebenen des Lernprogramms sowie ein Ansteuern des Lexikons.

Wie bereits erwähnt, sind die einzelnen Kapitel in eigenständigen Büchern programmiert. Die Abschnitte hingegen bestehen aus Seitenpaketen innerhalb dieser Bücher. Das Script der Schaltfläche „Kapitelebene" verläßt daher das aktuelle Buch, schließt es und ruft dann die Übersichtsseite auf, die eine Auswahl der unterschiedlichen Kapitelbücher des Lernprogramms ermöglicht. Im Gegensatz dazu führt das Script der Schaltfläche „Abschnittsebene" eine Aktion innerhalb des bereits geöffneten Buches durch: Es verläßt die aktuelle Seite und springt zur Übersichtsseite des gerade bearbeiteten Kapitels.

Die bisher beschriebenen Schaltflächen sind auf allen Seiten des CAQ-Lernprogramms vorhanden. Je nach Bedarf können weitere Steuerungsschaltflächen generiert und auf den einzelnen Seiten eingefügt werden. Ein Beispiel ist die Ansteuerung multimedialer Funktionen. Bei einem Mausklick auf den Button mit dem Lautsprechersymbol startet eine durch Ton unterstützte Animation, die die Steuerungsfunktionen des Lernprogramms erklärt. Um sich auf den Ablauf der Animation konzentrieren zu können, werden dem Lernenden die textuellen Informationen in Form von Sprache übermittelt.

3.2.3.3 Wissensvermittlung mit dem Hypermedia-Prinzip

Analog zu dem in Abschn. 3.1.2.3 vorgestellten Hypermedia-Modul sind im Lernprogramm Teile der reinen Begriffs- und Faktenvermittlung vorgesehen. Dies geschieht vornehmlich in den Kapiteln zur Wissensvermittlung und im Hypermedia-Lexikon. Lernerfolgskontrollen und Fragen, die sich auf den Inhalt dieser Faktenvermittlung beziehen, dienen dann der Selbstprüfung des Lernenden. Mit den so vermittelten Wissensinhalten kann nun mit dem Lernenden, im Sinne des Simulations-Moduls der CAQ-Lernprogrammkonzeption, die Anwendung dieses Faktenwissens geübt werden. Dies wird anschließend im Abschn. 3.2.3.4 „Lernen in einer Simulationsumgebung"

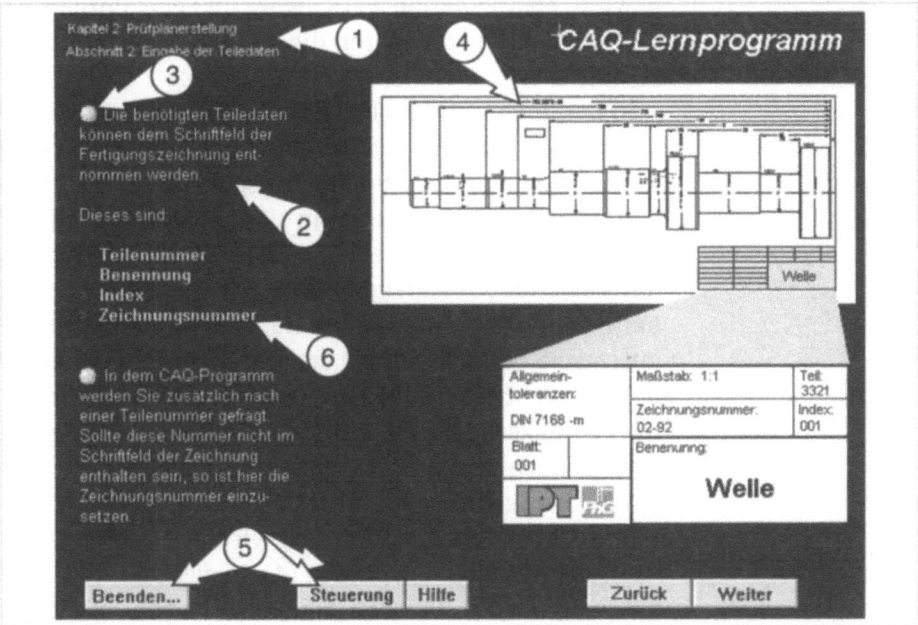

Abb. 3.31:   Seiten zur Wissensvermittlung: Teiledaten

beschrieben, doch lassen sich in der Praxis diese beiden
Arten der Wissensvermittlung nicht immer streng vonein-
ander trennen, so daß in den einzelnen Abschnitten des
Lernprogramms der Übergang oft fließend ist.

Die Seiten zur Wissensvermittlung nehmen neben dem
Training von CAQ-Funktionen (also der Anwendung des
Wissens) einen Hauptstellenwert im Lernprogramm ein.
Nach der Konzeption des Hpermedia-Moduls werden hier
vornehmlich Begriffe und Fakten vermittelt. Abb. 3.31
zeigt eine solche Seite, hier wird der Begriff „Teiledaten"
verdeutlicht.

An diesem Beispiel sollen auch einige grundsätzliche
Überlegungen zum Bildschirmaufbau des CAQ-Lernprogramms erläutert werden: Dem Entwicklungsteam war
die klare Trennung von Informations- und Navigationsbereich besonders wichtig, denn für den Lernenden muß
klar erkennbar sein, was eine Schaltfläche und was eine
Hintergrundgrafik ist. Weiterhin sollten die Steuerfunk-
tionen auf den einzelnen Seiten immer an der gleichen
Stelle auftauchen, um dem Benutzer das Suchen nach der

• Bildschirmaufteilung

• Navigationsbereich

gewünschten Funktion zu ersparen und eine durchgängige Übersichtlichkeit durch die gesamte Anwendung zu schaffen.

In der linken oberen Ecke findet der User immer die „Wo-bin-ich-Anzeige" (1), die ständig die derzeit bearbeitete Lektion und den aktuellen Abschnitt zeigt. Der Lehrstoff wird in seiner Textform in einer Spalte an der linken Bildschirmseite dargestellt (2). Er ist in einzelne Absätze unterteilt, die jeweils thematisch zusammengehörige Inhalte vermitteln. Beginnt ein neuer Gedanke wird dies durch eine Einrückung und ein grafisches Symbol kenntlich gemacht (3). In diesem Textfeld sind auch Schaltflächen zulässig, die auf eine bestimmte Gegebenheit im Grafikteil hinweisen oder erst bei Betätigen den weiteren Lerntext freigeben.

Im rechten Teil des Schirmes wird der Lehrstoff grafisch aufgearbeitet dargeboten (4). In diesem Bildschirmabschnitt dargestellte Grafiken können ebenfalls Schaltfunktionen enthalten, die bei Mausklick nähere Erklärungen und Demonstrationen geben. Der Lernende kann so Zusatzinformationen zu speziellen Objekten abrufen und beschäftigt sich im Sinne eines interaktiven entdeckenden Lernens intensiver mit einem dargestellten Sachverhalt, als dies bei einer Darstellung ohne Hyperverbindungen der Fall wäre. Die aktiven mit Funktionalität hinterlegten Bereiche in der Grafik werden durch eine Änderung der Cursorform bei Mausbewegungen über die (versteckte) Schaltfläche kenntlich gemacht, um ein wahlloses Herumklicken des Users zu vermeiden.

Alle notwendigen Steuerungs- und Zusatzfunktionen werden über Schaltflächen gesteuert, die immer an der gleichen Position am unteren Bildschirmrand stehen (5).

Nicht an einen bestimmten Bildschirmbereich gebunden sind die Statusmeldungen des Lernprogramms an den Lernenden, z.B. beim Auftreten von Systemaktivitäten, die der User nicht sofort nachvollziehen kann, wie z.B. auftretende Wartevorgänge für das Einlesen von Daten oder rechenaufwendige Auswertevorgänge. Dies kann beispielsweise über die Umwandlung des Mauszeigers in eine Sanduhr oder kleine „message-Fenster" geschehen.

Ein typisches Beispiel der hypermedialen Wissensvermittlung sei auch an dieser Bildschirmseite erläutert: Will der Lernende weitergehende Informationen über einen Begriff haben, der aber im eingeschlagenen Lernweg vom Autor nicht als vorrangig wichtig angesehen wird, so hat er die Möglichkeit, über Schlüsselwörter zusätzliche Erklärungsfelder zu öffnen oder in das Hypermedia-Lexikon zu wechseln, in dem die entsprechende Information abgelegt ist. Hierzu wird der zu hinterlegende Begriff oder Text bei der Programmierung als Hotword definiert und fungiert nun zusätzlich als Schaltfläche mit eigenständigem Script. Die neue Funktionalität kann der Lernende an der Cursoränderung bei Erreichen des Wortes und durch die gelbe Schriftfarbe des Begriffes erkennen.

• Programmsteuerung über Schlüsselbegriffe

Klickt der Lernende auf das gelb unterlegte Hotword „Zeichnungsnummer" (6), so ruft das Script des Hotwords das Hypermedia-Lexikon auf und verzweigt zu der entsprechenden Erklärung (vgl. Abb. 3.32). Nach dem Beenden der Lexikonfunktion gelangt er dann wieder an die Stelle des Lernprogramms zurück, an der er es verlassen hat.

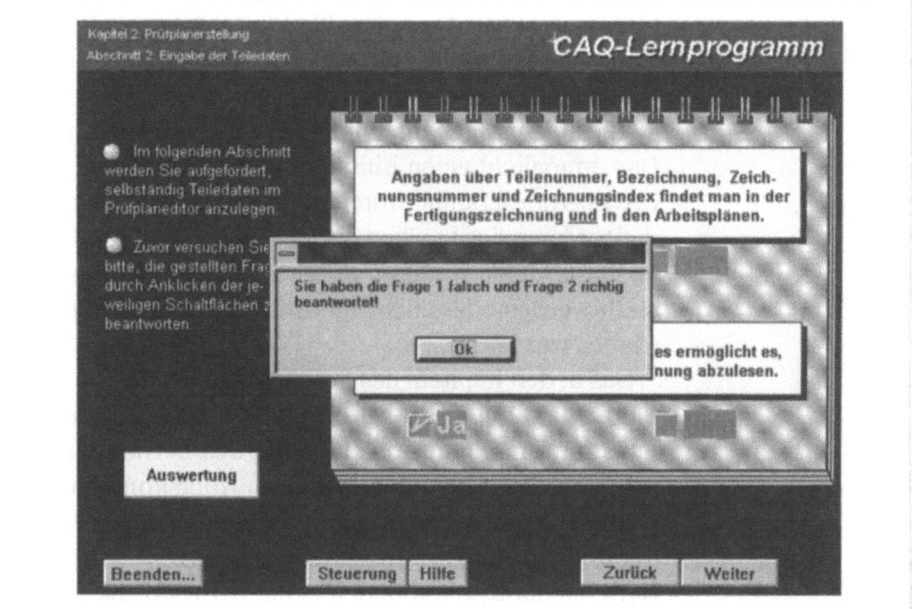

Abb. 3.32: Hypermedia-Lexikon: Zeichnungsnummer

• Fragen und
Lernerfolgskontrollen

Bisher wurde gezeigt, wie Teile des Hypermedia-Lexikons aus den Lernprogrammseiten über Hotwords angesteuert werden können. Den vollen Funktionsumfang des Lexikons kann der Lernende erst nutzen, wenn er das Lexikon über die Steuerungsschaltfläche aufruft (vgl. Abb. 3.31). Dann erscheint als erste Seite der Index- und Suchbildschirm des Lexikons, und der Benutzer kann über die Tastatur einen gewünschten Begriff eingeben. Mit jedem Buchstaben, der eingegeben wird, ändert sich die Auswahlliste und reiht die im Lexikon vorhandenen Begriffe alphabetisch auf. Die Auswahl und Verzweigung auf die entsprechende Information erfolgt dann durch einen Doppelklick auf den entsprechenden Begriff.

Vergleicht man den prinzipiellen Aufbau des Lexikons mit dem des CAQ-Lernprogramms, so erkennt man, daß auch im Hypermedia-Lexikon am Design des Lernprogramms festgehalten wurde. Analog zum CAQ-Lernprogramm ist auch im Lexikon der Bildschirm in einen textuellen Erklärungsteil und einen Grafikteil eingeteilt. In beiden Teilen ist es möglich, Hypermedia-Verbindungen und -Links einzubauen, die Animationen steuern, Videos bzw. Tonsequenzen abrufen oder auch zu anderen Lexikonseiten verzweigen. Auch die „Wo bin ich"-Anzeige und das Programmlogo fehlen nicht.

Wie bereits erwähnt, wurde das Hypermedia-Lexikon als eigenständiges Buch unter ToolBook programmiert. Das ermöglicht einen Einsatz losgelöst vom eigentlichen CAQ-Lernprogramm. Durch die damit erzielte Eigenständigkeit kann das Lexikon als QM-Wissens- und Informationsbasis vielen weiteren Programmen zur Verfügung gestellt werden oder auch eigenständig unter Windows betrieben werden.

Das in den Kapiteln des Lernprogramms und im Hypermedia-Lexikon vermittelte Begriffs- und Faktenwissen muß für eine Selbsteinschätzung des Lernenden überprüft werden. Hierzu dienen Lernerfolgskontrollen und Fragen, die nach Lernabschnitten folgen oder auch wahllos in das CAQ-Lernprogramm eingestreut werden. Im Hypermedia-Lexikon finden keine Lernerfolgskontrollen statt, da dies der Konzeption eines unabhängigen Informationstools zuwiderlaufen würde. Auf ein Beispiel einer

Lernerfolgskontrolle soll kurz eingegangen werden: Diese
Wissensüberprüfung erfolgt am Ende des Abschnittes
„Eingabe der Teiledaten" im Kapitel „Prüfplanerstellung".
Hier werden dem Lernenden zwei Multiple-Choice-Fra-
gen gestellt, die er durch richtiges Zuordnen von „Ja" und
„Nein" beantworten soll (vgl. Abb. 3.33). Er bedient sich
dabei der Maus und klickt auf die entsprechende Antwort. Unsichtbare Schaltflächen, die auf der angeklickten
Antwort liegen, zeigen bzw. verstecken OK-Haken als Visualisierung für die von Lernenden gewählte Antwort. Die
Scripte der beiden Schaltflächen jeder Frage überprüfen
sich dabei gegenseitig ab, um zu verhindern, daß eine Frage mit „Ja" und „Nein" beantwortet werden kann. Hat der
Anwender die beiden Fragen beantwortet, klickt er auf
die Schaltfläche „Auswertung". Das Schaltflächenscript
überprüft die Belegung der entsprechenden Variablen
und zeigt das zum jeweiligen Fall gehörende Antwortfenster. Im dargestellten Fall hat der Lernende eine Frage
falsch beantwortet, das Lernprogramm quittiert dies mit

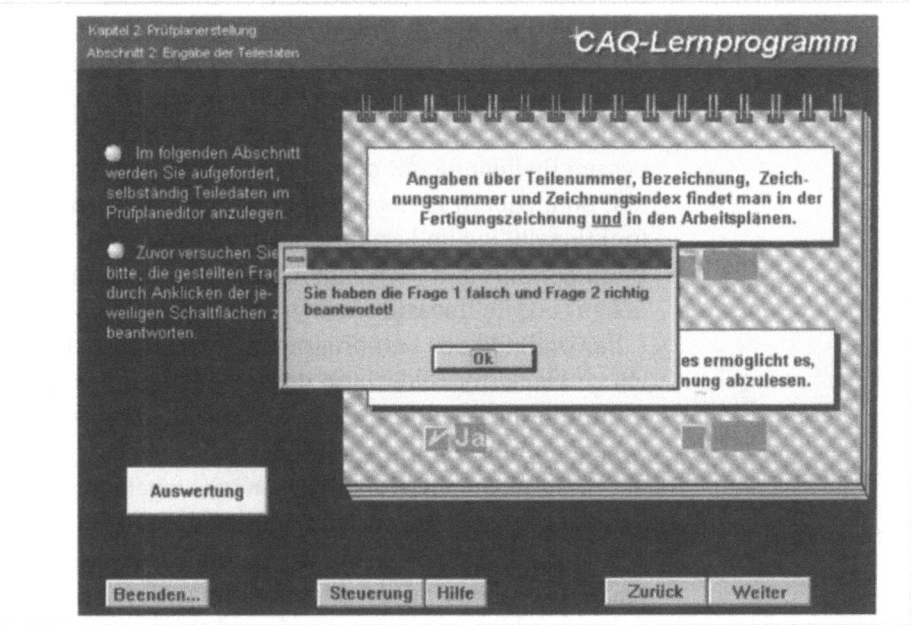

Abb. 3.33: Lernerfolgskontrolle: Auswertung

einer entsprechenden Sprachausgabe und meldet den expliziten Fehler in einem Antwortfenster.

Die variablentechnische Verkopplung der erfolgreich abgelegten Lernerfolgskontrollen und die durchgearbeiteten Lernprogrammseiten eines Abschnitts können zur Entscheidung über die Vergabe eines OK-Hakens in der Abschnittsübersicht herangezogen werden, so daß nur das komplette Bearbeiten einer Lektion und die erfolgreiche Bearbeitung der Lernerfolgsfragen eine entsprechende Markierung hervorruft.

3.2.3.4 Lernen in einer Simulationsumgebung

• Anwendung des
Wissens in einer
Simulationsumgebung

Die bisher beschriebenen Seiten des CAQ-Lernprogramms dienten alle hauptsächlich der Vermittlung von Faktenwissen und schaffen so die Wissensvoraussetzung zur Vermittlung von Handlungskompetenz. Die entwickelte Konzeption eines CAQ-Lernprogramms sieht neben dem Hypermedia-Modul daher das Simulationsmodul vor, in dem die vermittelten Wissensinhalte in Funktionsketten vermittelt und angewendet werden sollen. Der Lernende hat hier die Möglichkeit, das vermittelte Faktenwissen zu praktischen Handlungen zu verknüpfen und umzusetzen. Dies geschieht in einer Simulationsumgebung, in der das Realsystem nachgebildet wird. Im Falle des CAQ-Lernprogramms ist dies das CAQ-Programm, dessen Bedienung mit dem Lernprogramm geschult werden soll. Hierzu ist es notwendig, die CAQ-Programmfunktionalitäten im Lernprogramm zu simulieren und den Benutzer durch die einzelnen Bildschirme zu führen, in denen CAQ-Teilfunktionen angewendet werden.

• Simulation des
CAQ-Programmes

Im Grafikteil des Lernprogrammbildschirmes erscheint ein verkleinerter Bildschirm des CAQ-Programms, der alle zur Bearbeitung einer Aufgabenstellung nötigen Funktionen enthält. Im linken Teil des Bildschirmes werden die Erklärungen und Handlungsanweisungen an den Lernenden gegeben, die er dann am simulierten Bildschirm des Originalprogramms ausführen soll. Versteckte Schaltflächen, die über Scripte aktiviert oder inaktiviert werden können, bilden dabei die Funktionalitäten des CAQ-Programms nach. Die in den Interaktionsdiagrammen des

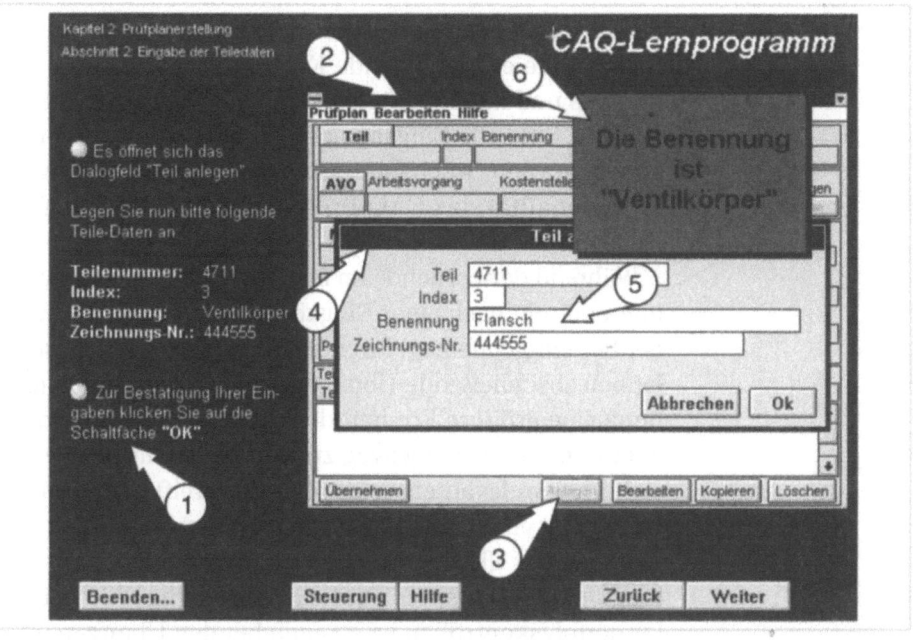

Abb. 3.34: Prüfplanerstellung: Eingabe der Teiledaten I

Drehbuches abgelegten Funktionalitäten wurden bei der Programmierung in eine Scripthierachie umgesetzt, zusätzlich geben Plausibilitätsprüfungen und Eingabeauswertungen dem Lernenden eine Rückmeldung auf seine Eingaben.

Zur Verdeutlichung wurde exemplarisch eine entsprechende Bildschirmseite herausgegriffen (vgl. Abb. 3.34): Hier hat der Lernende die Aufgabe, die Teiledaten für ein zu prüfendes Teil anzulegen. Die abzuarbeitenden Vorgänge und die einzugebenden Daten sind dem Erklärungstextfeld auf der linken Bildschirmseite (1) zu entnehmen. Der Klick auf die Schaltfläche „Anlegen" (3) des verkleinerten CAQ-Bildschirmes (2) öffnet analog zur Funktionalität im CAQ-Programm ein weiteres Fenster (4), in das die Teiledaten eingegeben werden. Nach der Eingabe betätigt der Lernende die Schaltfläche „OK". Das Schaltflächenscript nimmt eine Überprüfung der bearbeiteten Textfelder vor und gibt nach einer Auswertung eine Rückmeldung an den Lernenden. In dem vorgestellten Fall wurde die Benennung falsch eingegeben (5):

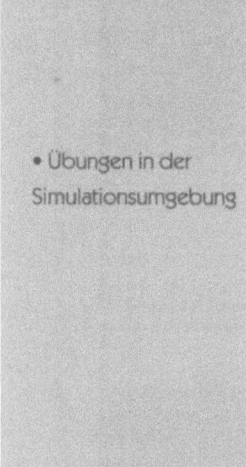

• Übungen in der
Simulationsumgebung

• Ankopplung
externer Meßmittel

der Anwender erhält, verbunden mit einem akustischen Signal, eine entsprechende Korrekturmeldung des Programms und hat die Möglichkeit, seine Eingaben zu korrigieren. Sind alle Eingaben der Teiledaten korrekt eingegeben worden, wechselt das Lernprogramm analog der Funktionalität des CAQ-Programms auf den nächsten Bildschirm.

Während der Lernende im bisher geschilderten Beispiel immer direkt nach einer Eingabe korrigiert wurde und so der berichtigende Regelkreis sehr eng geschlossen ist, erlauben abschließende Übungen in der Simulationsumgebung eine größere Freiheit des Lernenden. Nur wenn er vom richtigen Lösungsweg zu weit abweicht oder einen sicherheitsrelevanten Fehler begeht, greift das Lernprogramm mit einer Hilfestellung in die Übung ein. Nach dem Beenden der Übung erfolgt eine programmierte Auswertung und eine entsprechende Rückmeldung. Wie bei den Lernerfolgskontrollen ist es auch bei den Übungen möglich, die Vergabe des „OK"-Hakens an das erfolgreiche Absolvieren einer Übung zu koppeln.

Ein weiterer wichtiger Bereich ist die rechnergestützte Datenerfassung. Das CAQ-Anwendungsprogramm bietet die Möglichkeit, in der Prüfdatenerfassung über eine Schnittstelle die Meßwerte eines digitalen Meßmittels direkt als Meßdaten in das Programm zu übernehmen, so daß eine Eingabe der Werte über die Tastatur nicht mehr nötig ist. Im Sinne des beschriebenen Trainingskonzeptes ist es wünschenswert, auch diese Tätigkeiten zu üben. Wie bereits oben geschildert wurde, ist es möglich, mit dem Autorensystem über „Dynamik Link Libraries" die Schnittstellen des Rechners zu initialisieren und ankommende Daten in den Speicher des Schulungsrechners einzulesen. Über entsprechende Auswertescripte werden die übertragenen Informationen in Zeichenketten umgewandelt und können so vom Lernprogramm weiterverarbeitet werden. Diese Ansteuerung des Autorensystems ermöglicht auch eine Meßwerterfassung mit dem CAQ-Lernprogramm, realisiert durch die Ankopplung eines Meßschiebers an den Schulungsrechner.

Wird die Übungsseite zur Meßwerterfassung aufgerufen, so initialisiert das Seitenscript die Schnittstelle und

steuert den Optokoppler des Meßschiebers an (vgl. Abb.
3.35). Das Schaltflächenscript der Schaltfläche „Ja, messen..." nimmt die Rücksetzung der Meßmittelschnittstelle
vor, öffnet eine Meßwertedatei und wartet auf eine Da-
tenübergabe von der Schnittstelle. Der Lernende übergibt
den gemessenen Wert durch das Betätigen eines Tasters
auf dem Meßmittel oder über einen Fußschalter an den
Rechner. Ist der Meßwert übergeben, wird er in der
Meßwertedatei zwischengespeichert und auf dem Bildschirm ausgegeben (vgl. Abb. 3.35). Die Deaktivierung
der Schnittstelle und das Schließen der Meßwerterfas-
sungsdatei erfolgt über den leavePage-Teil des Seiten-
scripts beim Verlassen der Seite.

• Meßwerterfassung
und Visualisierung

Durch die Vorgabe von definierten Prüfstücken, deren
Werte im Lernprogramm abgelegt sind, besteht die Möglichkeit, die Fähigkeiten des Schülers im korrekten Umgang mit dem Meßmittel zu überprüfen, bzw. ihn eine korrekte Meßwertaufnahme üben zu lassen. So können, bei
einer späteren Meßwertaufnahme im CAQ-Programm,
Meßfehler aufgrund einer unsachgemäßen Bedienung des
Meßmittels vermieden werden.

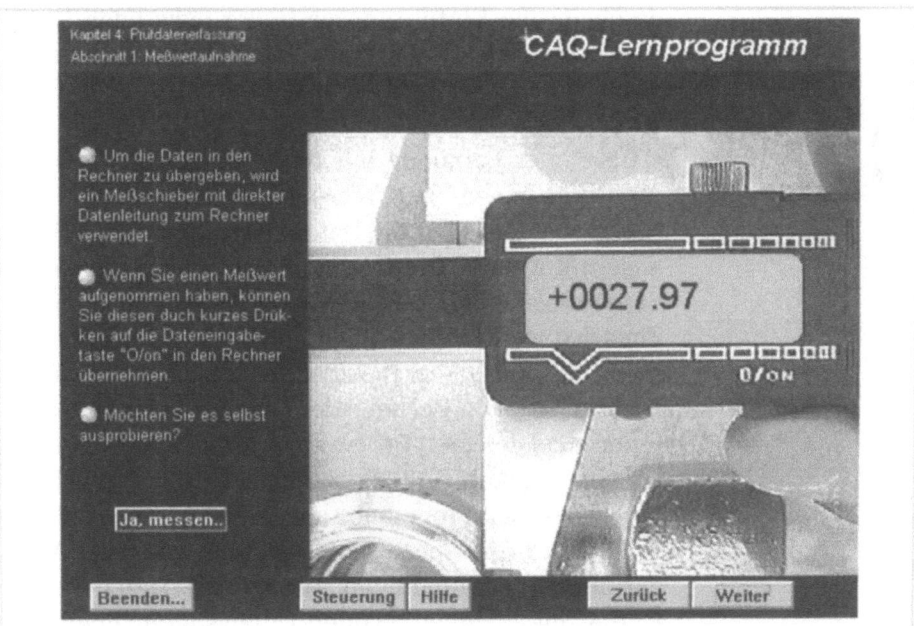

Abb. 3.35: Prüfdatenerfassung-Meßwertaufnahme

3.2.3.5 Üben im CAQ-Anwendungsprogramm

• Lernen im
Originalprogramm

Das Training in der Simulationsumgebung zielte darauf, einzelne CAQ-Funktionen zur Bearbeitung von QM-Teilaufgaben zu erlernen. Die Übungen im CAQ-Programm befinden sich auf einer höheren Leistungsstufe, da der Lernende hier in einem kontrollierten Szenario im CAQ-Originalprogramm arbeitet und sämtliche CAQ-Funktionen zur Bearbeitung einer QM-Aufgabe anwenden muß. Der Lernende verläßt dabei die Umgebung des Lernprogramms, kann aber über eine spezielle Schaltfläche jederzeit wieder in das Lernprogramm zurückkehren. Das Konzept des Übens, und damit auch des Lernens, im CAQ-Anwendungsprogramm besteht aus einer Übungsphase, in der der Lernende mit vorgegebenen Daten selbständig eine reale Aufgabe im Originalprogramm lösen soll, und einer Auswertephase, in der das Lernprogramm nach einem Auswerteschema die Eingaben überprüft und den Lernenden auf Fehler hinweist.

In der Einführung dieses Moduls wird der Lernende durch die Grafik darauf hingewiesen, daß er sich hier außerhalb des Lernprogramms bewegen wird, und es erscheint die Einführungsseite der jeweiligen Übung (vgl. Abb. 3.36). Dies ist die letzte Seite im Lernprogramm, bevor er in das CAQ-Programm „entlassen" wird.

• Präparation der
CAQ-Datenbank

Bevor der Lernende mit einer Übung im CAQ-Programm beginnen kann, müssen die Datenbestände des CAQ-Programms auf die Daten der angewählten Übung angepaßt werden. Diese Funktionen werden alle von der Steuerungseinheit des CBT-Programms übernommen: Zunächst werden die CAQ-Originaldaten des Unternehmens in einem sicheren Zwischenverzeichnis abgelegt, aus dem sie nach Beenden der Übung wieder in den Datenbestand des CAQ-Programms zurückkopiert werden können (vgl. Abb. 3.37). So kann der Lernende alle Funktionen des CAQ-Programms ausprobieren, ohne daß dies Folgen für firmenspezifische Daten hat. Nach der Auslagerung der Originaldaten können die Daten für die Übung, die in einem eigenen Übungsdatenverzeichnis des Lernprogramms abgelegt sind, in das CAQ-Pro-

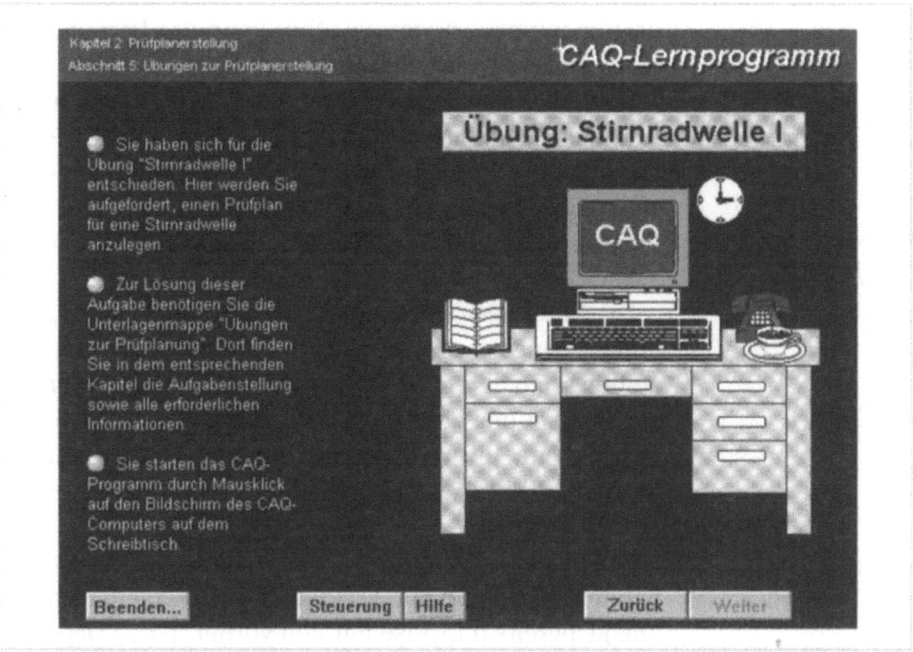

Abb. 3.36: Aufgabenstellung – Stirnradwelle I

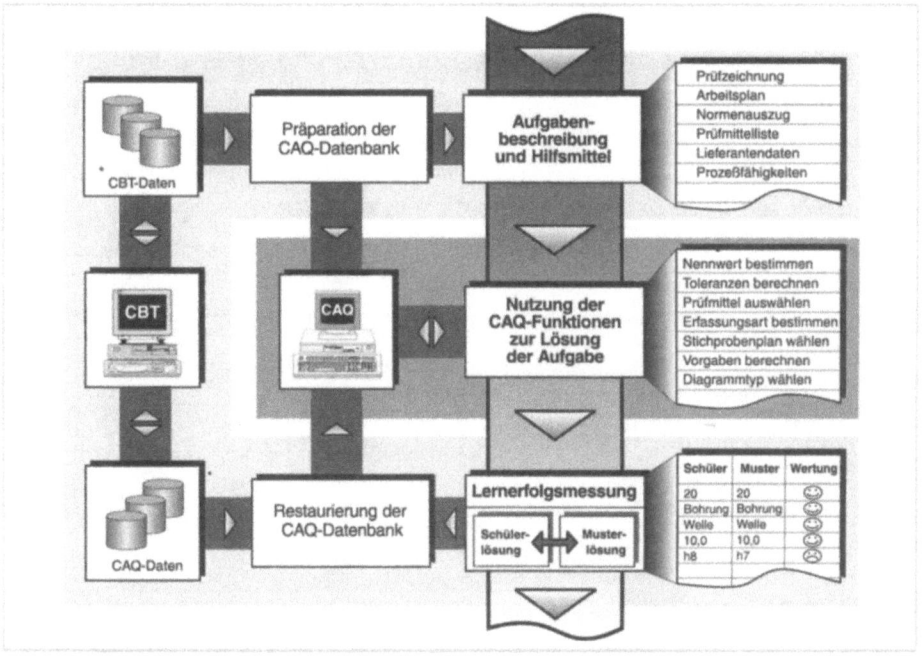

Abb. 3.37: Übungen im CAQ-Programm

• Übungsunterlagen

gramm importiert werden. Nun kann der Lernende die Übung im Originalprogramm bearbeiten.

Nach Beenden der Übung muß das CAQ-System wieder in seine eigentliche Bestimmung zurückversetzt werden. Dazu kopiert das Lernprogramm die vom Lernenden erzeugten Übungsdaten in ein Lernerverzeichnis und spielt die gesicherten CAQ-Daten wieder in das CAQ-Programm zurück.

Die Unterlagen für die durchzuführende Übung sind in einer Übungsmappe festgehalten. Neben der Aufgabenstellung sind dort alle Informationsquellen aufgeführt, die zur Bearbeitung der Aufgabe herangezogen werden müssen. Solche Informationen können Prüfzeichnungen, Meßmittellisten, Toleranztabellen oder andere Auszüge aus der DIN sein.

Abb. 3.38 zeigt die folgende Bildschirmseite der Prüfplanerstellung des CAQ-Programms (1): Man erkennt, daß die Maske bereits teilweise mit den vorher in das Datenverzeichnis kopierten Daten gefüllt ist, leere Bereiche sollen in der Übung noch ausgefüllt werden. Der Lernende be-

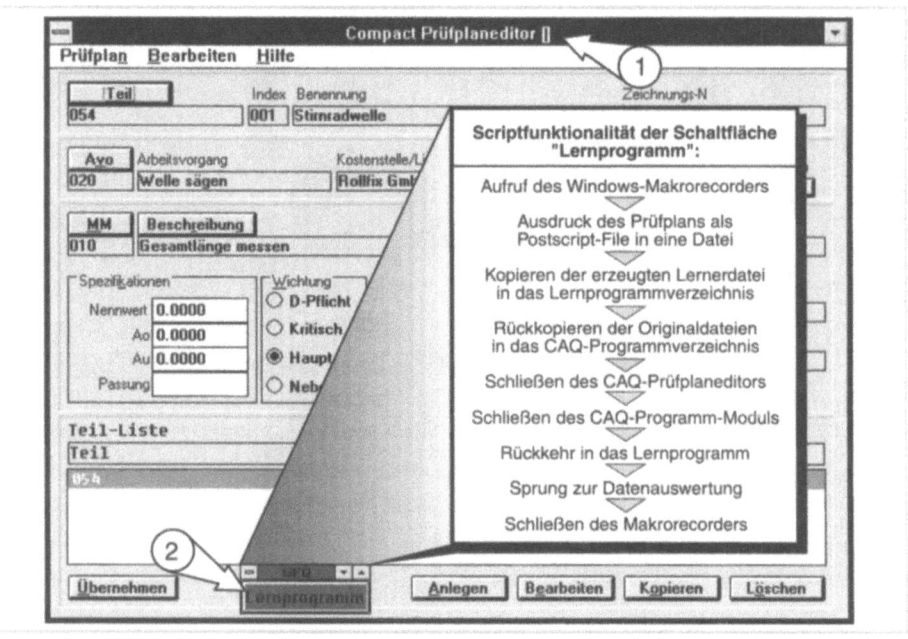

Abb. 3.38: Schaltflächenfunktion "Lernprogramm"

ginnt nun mit Hilfe der im Anhang aufgeführten Übungsmappe mit der Bearbeitung der Aufgabe. Analog einer, in
seiner späteren Arbeitsumgebung auftretenden, Problem-
stellung muß der Lernende nun selbständig im CAQ-Programm beispielsweise einen Prüfplan erstellen oder erweitern. Hat er die Aufgabe beendet oder will er die Übung ab-
brechen, so kann er dies jederzeit durch Anklicken der
Schaltfläche „Lernprogramm" (2) tun, die ihn wieder auf
die Lernprogrammebene zurückkehren läßt.

Im Schaltflächenscript der Schaltfläche „Lernprogramm" sind alle erforderlichen Funktionen enthalten,
um zum Lernprogramm zurückzukehren und die in der
CAQ-Maske eingegebenen Daten dem Lernprogramm zur
Auswertung zur Verfügung zu stellen. Die Eingaben des
Lernenden werden dabei anhand der im CAQ-Programm
erstellten Prüfpläne überprüft. Dazu werden die Prüfpläne mit Hilfe des Windows-Makrorecorders in eine Postscript-Datei gedruckt. Weiterhin muß das CAQ-Programm
wieder in seinen ursprünglichen Zustand gebracht, das
CAQ-Programm geschlossen und wieder in das Lernprogramm zurückgeschaltet werden. Hier erfolgt die Datenauswertung der durch den Lernenden erzeugten Prüfplan-
daten über einen Auswertealgorithmus (vgl. Abb. 3.39).
Prinzipiell wird dabei der erzeugte Postscript-File des
Lernenden mit einer Musterlösung verglichen, die in
Form einer Datei im Übungsverzeichnis des Lernprogramms abgelegt ist. Sie enthält die gesamten Daten des
korrekten Prüfplanes in Form einer Matrix mit den Spalten „Bezeichnung", „Musterlösung" und „Postscript-Zeichenkette". Eine vierte Spalte ist für die Ergebnisse der
Auswerteroutine vorgesehen.

Der Auswertealgorithmus öffnet die Postscript-Datei,
greift sich aus der dritten Matrixspalte jeweils eine korrekte Postscript-Zeichenkette und sucht diese in der Datei. Findet er die Zeichenkette, setzt er die vierte Spalte
der entsprechenden Zeile auf „true", ansonsten bleibt der
vordefinierte Wert „false" bestehen. Dieser Vorgang wird
für jede Zeile der Matrix wiederholt, bis die gesamte Matrix abgearbeitet ist. Danach werden Postscript-Datei und
Matrix geschlossen. Die Matrix enthält nun in der vierten
Spalte die aktuelle Auswertung der Schülereingaben.

• Rückkehr zum
Lernprogramm und
Datenauswertung

• Auswerteroutine
der CAQ-Übung und
Rückmeldung an den
Lernenden

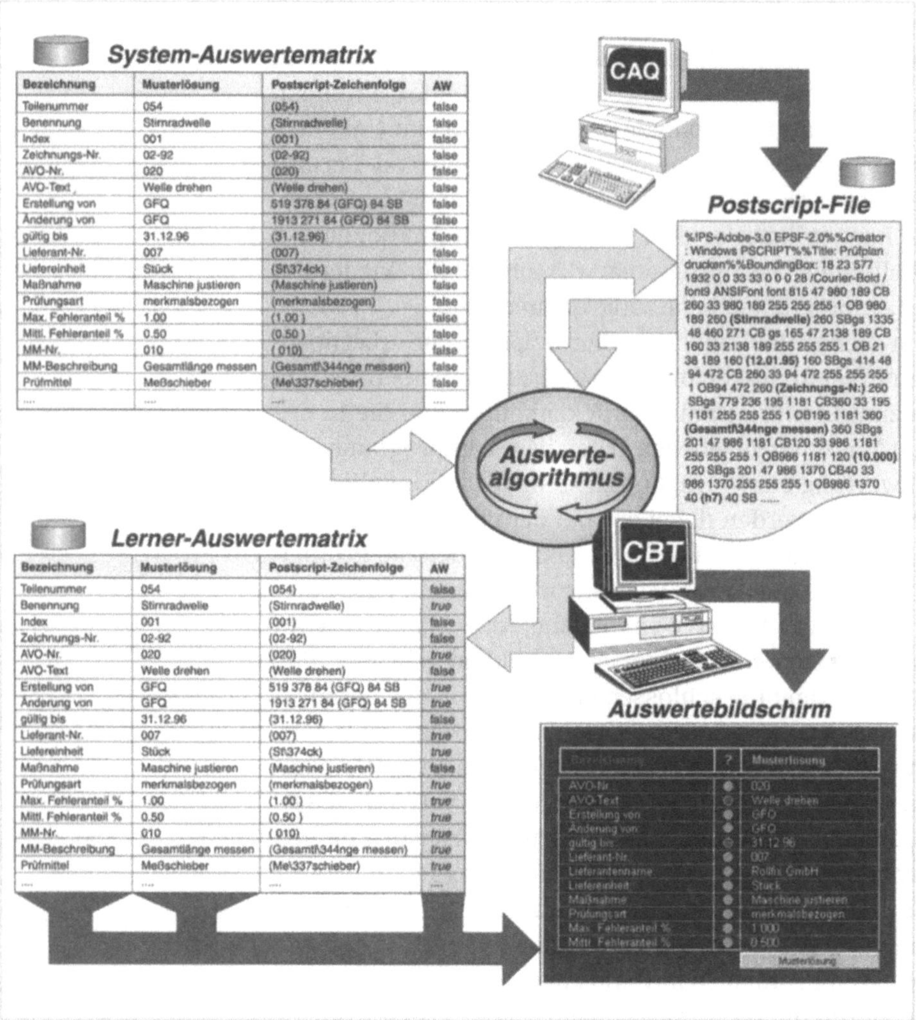

System-Auswertematrix

Bezeichnung	Musterlösung	Postscript-Zeichenfolge	AW
Teilenummer	054	(054)	false
Benennung	Stirnradwelle	(Stirnradwelle)	false
Index	001	(001)	false
Zeichnungs-Nr.	02-92	(02-92)	false
AVO-Nr.	020	(020)	false
AVO-Text	Welle drehen	(Welle drehen)	false
Erstellung von	GFQ	519 378 84 (GFQ) 84 SB	false
Änderung von	GFQ	1913 271 84 (GFQ) 84 SB	false
gültig bis	31.12.96	(31.12.96)	false
Lieferant-Nr.	007	(007)	false
Liefereinheit	Stück	(Stß374ck)	false
Maßnahme	Maschine justieren	(Maschine justieren)	false
Prüfungsart	merkmalsbezogen	(merkmalsbezogen)	false
Max. Fehleranteil %	1.00	(1.00)	false
Mittl. Fehleranteil %	0.50	(0.50)	false
MM-Nr.	010	(010)	false
MM-Beschreibung	Gesamtlänge messen	(Gesamtß344nge messen)	false
Prüfmittel	Meßschieber	(Meß337schieber)	false
....	...	...	....

CAQ

Postscript-File

%!PS-Adobe-3.0 EPSF-2.0%%Creator
: Windows PSCRIPT%%Title: Prüfplan
drucken%%BoundingBox: 18 23 577
1932 0 0 33 33 0 0 0 28 /Courier-Bold /
font9 ANSIFont font 815 47 980 189 CB
260 33 980 189 255 255 255 1 OB 980
189 260 (Stirnradwelle) 260 SBgs 1335
48 460 271 CB gs 165 47 2138 189 CB
160 33 2138 189 255 255 255 1 OB 21
38 189 160 (12.01.95) 160 SBgs 414 48
94 472 CB 260 33 94 472 255 255 255
1 OB94 472 260 (Zeichnungs-N:) 260
SBgs 779 236 195 1181 CB360 33 195
1181 255 255 255 1 OB195 1181 360
(Gesamtß344nge messen) 360 SBgs
201 47 986 1181 CB120 33 986 1181
255 255 255 1 OB986 1181 120 (10.000)
120 SBgs 201 47 986 1370 CB40 33
986 1370 255 255 255 1 OB986 1370
40 (h7) 40 SB .....

Auswerte-algorithmus

Lerner-Auswertematrix

Bezeichnung	Musterlösung	Postscript-Zeichenfolge	AW
Teilenummer	054	(054)	false
Benennung	Stirnradwelle	(Stirnradwelle)	true
Index	001	(001)	false
Zeichnungs-Nr.	02-92	(02-92)	false
AVO-Nr.	020	(020)	true
AVO-Text	Welle drehen	(Welle drehen)	false
Erstellung von	GFQ	519 378 84 (GFQ) 84 SB	true
Änderung von	GFQ	1913 271 84 (GFQ) 84 SB	true
gültig bis	31.12.96	(31.12.96)	false
Lieferant-Nr.	007	(007)	true
Liefereinheit	Stück	(Stß374ck)	true
Maßnahme	Maschine justieren	(Maschine justieren)	false
Prüfungsart	merkmalsbezogen	(merkmalsbezogen)	true
Max. Fehleranteil %	1.00	(1.00)	true
Mittl. Fehleranteil %	0.50	(0.50)	true
MM-Nr.	010	(010)	true
MM-Beschreibung	Gesamtlänge messen	(Gesamtß344nge messen)	true
Prüfmittel	Meßschieber	(Meß337schieber)	true
....	...	...	....

CBT

Auswertebildschirm

Bezeichnung	?	Musterlösung
AVO-Nr.	●	020
AVO-Text	●	Welle drehen
Erstellung von	●	GFQ
Änderung von	●	GFQ
gültig bis	●	31.12.96
Lieferant-Nr.	●	007
Lieferantenname	●	Rollfix GmbH
Liefereinheit	●	Stück
Maßnahme	●	Maschine justieren
Prüfungsart	●	merkmalsbezogen
Max. Fehleranteil %	●	1.000
Mittl. Fehleranteil %	●	0.500
		Musterlösung

Abb. 3.39: Auswerteroutine CAQ-Übung

Ist die Auswertung abgeschlossen, werden die globalen Ergebnisse im Lernprogramm dargestellt. Hat der Lernende in einer oder mehreren Teilaufgaben Fehler gemacht, kann er sich seine Einzelbewertung anzeigen lassen (vgl. Abb. 3.40). Die drei Spalten der Tabelle werden aus der Matrix eingelesen und über eine programmierte Routine die Meldungen „true" und „false" durch rote und grüne Signalknöpfe in der mittleren Spalte ersetzt. Über die Schaltfläche „Musterlösung" wird in die dritte Spalte die

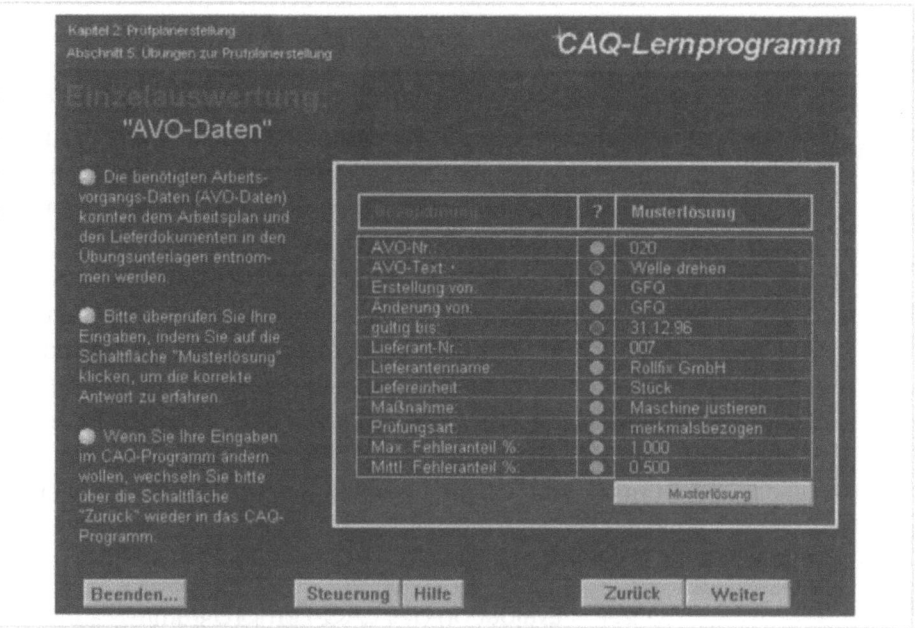

Abb. 3.40:   Auswertungsbildschirm: CAQ-Übung Stirnradwelle I

Musterlösung eingelesen, so daß bei Bedarf die korrekte Lösung eingesehen werden kann.

Pädagogisch und lerntechnisch besonders effektiv ist es, wenn der Lernende nicht nur die Rückkopplung seiner gemachten Fehler erfährt, sondern direkt seine Eingaben verbessern kann. Auch diese Vorgabe wurde bei der Programmierung des Lernprogramms berücksichtigt. Der Lernende hat die Möglichkeit, über das Zurückschalten der Seiten wieder in das CAQ-Programm zu gelangen. Nach einer weiteren Bearbeitung der Übungsaufgabe kann dann wieder über die „Lernprogramm"-Schaltfläche in das Auswertemodul des Lernprogramms gewechselt werden, wo eine zweite Auswertung vorgenommen wird.

Ein weiterer Vorteil der automatisierten Übungsauswertung liegt in der komfortablen Überprüfung der Lernziele. Erfahrungswerte der Autoren aus konventionellen CAQ-Schulungen zeigen, daß die manuelle Auswertung eines erstellten Prüfplanes durch den Kursleiter etwa fünf bis zehn Minuten pro Teilnehmer dauert. Rechnet man dies auf eine Teilnehmerzahl von fünfzehn bis zwanzig

• Unternehmensspe-
zifische Übungen

Personen hoch, so wird der Nutzen einer computergestützten Übungs-Auswertung deutlich.

Die geschilderte Realisierung des freien Übens im CAQ-
Programm über die Einbindung externer Dateien zur Erzeugung einer Ausgangsszenerie und die übungsspezifi-
sche Auswertematrix erlauben es, die Auswerteroutine
datensatzneutral zu halten (vgl. Abb. 3.41).

Dies ermöglicht es, einfach und schnell Aufgabenstellungen mit firmenspezifischem Inhalt in das Programm zu
integrieren, da nur die Ausgangsdatei und die Matrixdatei
im Lernprogramm-Übungsverzeichnis ausgewechselt
werden müssen, was leicht „von außen" per Diskette vorgenommen werden kann. Ebenso einfach ist der Austausch von Aufgabenstellungen und die Aktualisierung
bestehender Übungen.

3.2.4 Evaluation des CAQ-Lernprogramms

• Evaluation zur
Verbesserung der
Vorgehensweise

Wie bereits in Abschn. 3.1.3.8 „Evaluation der CBT-Prototypen" beschrieben, ist die Evaluation eine interdisziplinäre Aufgabe, die aus einer internen und einer externen Prüfung besteht. In der internen Prüfung wurden die erstellten CBT-Module auf inhaltliche, methodische/didaktische
und auf technische Mängel kontrolliert. Dies geschah im
Zuge des Projektes vorrangig von Mitarbeiten des CBT-
Entwicklungsteams, welches sich aus einer interdisziplinären Arbeitsgruppe von Ingenieuren und Psychologen
zusammensetzte. Ebenso wurden noch weitere „Testkan-
didaten" aus der angesprochenen Zielgruppe ausgewählt,
die das CBT-Entwicklungsteam berieten und das entstehende Lernprogramm auf seine Praxistauglichkeit über-
prüften. Im folgenden soll nur kurz auf die Evaluation des
CAQ-Lernprogramms eingegangen werden. Die Evaluationsergebnisse führten zu Verbesserungen und Alternativen, die sowohl in der systematischen Vorgehensweise zur
Erstellung von Lernprogrammen wie auch in dem Lernprogramm-Prototypen Berücksichtigung fanden. Weiter-
führend sei auf das Kapitel 4 dieses Werkes verwiesen, das
sich mit der Evaluation und dem Einsatz von rechnergestützten Lernmedien beschäftigt und insbesondere auf diese Fragestellung sehr detailliert eingeht.

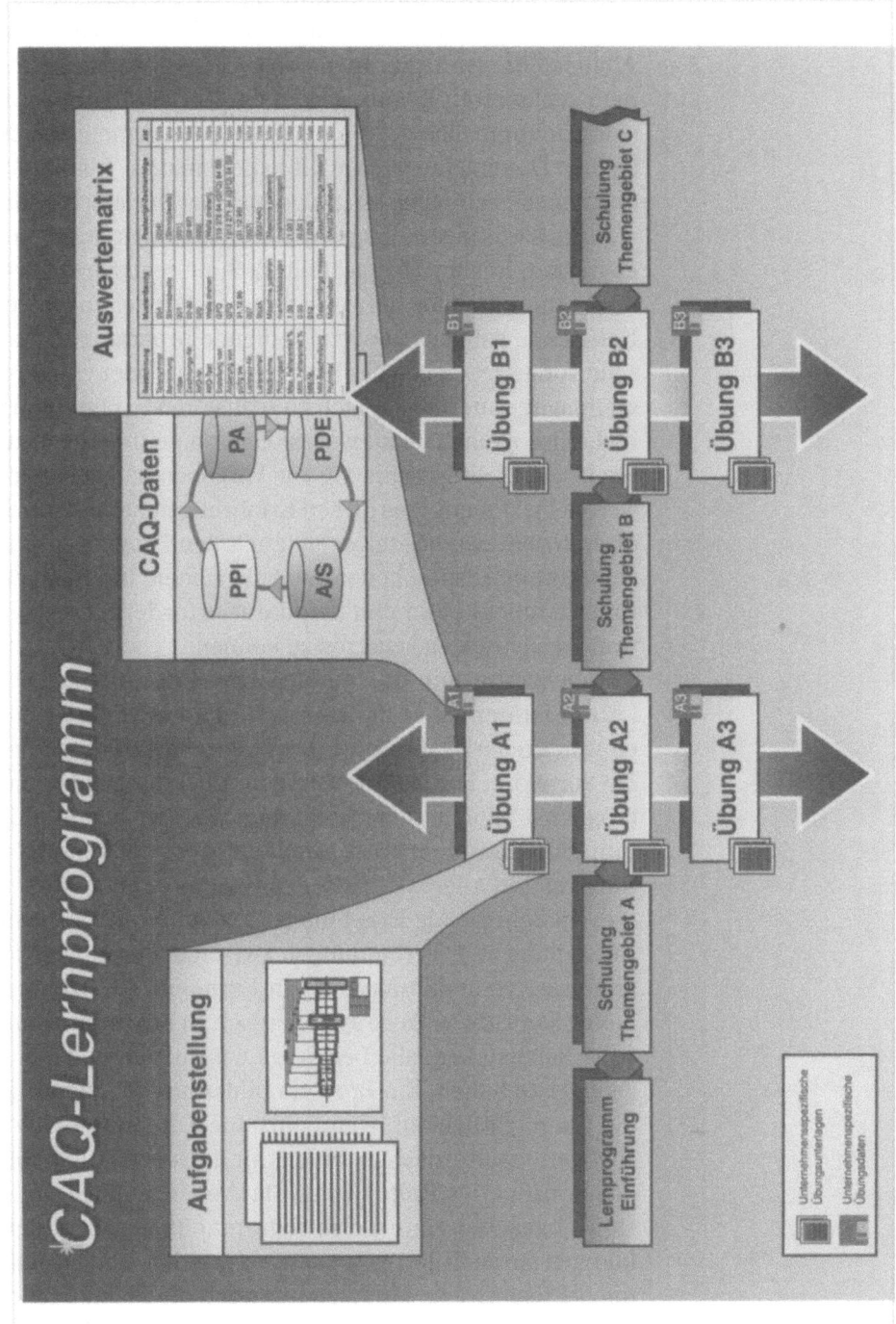

Abb. 3.41:   Firmenspezifische Anpassung von CAQ- Übungen

- Inhaltliche
Qualitätsprüfung

- Technische
Qualitätsprüfung

In der internen Überprüfung des CBT-Prototypen erfolgte zunächst in Form eines inhaltlichen Reviews ein Abgleich der Anforderungen an das Lernprogramm mit dem realisierten Leistungsspektrum. Eckpunkte einer solchen Vorgehensweise sind die bereits gemeinsam erstellten Dokumente wie Qualifikationsmatrix, Funktionsdiagramme, Schulungsrangfolge und das Drehbuch sowie weitere Unterlagen. Insgesamt wurde in den ersten begleitenden Reviews festgestellt, daß die realisierte Form des Lernprogramms teilweise von den Vorstellungen des Entwicklungsteams abwich. Fehlende programmtechnische Voraussetzungen des Autorensystems oder vom Programmierer nur umständlich zu realisierende Funktionen im Lernprogrammablauf waren die Gründe für eine unzureichende Übereinstimmung von Vorgaben und dem realisierten Programm. Aus diesen Erfahrungen heraus wurde im Autorenteam beschlossen, auch den Programmierer verstärkt in Absprachen miteinzubeziehen, um Realisierungsmöglichkeiten und den dafür erforderlichen Aufwand realistisch einschätzen zu können.

Gleichzeitig mit der inhaltlichen Überprüfung des Lernprogramms lief die Überprüfung der technischen einwandfreien Realisierung des Programms. Hier werden die korrekten Sprunganweisungen, Rückmeldungen und möglichst alle unterschiedlichen Lernwege auf ihre Funktionalität überprüft. Auch der Test der Benutzerführung und aller Navigationsmöglichkeiten gehört zu diesem Schritt. Als Ergebnis ist festzuhalten, daß eine Aufstellung aller Verbindungen zwischen einzelnen Programmseiten und Funktionen in Form eines Netzplanes helfen kann, diese Wege systematisch zu beschreiten und so sicherzustellen, alle Lernwege beschritten und damit getestet zu haben. Ein Problem bildet hierbei allerdings die Übersichtlichkeit, wenn einzelne Kapitel mit vielen Navigationsalternativen belegt sind. Bewährt hat sich das Konzept des Prototyping: Da die einzelnen Teile in sich abgeschlossene Lernprogrammeinheiten bilden, konnten sie auch getrennt evaluiert werden, und es mußten bei fehlerfreien Modulen nur noch die Schnittstellen und das Zusammenspiel der Einzelmodule überprüft werden.

In der methodisch/didaktischen Qualitätsprüfung stehen der korrekte Einsatz der multimedialen Elemente zur Wissenspräsentation, das sinnvolle Beschreiten von Lernpfaden und die Interaktionsmöglichkeiten des Lernenden im Vordergrund. Diese Punkte sind unter dem Gesichtspunkt der „bestmöglichen Wissensvermittlung" bzw. dem Erreichen des höchsten Lernerfolges zu bewerten. Durch das interdisziplinäre CBT-Entwicklungsteam, dem auch Psychologen und Pädagogen angehörten, konnten auch didaktische Gesichtspunkte bei der Beurteilung des CAQ-Lernprogramms berücksichtigt werden. Die Praxis hat hier gezeigt, daß die Beurteilung aus pädagogisch/didaktischer Sicht zu weiteren wichtigen Veränderungen im Lernprogramm führen kann. Auch hier kann eine frühzeitige Einbeziehung dieser Fachkompetenzen helfen, umfangreiche Änderungen an bereits erstellten Programmteilen zu vermeiden und den verbleibenden Änderungsaufwand auf ein Minimum zu reduzieren.

• Methodische Qualitätsprüfung

Die externe Überprüfung des CAQ-Lernprogramms erfolgte durch einen Feldtest in Form eines Pilotlehrgangs. Er diente letztendlich dazu, den Lernerfolg bzw. die Wirksamkeit und den Nutzen der einzelnen CBT-Module unter Einbeziehung der Zielgruppe zu ermitteln. Zur Durchführung der Feldtests wurden spezifische Fragebögen erstellt, um über die gezielte Auswertung Anregungen und weitere Verbesserungen in das Lernprogramm implementieren zu können (vgl. Abb. 3.42).

• Feldtest

Die Fragebögen gliedern sich in einen Fragenteil zur Ermittlung des Profils der Testpersonen, in einen Teil zu einzelnen Kapiteln und Abschnitten sowie Fragen zur Bewertung des gesamten CBT-Systems. Während die beiden ersten Frageteile von den Testpersonen selbständig ausgefüllt werden, kann der dritte Teil auch als Interviewleitfaden für ein Gespräch zwischen Testpersonen und dem Betreuer des Feldtests dienen. Sinnvoll ist in diesem Zusammenhang auch die Diskussion markanter Punkte des zweiten Fragebogenteils.

Eine Besonderheit des CAQ-Lernprogramms liegt darin, daß Fragen zum Lernerfolg automatisch durch die Historie der bearbeiteten Fragen, Simulationsübungen und Auswertungen der CAQ-Übungen beantwortet werden.

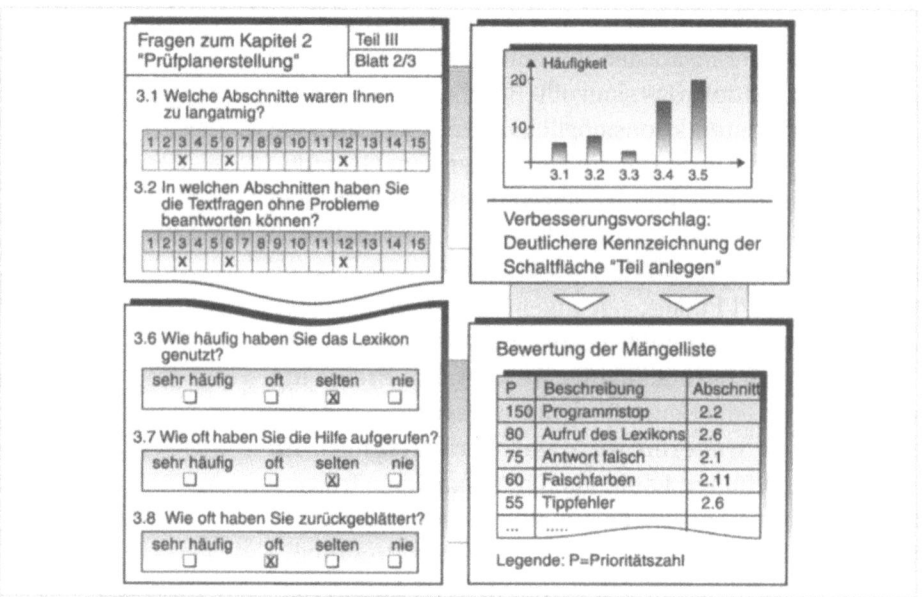

Abb. 3.42:   Fragebogen zur Evaluation (Beispiel)

• Piloteinsätze des
Lernprogramms

Zu diesem Zweck existiert eine Tabelle in der CBT-Programmsteuerung, in der alle korrekt bearbeiteten Lernerfolgskontrollen gespeichert sind. Weiterhin besteht die Möglichkeit, die Nutzungshäufigkeit des Lexikons und der Hilfen rechnerunterstützt zu ermitteln. Trotz dieser automatischen Auswertungen kann auf den Einsatz der Fragebögen nicht verzichtet werden. Insbesondere die persönlichen Gespräche und Interviews der Testpersonen erbrachten wichtige Verbesserungsvorschläge und Kenntnisse über Akzeptanzprobleme.

Die entwickelten CBT-Prototypen wurden gemäß dem Anforderungsprofil vorrangig zur Vermittlung und Anwendung von CAQ-Wissen am Arbeitsplatz entwickelt. Die Piloteinsätze des CAQ-Lernprogramms zur Aus- und Weiterbildung von Ingenieuren in der ADITEC sowie zur Technikerausbildung in den Berufsbildenden Schulen des Kreises Aachen sollen zeigen, daß die entwickelten CBT-Module auch zur Gruppenschulung eingesetzt werden können. In diesen speziellen Einsatzfällen sind nicht nur Mitarbeiter eines Unternehmens, sondern vielmehr Zielgruppen unterschiedlicher Branchen zu schulen (vgl. Abb. 3.43).

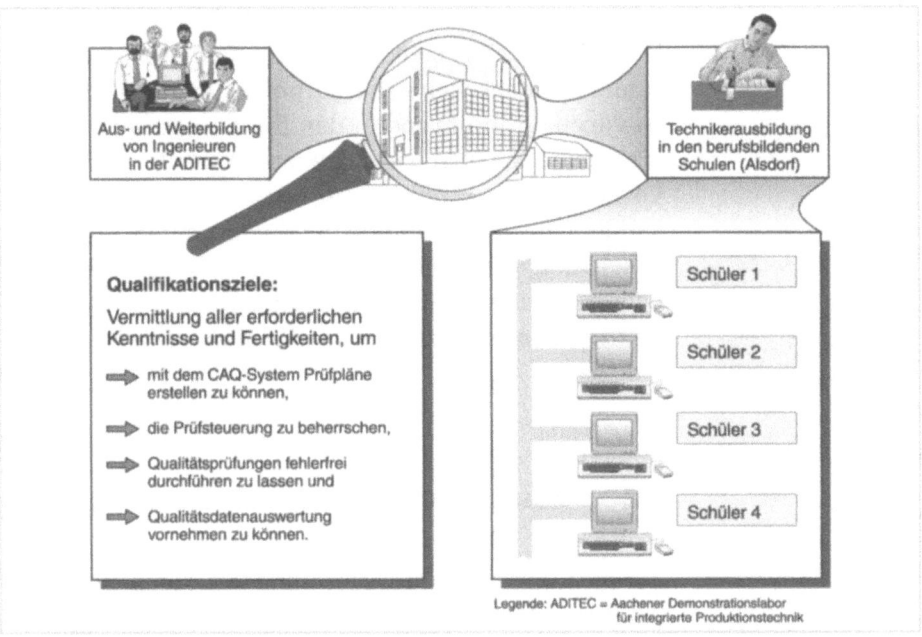

Abb. 3.43: Pilotanwendungen des CAQ-Lernprogramms

Das Erlernen der CAQ-Inhalte erfolgte grundsätzlich im Selbststudium, wobei entweder einzeln oder in Gruppen von zwei bis drei Personen gelernt wird. Beide Lernformen haben ihre spezifischen Vor- und Nachteile. Es zeigte sich, daß der Lernprozeß in der Gruppe Diskussionen und damit eine vertiefende Bearbeitung der Inhalte bewirkt. Weiterhin kann die „Angst vor dem Medium Computer" reduziert werden. Der CBT-Aspekt „Individualisierung der Lerngeschwindigkeit", der z.B. bei sehr unterschiedlichen Vorkenntnissen oder Lerngeschwindigkeiten der Teilnehmer zum Tragen kommt, wirkt sich vor allem in der Einzelschulung positiv aus. In einer Schulung wurden CBT-Einsatz und Seminarvortrag miteinander verglichen. Hier zeigten sich Vorteile des Lernprogramms durch die Möglichkeit des individuellen Lernens, das Wiederholen sowie individuelle Vertiefungen zuläßt. Auch das Vorhandensein von automatischen Auswertungen verbessert die Rückmeldung an den Lernenden und erkennt auch „kleine" Fehler.

Abschließend ist anzumerken, daß nicht alle Phasen der CAQ-Schulung durch das prototypische Lernprogramm abgedeckt werden und daher durch konventionelle Schulungsteile einen Ausgleich erfahren müssen. Dazu zählen beispielsweise die Vorbereitung der Teilnehmer sowie eine Einführung in den Lehrstoff „CAQ". Dieser scheinbare Nachteil wird dann zum Vorteil, wenn bei der Vorbereitung der Teilnehmer nicht Lehrstoff vermittelt, sondern ein „gefühlsmäßiger" Zugang zum CAQ-Thema geschaffen wird. Dadurch wird der Nachteil der CBT-Schulung, ausschließlich kognitive und nur begrenzt affektive Lernziele vermitteln zu können, in starkem Maße reduziert.

3.3   Zusammenfassung und Empfehlungen

• CBT als geeignetes Instrument zur QM-Wissensvermittlung

Zur rechnergestützten Vermittlung von komplexen Lehrinhalten bieten sich multimediale Trainingskonzepte an, die sich durch die Integration von Text, Grafik, Bewegtbild, Ton und Simulation auszeichnen. Die Vorteile des individuellen Lernens und der schnellen Anpaßbarkeit an veränderte Rahmenbedingungen machen CBT zu einem geeigneten Instrument der Wissensvermittlung.

Der Rechnereinsatz im Qualitätsmanagement im Sinne von CAQ (Computer Aided Quality Assurance), bringt bereits viele Voraussetzungen für den Einsatz von computergestützten Lernsystemen mit sich. So kann die Vermittlung und das Training von Qualitätswissen ohne technischen Mehraufwand in der späteren (Arbeits-) Umgebung und somit vor Ort und zu frei wählbaren Zeitpunkten (insbesondere auch in unproduktiven Zeiten) erfolgen. Zeit- und kostenaufwendige Anreisen zu Schulungszentren und entsprechende Ausfallzeiten im Betrieb lassen sich mit diesem Schulungskonzept reduzieren. Insbesondere für Klein- und Mittelständische Unternehmen ist die CBT-Schulung für den Bereich des Qualitätsmanagements eine kostengünstige Alternative zum konventionellen Unterricht. Ziel von Schulungsmaßnahmen im Qualitätsmanagement und somit auch von rechnerunterstützten QM-Schulungen sollte es sein, eine möglichst hohe Übereinstimmung zwischen dem Anforderungsprofil des Arbeits-

platzes hinsichtlich QM-relevanter Aspekte und dem Befähigungsprofil des Mitarbeiters zu schaffen.

Ausgehend von der Darstellung der Grundlagen
rechnergestützter Wissensvermittlung und der verfolgten
Konzeption von rechnergestützten Schulungsprogrammen für das Qualitätsmanagement wurde eine systematische Vorgehensweise zur zielgerichteten Erstellung von
QM-Lernsoftware erarbeitet. Der Entwicklung und Beschreibung der verschiedenen Phasen, die bei einer CBT-
Programmierung durchlaufen werden, und der dazu notwendigen Hilfsmittel und Verfahren kommt dabei eine
zentrale Bedeutung zu. Basierend auf Ansätzen der Sy-
stemtechnik wurden Methoden und Verfahren entwickelt,
die in den einzelnen Phasen der CBT-Erstellung eingesetzt werden können. Sie geben Hilfestellungen von der
Ermittlung des zu schulenden Lehrstoffes bis zur Umsetzung in ein Lernprogramm und dessen Evaluation.

Besondere Berücksichtigung fanden dabei die Randbedingungen der Lernpogrammerstellung für das Qualitätsmanagement und der Einsatz in kleinen und mittleren Unternehmensgrößen. Dazu müssen z.B. Fragestellungen nach der Zielgruppe, dem zu schulenden Themengebiet und der Art bzw. dem notwendigen Detaillierungsgrad des zu vermittelnden Wissens beantwortet werden.

Instrumente wie die dreidimensionale Qualifikationsmatrix, die strukturierte Lehrstoffanalyse und die Schulungsablaufoptimierung helfen, die Strategien, Methoden
und Verfahren des Qualitätsmanagements aufzubereiten:
Zunächst wird in einer Qualifikationsmatrix die Zielgruppe der Schulung für die Lernprogrammerstellung bestimmt und das Umfeld des zu vermittelnden Lehrstoffes
ermittelt. Dieser Lehrstoff muß nun analysiert und in seiner funktionalen Struktur erfaßt werden. Als Methode zur
Lehrstoffstrukturierung wurde dazu eine auf die speziellen Anforderungen der Lernprogrammerstellung ausge-
richtete Methode zur Lehrstoffanalyse entwickelt, die den
gesamten Lehrstoff mit seinen Funktionalitäten in einem
dreidimensionalen Funktionsnetz abbildet. In einem weiteren Schritt muß dieses Maximalsystem auf schulungsrelevante Funktionen hin überprüft und verdichtet werden.
Dabei ist festzulegen, in welcher Reihenfolge die einzel-

• Systematische
Vorgehensweise zur
zielgerichteten
Entwicklung von
Lernprogrammen für
das Qualitäts-
management

• Werkzeuge und
Methoden zur
Lernprogramm-
erstellung

• Das Drehbuch als
Schnittstelle zum
Programmierer und
zum Auftraggeber

• Vom Prototypen zur
Endversion

• Evaluation

nen Funktionseinheiten geschult werden sollen. Eine solche Möglichkeit bietet das Hilfsmittel der Schulungsablaufoptimierung. Weiterhin ist zu bestimmen, welche Medien, Beispiele oder Übungen sinnvoll eingesetzt werden können, um die zu vermittelnden Funktionszusammenhänge und Begriffe optimal zu schulen. Zusätzlich ist ein durchgängiges Steuerungskonzept zu entwerfen, mit dem der Lernende auf unterschiedliche Weise durch die verschiedenen Ebenen des Lernprogramms navigieren kann. Ebenso entstehen CBT-Übungsmodule, in denen der Lehrstoff trainiert und über Lernerfolgskontrollen bzw. -messungen überprüft wird.

Eine wesentliche Voraussetzung für die schnelle und zielgerichtete Erstellung von CBT-Programmen ist eine normierte Schnittstelle zwischen dem Entwicklungs- und dem Implementierungsteam, also vornehmlich den Programmierern. Eine solche Schnittstelle bildet das Drehbuch, das nicht nur den zu vermittelnden Lehrstoff, sondern auch alle zu programmierenden Eigenschaften und Funktionen des späteren Lernprogramms enthalten muß. Regieanweisungen, Drehbuchvordrucke und Interaktionsdiagramme helfen hier, einen schnellen und eindeutigen Informationsaustausch an dieser Schnittstelle zu realisieren.

Nach der Erstellung der ersten Drehbuchteile kann bereits mit der programmtechnischen Umsetzung in ein Lernprogramm begonnen werden. Die entstehende Software wird dabei einem kontinuierlichen Prototyping-Zyklus unterzogen, der über die Schritte der internen und externen Evaluation ständig Abweichungen an das Entwicklungsteam zurückmeldet. Das Ergebnis dieser Vorgehensweise sind einzelne abgeschlossene Programmodule, in die ständig neue Anforderungen, die sich aus der Qualitätsprüfung und ersten Versuchen ergeben, aufgenommen werden. Durch die ständige Weiterentwiklung wächst der Prototyp stetig der Endversion entgegen.

Die externe Prüfung der zusammengeführten Lernprogrammodule findet als Pilotlehrgang mit Testpersonen der anzusprechenden Zielgruppe statt. Aus der Lerngruppe werden über Fragebögen, persönliche Gespräche und

Übungsauswertungen Verbesserungsvorschläge und der erzielte Lernerfolg an das Entwicklerteam zurückgemeldet. Das Erreichen der Lernziele, der Lernerfolg sowie die Akzeptanz des CBT-Programms sind Parameter für mögliche Änderungen, die dann in eine eventuell notwendige Programmrevision einfließen können.

Mit einer konsequenten Verwirklichung des vorgestellten Modul-Konzeptes ist es möglich, selbst bei kleineren Unternehmen, durch die Integration betriebsspezifischer bzw. anwenderspezifischer Programmteile das allgemeine CAQ-Lernprogramm individuell an die Gegebenheiten vor Ort anzupassen. Auch der Vorteil einer schnellen Aktualisierung bei sich ändernden Rahmenbedingungen kann durch einen modularen Aufbau realisiert werden.

Aufgrund der in der Untersuchung zum innerbetrieblichen Qualitätswissen in der Bundesrepublik Deutschland festgestellten Defizite zum Themengebiet „Computer Aided Quality Assurance (CAQ)" wurde dieses Thema für eine exemplarische Programmierung eines Lernprogramms ausgewählt. In diesem Anwendungsgebiet sind die zu schulenden Funktionalitäten des QM-Systems bereits in einem Modell auf einem Rechner abgebildet und auch die hardwaretechnischen Voraussetzungen für den Einsatz des Computers zu Schulungszwecken vorhanden. Somit lassen sich alle zuvor beschriebenen Formen rechnerunterstützter Schulung sowie die zugehörige Lernerfolgsmessung anwendungsbezogen in das CBT-System implementieren. Die inhaltlichen und methodischen Vorgaben wurden dabei in enger Zusammenarbeit zwischen dem Fraunhofer-Institut für Produktionstechnologie und dem Psychologie-Projektpartner an der Universität Gießen erstellt. Die firmenspezifischen Inhalte und Übungsbeispiele wie Bauteile, Prüfzeichnungen oder Prüfpläne entstammen der Zusammenarbeit des Fraunhofer-Institutes mit der Industrie und aus der Lehre an der RWTH Aachen.

Das erstellte prototypische CAQ-Lernprogramm besteht aus drei eigenständigen Programmmodulen, die über Sprungbefehle und definierte Schnittstellen miteinander vernetzt sind. Den Hauptteil bildet hier das eigentliche Lernprogramm, das Seiten zur Wissensvermittlung und

• Das CAQ-Lernprogramm als prototypische Umsetzung

• Modularer Aufbau des CAQ-Lernprogramms

dazugehörige Übungsfragen und kleine Übungen enthält, in denen der vermittelte Lehrstoff überprüft wird.

Im Simulationsmodul werden die Funktionen des zu schulenden Systems auf dem Computer nachgebildet. So soll die Voraussetzung geschaffen werden, durch die Anwendung des gelernten Wissens zu überprüfen, ob das Gelernte auch verstanden wurde und ob konkrete Problemfälle gelöst werden können. Der Lernende kann dazu Parameter eines fest vorgegebenen Modells verändern und die daraus resultierenden Ergebnisse beobachten. So können die Grenzen und Möglichkeiten eines Systems erkundet werden, ohne daß die beim Üben unvermeidbaren Bedienungsfehler zu Schäden führen.

Das dritte Modul ist ein Steuerprogramm, das das Lernprogramm mit einem CAQ-Anwendungsprogramm verbindet. So kann der Lernende in der CAQ-Standardsoftware unter Kontrolle des Lernprogramms üben und sich anschließend seine Eingaben durch das Steuermodul auswerten lassen.

Unabhängig davon steht dem Lernenden ein Hypermedia-Lexikon zur Verfügung, das er bei allgemeinen Fragestellungen zu unbekannten Sachverhalten konsultieren kann. Über entsprechende Schnittstellen ist das Lexikon in die Struktur des Lernprogramms eingebunden.

Das CAQ-Lernprogramm ermöglicht es auch, das vermittelte CAQ-Wissen mit praktischen Handlungen zu verknüpfen und anzuwenden. Es bietet beispielsweise die Möglichkeit, über eine Schnittstelle die Meßwerte von digitalen Meßmitteln, z.B. mit einem Meßschieber, in das Lernprogramm zu übernehmen. Durch die Vorgabe von definierten Prüfstücken besteht so die Möglichkeit, den Lernenden zum korrekten Umgang mit dem Meßmittel anzuleiten.

• Erfolgreicher Einsatz des CAQ-Lernprogramms

Bei den Piloteinsätzen des CAQ-Lernprogramms zur Aus- und Weiterbildung von Ingenieuren an der RWTH-Aachen sowie zur Technikerausbildung an einer Berufsbildenden Schule wurden die entwickelten CBT-Module erfolgreich zur Schulung eingesetzt. Das Erlernen der CAQ-Inhalte mit dem CAQ-Lernprogramm erfolgte dabei grundsätzlich im Selbststudium, wobei entweder einzeln oder in Gruppen von zwei bis drei Personen gelernt wurde. Beide Lernformen haben ihre spezifischen Vor- und Nachteile. Es zeigte sich auch, daß der Lernprozeß in der Gruppe Diskussionen und damit eine vertiefende Bearbeitung der Inhalte bewirkte. Weiterhin kann so die „Angst vor dem Medium Computer" reduziert werden. Der CBT-Aspekt „Individualisierung der Lerngeschwindigkeit", der z.B. bei sehr unterschiedlichen Vorkenntnissen oder Lerngeschwindigkeiten der Teilnehmer zum Tragen kommt, wirkt sich vor allem in der Einzelschulung positiv aus.

Abschließend ist anzumerken, daß nicht alle Phasen einer CAQ-Schulung durch das prototypische Lernprogramm abgedeckt werden können. Ergänzend sind daher konventionelle Schulungsteile erforderlich, wie beispielsweise die Vorbereitung der Teilnehmer oder die Einführung in den Lehrstoff „CAQ". Dieser scheinbare Nachteil wird aber dann zum Vorteil, wenn bei der Vorbereitung der Teilnehmer nicht Lehrstoff vermittelt, sondern ein eher „gefühlsmäßiger" Zugang zum CAQ-Thema geschaffen werden soll.

Anmerkungen

1 vgl. Euler, D.: Didaktik des computerunterstützten Lernens: praktische Gestaltung und theoretische Grundlagen. Nürnberg, BW Bildung und Wissen 1992

2 vgl. Meyer-Wegener, K.: Multimedia-Datenbanken: Einsatz von Datenbanktechniken in Multimedia-Systemen. Stuttgart, Teubner 1991

3 vgl. Orendi, G.: Systemkonzept für die phasenneutrale Fehlerbehandlung als Voraussetzung für den Einsatz präventiver Qualitätssicherungsverfahren. Aachen, Verlag Shaker 1993

4 vgl. Toffolo-Haupt, Ch.: Multimedia revolutioniert die innerbetriebliche Weiterbildung: Lerngeschwindigkeit selbst bestimmt. Düsseldorf, VDI Nachrichten Nr. 44, VDI Verlag 1993 S. 14

5 vgl. Zink, K. J. (Hrsg.): Konzepte zur Umsetzung von Qualitätswissen Band 3: Analyse des innerbetrieblichen QS-Wissenstransfers: Forschungsbericht für den Projektträger Fertigungstechnik und Qualitätssicherung des BMFT Kaiserslautern, LIA 1993
vgl. Leutner, D., Pfeifer, T., Zink, J. u.a.: Konzepte zur Umsetzung von Qualitätswissen Band 4: Fördernde und hemmende Faktoren des QS-Wissenstransfers, Forschungsbericht für den Projektträger Fertigungstechnik

6 vgl. Toffolo-Haupt, Ch.: Multimedia revolutioniert die innerbetriebliche Weiterbildung: Lerngeschwindigkeit selbst bestimmt. Düsseldorf, VDI Nachrichten Nr. 44, VDI Verlag 1993 S. 14

vgl. N.N.: Nur ein Mensch kann individuell reagieren. Düsseldorf, VDI Nachrichten Nr. 45, VDI Verlag 1993 S. 20

7   vgl. Steppi, H.: Computer Based Training: Planung, Design und Entwicklung interaktiver Lernprogramme. Stuttgart, Klett 1990

8   vgl. Euler, D.: Didaktik des computerunterstützten Lernens: praktische Gestaltung und theoretische Grundlagen. Nürnberg, BW Bildung und Wissen 1992

9   vgl. Fickert, T.: Multimediales Lernen. Wiesbaden, Deutscher Universitäts-Verlag GmbH 1992

10 vgl. Euler, D.: Didaktik des computerunterstützten Lernens: praktische Gestaltung und theoretische Grundlagen. Nürnberg, BW Bildung und Wissen 1992

11 vgl. Steppi, H.: Computer Based Training: Planung, Design und Entwicklung interaktiver Lernprogramme. Stuttgart, Klett 1990

12 vgl. N.N.: DIN ISO 9001 Qualitätssicherungssysteme: Modell zur Darlegung der Qualitätssicherung in Design/Entwicklung, Produktion, Montage und Kundendienst. Berlin, Beuth Verlag 1990

13 vgl. Pfeifer, T., Spiekermann J., Zenner, Th.: Konsequente Fehlervermeidung durch FMEA: Wissensbasierte FMEA im Praxiseinsatz: Qualität und Zuverlässigkeit QZ Nr. 3 Jg. 39. München, Carl Hanser Verlag 1994 S. 285-293

14 vgl. Glowalla, U.: Evaluation computerunterstützten Lernens, in Glowalla, U.: Hypertext und Multimedia: Neue Wege in der computerunterstützten Aus- und Weiterbildung. Berlin, Heidelberg, Springer Verlag 1992

15 vgl. Euler, D.: Didaktik des computerunterstützten Lernens: praktische Gestaltung und theoretische Grundlagen. Nürnberg, BW Bildung und Wissen 1992
    vgl. Steppi, H.: Computer Based Training: Planung, Design und Entwicklung interaktiver Lernprogramme. Stuttgart, Klett 1990

16 vgl. Steppi, H.: Computer Based Training: Planung, Design und Entwicklung interaktiver Lernprogramme. Stuttgart, Klett 1990

17 vgl. Glowalla, U.: Evaluation computerunterstützten Lernens, in Glowalla, U.: Hypertext und Multimedia: Neue Wege in der computerunterstützten Aus- und Weiterbildung. Berlin, Heidelberg, Springer Verlag 1992

18 vgl. Hallmann, M.: Prototyping komplexer Softwaresysteme: Ansätze zum Prototyping. Stuttgart, B.G. Teubner Verlag 1990

19 vgl. N.N.: DIN ISO 9004: Qualitätsmanagement und Elemente eines Qualitätssicherungssystems D Leitfaden. Berlin, Beuth Verlag 1990

20 vgl. MacMenamin, St.; Stephen, M.: Strukturierte Systemanalyse. München, Wien, Carl Hanser Verlag 1988

21 vgl. Schunk, H.: Laser für die Oberflächenbehandlung: Konzeption geeigneter Systeme. Düsseldorf, VDI Verlag 1992

22 vgl. Peschges, K.: CIM Aus- und Weiterbildung unter Einbindung computerunterstützter interaktiver Medien, basierend auf dem Endbericht des BMBW Forschungsvorhabens. Fachhochschule

Mannheim, CIM und computerunterstützte interaktive Medien 1992

23 vgl. Steppi, H.: Computer Based Training: Planung, Design und Entwicklung interaktiver Lernprogramme. Stuttgart, Klett 1990

24 vgl. Steppi, H.: Computer Based Training: Planung, Design und Entwicklung interaktiver Lernprogramme. Stuttgart, Klett 1990

25 vgl. Pfeifer, T., Eversheim, W., Eickholt, J., Schmidt, N.: Systematische Auswahl von CAQ-Systemen. Düsseldorf ‚VDI-Z Nr. 11, VDI Verlag 1992 S. 20-25

26 vgl. Hauer, R. Schmidt, A. & Zink, K.J.: Qualität ist oft kein Thema: Ergebnisse einer empirischen Erhebung in den alten Bundesländern, QZ 38 1993 S. 665-670

27 vgl. N.N.: CAQ-Lösung für mittlere und kleine Unternehmen, QZ Qualität und Zuverlässigkeit, Zeitschrift für industrielle Qualitätssicherung 8/1992 S. 500

28 Varesi, A.: Praxistest: Entwicklungstools für Multimedia, Zeitschrift WIN 5/93 S. 128-135

29 Seetzen, R., Beyer, D.: Showmaster D Multimedia Praxis: Tool-Book 3.0 und Macromedia Director 4.0, Zeitschrift c't Heft 11 1994 S. 208

30 vgl. N.N.: Toolbook 3.0 D Benutzerhandbuch, Asymetrix Corporation, Bellevue, Washington 98004 USA

4 Wie läßt sich die Schulungs- und Trainingsqualität beim Einsatz computerbasierter Lernmedien in Unternehmen sicherstellen?

Computerbasierte Lernmedien werden in Unternehmen zu Schulungs- und Trainingszwecken verstärkt eingesetzt. Dabei herrscht oft die Meinung vor, die Tatsache allein, daß diese Lernmedien dem neuesten Stand der Technologie entsprechen, stelle ein ausreichendes Kriterium für den Erfolg der Schulungs- bzw. Trainingsmaßnahme dar. Dies ist jedoch ein Trugschluß.

• Ausgangslage

Im Zuge des steigenden Qualifikationsbedarfs hat sich ein großer Markt für Anbieter computerbasierter Lernmedien entwickelt. Der Markt wird überschwemmt von Produkten, die in kürzester Zeit produziert werden und dann oft qualitativ unzureichend sind. Aber selbst wenn die angebotenen computerbasierten Lernmedien qualitativ sehr gut sind, bedeutet das noch nicht, daß sie sich für die speziellen Bedürfnisse eines Unternehmens, das mit diesen Lernmedien schulen möchte, auch eignen.

Um die Qualität einer Schulung bzw. eines Trainings mittels computerbasierter Lernmedien zu überprüfen und zu sichern, sollte eine systematische Evaluation durchgeführt werden.[1] Dabei gibt es mehrere Ansatzpunkte:

• Überprüfung der Schulungsqualität durch systematische Evaluation

– Evaluation im Sinne einer systematischen Erfolgskontrolle der gesamten Schulungsmaßnahme unter Einsatz computerbasierter Lernmedien.
– Evaluation im Sinne einer systematischen Erfolgskontrolle einzelner Gestaltungsmerkmale computerbasierter Lernmedien.
– Evaluation im Sinne einer Identifikation und Bewertung von Einflußfaktoren, die für eine weitere Einsatzplanung computerbasierter Lernmedien relevant sind.

4.1 Qualität durch systematische Evaluation anhand eines Instruktions-Design-Modells

Evaluieren bedeutet, daß man etwas bewertet bzw. beurteilt. Bei der Evaluation von Schulungen bzw. Trainingsmaßnahmen mittels computerbasierter Lernmedien geht es ebenfalls darum, einzelne Trainingsbausteine oder deren Kombination im Hinblick auf ein vorher festgelegtes Ziel bezüglich Wirkung und Nutzen zu bewerten.

• Kennzeichen einer Evaluation

Eine Evaluation hat vier allgemeine Kennzeichen[2]:
1. Evaluation ist ziel-/zweckorientiert: das primäre Ziel ist es, praktische Maßnahmen zu verbessern, zu legitimieren oder über sie zu entscheiden.
2. Grundlage der Evaluation ist eine systematisch gewonnene Datenbasis über Voraussetzungen, Kontext, Prozesse und Wirkungen einer praxisnahen Maßnahme.
3. Evaluation beinhaltet eine bewertende Stellungnahme, d.h. die methodisch gewonnenen Daten und Befunde werden auf dem Hintergrund von Wertmaßstäben unter Anwendung bestimmter Regeln bewertet.
4. Evaluation bezieht sich im Gegensatz zur personenbezogenen Leistungsfeststellung auf einzelne Bereiche geplanter, durchgeführter und abgeschlossener Bildungsmaßnahmen.

• Formative und summative Evaluation

Evaluation kann formativ oder summativ durchgeführt werden. Bei der formativen Evaluation wird der Gegenstand, der evaluiert werden soll, also z.B. ein Training, während seiner Entwicklung bei jedem Teilschritt evaluiert. Dieses Vorgehen dient der unmittelbaren Verbesserung der einzelnen Teilschritte, es handelt sich um eine prozeßorientierte Form der Qualitätssicherung. Die summative Evaluation setzt ein, wenn die Entwicklung des Trainings bereits abgeschlossen ist. Sie stellt also eher eine ergebnisorientierte Form der Qualitätssicherung dar. Inhaltlich unterscheiden sich diese beiden Formen der Evaluation aber nicht.

• Instruktions-Design-Modell

Im folgenden wird das systematische Vorgehen bei der Planung und Durchführung einer Evaluation anhand eines Instruktions-Design-Modells beschrieben.

Ein Instruktions-Design-Modell (Abb. 4.1) beschreibt die allgemeine Vorgehensweise bei der Entwicklung von bedarfsgerechten Lernumgebungen.

Danach erfolgt in der ersten Phase immer eine Bedarfs- und Zielanalyse („Analyse" in Abb. 4.1). In dem zweiten und dritten Teilschritt, der Entwicklungsphase, werden Methoden und Material, die zum Einsatz kommen sollen, geplant („Design" in Abb. 4.1) und realisiert („Produktion" in Abb. 4.1). Anschließend erfolgt die Implementation der entwickelten Methoden und Materialien („Implementation" in Abb. 4.1). In der letzten Phase erfolgt dann eine summative Evaluation (vgl. Abb. 4.1). Prinzipiell kann nach Durchführung jedes Teilschrittes eine formative Evaluation durchgeführt werden, um den Erfolg der Maßnahmen von Anfang an bereits während der Entwicklung zu überprüfen und sicherzustellen (vgl. Abb. 4.1).

So wie bei der Konzeption und Entwicklung eines Trainings Ausgangszustände definiert, Methoden entwickelt und implementiert und anschließend evaluiert werden, so richtet sich auch das Vorgehen in diesen einzelnen Phasen nach dem Modell.

Auch die (formative oder summative) Evaluation beginnt mit einer Analysephase. Darauf muß das Vorgehen geplant, die Methoden müssen entwickelt und implementiert und das Abschlußergebnis muß bewertet werden.

Im folgenden werden Möglichkeiten, Vorgehensweisen und Probleme bei den einzelnen Schritten der systematischen Evaluation detaillierter dargestellt.

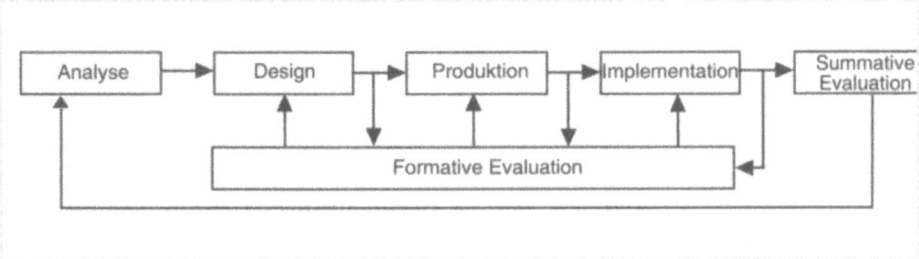

Abb. 4.1: Systematisches Vorgehen bei der Evaluation einer Schulungsmaßnahme bzw. eines Trainings nach dem Instruktions-Design-Modell

4.1.1 Analyse

Die Analysephase bei der Evaluation dient der Erfassung der Schulungs- bzw. Trainingsinhalte und der Definition von Kriterien für den Ist- und den Soll-Zustand.

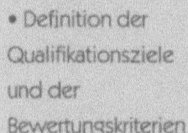

• Definition der Qualifikationsziele und der Bewertungskriterien

Um den Erfolg einer Schulungsmaßnahme bzw. eines Trainings bewerten zu können, ist es unerläßlich, daß die Qualifikations-, Lehr- oder Lernziele der Schulungsmaßnahme bzw. des Trainings explizit formuliert sind (Soll-Zustand). Diese Qualifikationen können sich auf einen oder mehrere der drei Lernzielbereiche (kognitiv, affektiv und psychomotorisch, vgl. Abschn. 2.2) beziehen. Es ist wichtig, die jeweiligen Ziele so zu formulieren, daß ein späterer Abgleich mit dem tatsächlich erreichten Schulungserfolg (Ist-Zustand) möglich ist. Es müssen aber ebenso Kriterien formuliert werden, anhand derer der Schulungserfolg hinsichtlich der beabsichtigten Ziele beurteilt werden kann.

Um bestimmen zu können, inwieweit diese Kriterien durch die Teilnahme an der Schulung bzw. an dem Training erfüllt werden konnten, sollten sie, genau wie die Ziele, als beobachtbares Verhalten formuliert werden. Dieses beobachtbare Verhalten kann u. a. das Ausführen einer Arbeitsprobe oder aber das Lösen einer bestimmten Anzahl von (u. U. vorher festgelegten) Aufgaben sein.

4.1.2 Design

Wenn man sich über die Ziele der Schulung im klaren ist und Kriterien für die Bewertung des Schulungserfolgs definiert hat, muß als nächstes der Rahmen und die Art der Durchführung der Evaluation festgelegt werden. Dabei geht es darum, alle relevanten Faktoren und Fehlerquellen, die auf den Schulungserfolg einen Einfluß haben könnten, mit zu erheben bzw. zu kontrollieren und sicherzustellen, daß der gemessene Schulungserfolg auch wirklich auf die durchgeführte Schulungsmaßnahme bzw. auf das Training zurückführbar ist. Idealerweise sollte ein experimentelles Evaluationsdesign verwendet werden.

Im einfachsten Falle sähe ein experimentelles Evaluationsdesign so aus, daß man eine Gruppe von Schulungsteilnehmern mit einer anderen Gruppe vergleicht, die nicht an der Schulung teilgenommen hat (Kontrollgruppendesign). Es wird dann mit statistischen Methoden überprüft, ob sich diese beiden Gruppen in ihrer Gruppenleistung bezüglich der verlangten Kriterien bedeutsam unterscheiden.

Hierbei wird deutlich, daß Überlegungen zum Design der Evaluation schon sehr früh, d.h. in der Implementationsphase der Schulungsmaßnahme bzw. des Trainings erfolgen sollten. Vor Durchführung einer neuen Schulung bzw. eines Trainings ist es noch möglich, eine zufällige Gruppenzuteilung z.B. auf die verschiedenen Schulungsbedingungen bzw. auf eine Schulungs- und eine Kontrollgruppe vorzunehmen. Die zufällige Zuteilung der Gruppen ist ein wichtiges Kennzeichen eines experimentellen Designs.

Erfolgt die Evaluation, nachdem eine Schulungsmaßnahme bzw. ein Training bereits durchgeführt wurde, ist eine zufällige Gruppenzuteilung in der Regel nicht mehr möglich. In diesem Falle kann ein sogenanntes quasiexperimentelles Evaluationsdesign verwendet werden, bei dem bereits bestehende Gruppen (z.B. eine Gruppe von Mitarbeitern, die bereits geschult wurde und eine Gruppe, die noch nicht geschult wurde) miteinander verglichen werden. Die Kontrollierbarkeit von Faktoren, die möglicherweise einen Einfluß auf die Gruppenzusammensetzung und damit auch auf die Gruppenleistung haben, ist bei dieser Variante allerdings geringer.

Ein nächster Punkt ist die Auswahl geeigneter Meßmethoden. Diese richtet sich nach den in der Analysephase festgelegten Kriterien.

Bei der Bewertung des Schulungs- bzw. Trainingserfolgs wird oftmals auf eine Definition bzw. systematische Erhebung von Kriterien verzichtet. Man begnügt sich dann vielmehr mit sehr einfachen, für Selbst- und Fremdtäuschung aber besonders prädestinierten Verfahren (z.B. Abschlußfrage an die Teilnehmer, ob der Kurs gefallen hat) oder verläßt sich ganz auf seinen subjektiven Eindruck. Dieses Vorgehen erschwert jedoch die Verbesserung betrieblicher Aus- und Weiterbildung.[3] Die Frage

• Experimentelles Evaluationsdesign

• Quasiexperimentelles Evaluationsdesign

• Messung der definierten Kriterien

• Arten von
Meßinstrumenten

• Konstruktion eines
inhaltsvaliden
Meßinstruments

nach der tatsächlichen Lehrwirksamkeit in dem unternehmensspezifischen Kontext bleibt bei einem solchen Vorgehen unbeantwortet.

Der Einsatz von Standardfragebögen zur Bestimmung des Schulungs- bzw. Trainingserfolgs wäre hier zufriedenstellender, ist aber oft unzureichend, weil damit firmenspezifische Besonderheiten nicht erfaßt werden können. Somit ist im Prinzip häufig eine spezifische Neu- bzw. Weiterentwicklung eines Meßinstruments erforderlich, die kriteriumsorientiert erfolgt und auf die firmenspezifischen Besonderheiten abgestimmt ist.

Je nachdem, in welchem der drei Lernzielbereiche (kognitiv, affektiv, psychomotorisch, vgl. Abschn. 2.2) der Schulungserfolg gemessen werden soll, sind unterschiedliche Arten von Meßinstrumenten zur Erfassung des Schulungserfolgs geeignet.

Zur Messung des kognitiven Schulungserfolgs bietet sich der Einsatz von Fragebögen an. Die Teilnehmer bearbeiten einen Satz von Aufgaben, in denen das in der Schulung erworbene Wissen und andere Fähigkeiten getestet werden. Soll durch die Schulung eine Einstellung vermittelt oder verändert werden (affektiver Bereich), eignen sich Beurteilungsskalen, auf denen die Teilnehmer angeben können, inwieweit sie mit bestimmten Aussagen und Meinungen übereinstimmen. Um psychomotorische Qualifikationen zu messen, eignet sich das Ausführen von Arbeitsproben, bei der die Teilnehmer beobachtet werden.

4.1.3 Produktion

In der Produktionsphase der Evaluation werden die Meßinstrumente, soweit noch nicht vorhanden, konstruiert.

Da das jeweilige Meßinstrument zur Messung des Schulungs- bzw. Trainingserfolgs entwickelt wird, müssen die in ihm enthaltenen Fragen, Aussagen und Aufgaben repräsentativ für die Ziele und Inhalte der jeweiligen Schulung bzw. des Trainings sein. Man spricht in diesem Zusammenhang von Inhaltsvalidität. Um die Inhaltsvalidität zu gewährleisten, ist bei der Aufgabenkonstruktion ein systematisches zielgerichtetes Vorgehen notwendig. Die Schritte bei der Konstruktion eines inhaltsvaliden Meßinstruments werden im folgenden beschrieben.

Zunächst sollte bei der Konstruktion der Aufgabentyp festgelegt werden. In Abb. 4.2 sind verschiedene mögliche Typen nach der Art ihrer Beantwortung aufgelistet. Die Art der Beantwortung ist für die Durchführung, die Auswertung und Ökonomie eines Meßinstruments bedeutsam. Für eine detailliertere Beschreibung mit Beispielen sowie eine Diskussion der Vor- und Nachteile der verschiedenen Antworttypen sei an dieser Stelle auf die weiterführende Literatur[4] verwiesen.

• Festlegung der Aufgabentypen

Der Vorteil des Aufgabentyps mit freier Beantwortung liegt darin, daß der Beantwortende mit eigenen Worten sein Wissen wiedergeben kann. Der Nachteil liegt allerdings in der aufwendigeren Auswertung.

Bei Antworttypen in gebundener Form ist es Aufgabe des Beantwortenden, die richtige Antwort zu erkennen und gegebenenfalls richtig zuzuordnen. Es ist offensichtlich, daß bei Richtig-Falsch-Aufgaben die Ratewahrscheinlichkeit sehr hoch liegt, da nur zwei Alternativen zur Auswahl stehen. Am flexibelsten sind Mehrfachwahlaufgaben (eine oder mehrere richtige Antworten, zumeist mehrere falsche Antwortalternativen), die bei sorgfältiger Konstruktion durchaus komplizierte und subtile intellektuelle Prozesse vieler Art für ihre Beantwortung erfordern können. Aufgaben mit gebundener Antwortform sind aufwendiger in der Konstruktion als Aufgaben mit freier Antwortform, jedoch einfacher bei der Auswertung

gebundene Antwortform	freie Antwortform
– Richtig-Falsch-Antwort	– Ergänzungsaufgaben
– Mehrfachwahl	– Kurzaufsatz
– Zuordnungsaufgaben	
– Umordnungsaufgaben	
– Begriffslisten	

Abb. 4.2: Auflistung der nach der Art ihrer Beantwortung zu unterscheidenden Aufgabentypen

• Festlegung der
repräsentativen
Aufgabeninhalte

zu handhaben, weil diese in standardisierter Form vorgenommen werden kann. Dadurch wird es auch einfacher, die Antworten verschiedener Personen miteinander zu vergleichen.

Im nächsten Schritt bei der systematischen Konstruktion eines inhaltsvaliden Meßinstruments werden die Inhalte, die die Aufgaben abdecken sollen, festgelegt. Um das Meßinstrument ökonomisch zu gestalten, ist es wichtig, die Inhalte so einzugrenzen, das bei angemessenem Umfang die Inhaltsvalidität gewährleistet ist.

Bei der Festlegung der repräsentativen Inhalte ist es sinnvoll, das Niveau, auf dem die gewünschte Qualifikation liegen soll, bei der Aufgabenkonstruktion mitzubeachten. Wird z.B. erwartet, daß der Schulungsteilnehmer nach der Schulung einen bestimmten Lehrinhalt lediglich kennt, oder soll er ihn auch auf neue Situationen anwenden können?

• Konstruktion von
Aufgaben anhand
einer Verhaltens-
Inhalts-Matrix

Zur Systematisierung der Konstruktion von Aufgaben, bei der sowohl repräsentative Inhalte als auch das Niveau der zu vermittelnden Qualifikationen berücksichtigt werden, kann man beispielsweise eine Verhaltens-Inhalts-Matrix verwenden (Abb. 4.3). In den Spalten sind die relevanten Inhalte aufgeführt, in den Zeilen das Verhalten als gewünschtes Qualifikationsniveau, das durch die Schulung bzw. das Training erlangt werden soll. Für jede der Zellen der Matrix werden eine oder mehrere Fragen bzw. Aussagen formuliert.

• Festlegung des
Qualifikationsniveaus
anhand von
Lernzieltaxonomien

Zur Festlegung des Qualifikationsniveaus, das in einem bestimmten Inhaltsbereich angestrebt werden soll, empfiehlt sich die Verwendung von Lehrzieltaxonomien. Im

Verhalten	Inhalt 1	Inhalt 2	Inhalt 3	Inhalt 4	...
Wissen					
Verstehen					
Anwenden					
...					

Abb. 4.3: Verhaltens-Inhalts-Matrix zur systematischen Konstruktion von Aufgaben

folgenden werden die Taxonomien für den kognitiven und den affektiven Qualifikationsbereich dargestellt.

Die Lernzieltaxonomie für den kognitiven Qualifikationsbereich gliedert sich in sechs Stufen und ist nach dem Grad der Komplexität geordnet. Sie reicht vom reinen Kennen bzw. Wissen eines Begriffes oder Inhaltes über das Anwenden von Inhalten bis hin zum Beurteilen von Sachverhalten.

Taxonomie zunehmender intellektueller Anforderungen im kognitiven Qualifikationsbereich[5]:

1. Wissen	4. Analysieren
2. Verstehen	5. Sythetisieren
3. Anwenden	6. Bewerten

Die Lernzieltaxonomie für den affektiven Bereich gliedert sich in fünf Stufen und ist nach dem Grad der Internalisierung bzw. Verinnerlichung geordnet. Sie reicht vom reinen Beachten bzw. zur Kenntnis nehmen einer Sache über das Werten bis hin zur Übernahme einer Werthaltung bzw. dem Aufbau einer eigenen Weltanschauung.

Taxonomie zunehmender intellektueller Anforderungen im affektiven Qualifikationsbereich[6]:

1. Aufnehmen	4. Wertordnung bilden
2. Reagieren	5. Bestimmtsein durch Werte
3. Werten	

Bei der konkreten Formulierung von Fragen und Aussagen muß auf Eindeutigkeit geachtet werden. Sie sollten nicht zu lang oder zu kompliziert sein und keine doppelten Verneinungen enthalten.

Bei Mehrfachwahlaufgaben stellt sich das Problem der Formulierung der falschen Antwortalternativen. Diese dürfen einerseits nicht zu abwegig, andererseits aber der richtigen Antwort auch nicht zu ähnlich sein, so daß die

• Formulierung von Aufgaben

Verwechslungsgefahr zu groß ist. Die Inhaltsvalidität der Aufgaben sollte auch nach der Konstruktion der falschen Antwortalternativen gewährleistet bleiben (Vorschläge zur Konstruktion von geeigneten Antwortalternativen finden sich in der Literatur[7]).

4.1.4 Implementation

• Anwendung des Meßinstruments

Nach Auswahl und gegebenenfalls Neukonstruktion oder Erweiterung eines geeigneten Meßinstruments wird die Bestimmung des Schulungs- bzw. Trainingserfolgs anhand dieses Meßinstruments durchgeführt. Dabei sollten Rahmenbedingungen, die für einen weiteren effektiven und lernförderlichen Einsatz der Schulung bzw. des Trainings wichtig sein könnten, mit erhoben werden.

4.1.5 Summative Evaluation

• Evaluation: Vergleich von Ist-Zustand und Soll-Zustand

Bei der Evaluation wird überprüft, inwieweit die gemessenen Schulungsergebnisse („Ist-Zustand") mit den geforderten, vorher festgelegten Kriterien („Soll-Zustand") übereinstimmen.

Nach Abschluß dieser Bewertung kann auf deren Grundlage der weitere Einsatz geplant bzw. verbessert oder eine Entscheidung über den weiteren Einsatz einer Schulung getroffen werden. In diesem Schritt stehen Kosten-Nutzen-Abwägungen im Vordergrund.

• Darstellung der systematischen Evaluation anhand von zwei Praxisbeispielen

Nach dieser Darstellung des systematischen Vorgehens bei der Evaluation werden im folgenden zwei Praxisumsetzungen beispielhaft vorgestellt, in denen eine systematische Evaluation zur Sicherstellung der Schulungs- und Trainingsqualität unter Einsatz computerbasierter Lernmedien durchgeführt wurde. Beide Evaluationen fanden im Rahmen des LIQUA-Projektes statt und bauen aufeinander auf.

Im ersten Umsetzungsbeispiel wurde der Einsatz eines Interaktiven Videos (computerbasiertes Lernsystem mit Video-Einbindung) zum Thema SPC (Statistical-Process-Control) bewertet. Dabei lag der Schwerpunkt einerseits auf der Evaluation verschiedener Nachschulungsvarianten und andererseits auf der Identifikation von Rahmenbedingungen für einen effektiven und lernförderlichen Einsatz.

Das zweite Umsetzungsbeispiel greift ein Ergebnis aus dem ersten auf. Sein Schwerpunkt liegt auf der Evaluation von Gestaltungsmaßnahmen eines computerbasierten Trainings zum Thema SPC. Bei der Evaluation des Interaktiven Videos wurden von den Teilnehmern der fehlende Anwendungsbezug bzw. die fehlenden arbeitsplatzspezifischen Beispiele angemerkt. Dies schlug sich bei den empirischen Ergebnissen in geringerem Lernerfolg nieder. Dieses Ergebnis wurde als Ausgangspunkt für die Entwicklung eines Trainingsprogramms zum Thema SPC herangezogen, indem versucht wurde, die Trainingsinhalte möglichst gut an den beruflichen Kontext der Schulungsteilnehmer anzupassen.

4.2 Qualität durch zielorientierte Einsatzplanung und Evaluation am Beispiel eines Interaktiven Videos über „Statistische Prozeßregelung"

Im folgenden Umsetzungsbeispiel wurde zur Sicherstellung der Qualität bei einer Schulung unter Einsatz computerbasierter Lernmedien eine systematische Evaluation durchgeführt. Die Evaluation bezog sich zum einen auf die Bewertung des Schulungserfolgs, zum anderen auf die Identifikation bzw. Bewertung lernrelevanter Einflußfaktoren, anhand derer eine zielorientierte Einsatzplanung der Schulung vorgenommen werden kann.

Die Evaluation fand in einem Ersatzteillager eines Automobilunternehmens statt. Dort werden seit 1991 alle Mitarbeiter im Bereich Qualitätsmanagment geschult. Mit Hilfe eines Interaktiven Videos (IV), das auf dem Markt erhältlich ist[8], soll grundsätzliches Wissen über den Einsatzbereich und die Anwendung von SPC vermittelt werden.

4.2.1 Beschreibung des Evaluationsgegenstandes: die durchgeführten SPC-Schulungen und potentiell lernrelevante Einflußfaktoren

• Durchgeführte Schulungen: Grundkurs und Nachschulungen

Die Schulung zu SPC besteht aus dem IV-Grundkurs, an dem alle Mitarbeiter teilnehmen, sowie aus zwei Varianten von Nachschulungen.

Der IV-Grundkurs dient der Einführung in das Themengebiet SPC. Das Interaktive Video (IV), das zur Schulung eingesetzt wird, besteht aus fünf Bildplatten mit je einer Lektion. Die Bearbeitung einer Lektion dauert ca. 1 1/2 Stunden. Die Mitarbeiter bearbeiten in Gruppen von 3-6 Personen zusammen mit einem betriebsinternen Trainer eine Bildplatte pro Tag.

Neben dem IV-Grundkurs werden in dem Unternehmen zwei Varianten von Nachschulungen zur Vertiefung der SPC-Inhalte durchgeführt. Für einen Teil der Mitarbeiter werden die IV-Inhalte in einer verkürzten Version wiederholt (Refreshing), daneben findet zusätzlich bzw. alternativ dazu über 3 volle Tage eine arbeitsplatznahe Vertiefung im Seminar unter Leitung eines externen Trainers statt (Seminar). Der Trainer, ein selbständiger Unternehmensberater, hat sich auf die Schulung von SPC spezialisiert und verfügt über ein eigenes Lehrkonzept.

Das Unternehmen erwartet sich speziell von dem Seminar die besondere Vertiefung der arbeitsplatzrelevanten Inhalte und Unterstützung bei der praktischen Umsetzung von SPC.

Mit den SPC-Schulungen werden sowohl kognitive als auch affektive Qualifikationziele (vgl. Abschn. 4.1.3) angestrebt.

• Angestrebte Qualifikationsziele

Die kognitiven Qualifikationsziele bestehen darin, daß die Mitarbeiter, je nach ihrer Tätigkeit, bestimmte SPC-Inhalte entweder lediglich kennen oder zusätzlich auch anwenden können.

Als affektives Qualifikationsziel wird angestrebt, daß die Mitarbeiter eine positive Einstellung gegenüber SPC haben und den Einsatz dieser Methode im Unternehmen befürworten.

• Bewertungskriterien

Die Bewertungskriterien, die eine Aussage darüber zulassen sollen, inwieweit die oben genannten Qualifikationsziele durch die Teilnahme an der Schulung erreicht werden konnten, wurden auf der Basis der Qualifikationsziele definiert. Folglich gibt es also Kriterien für die Bewertung der Schulungsergebnisse sowohl im kognitiven als auch im affektiven Qualifikationsbereich. Diese Überlegungen wurden bei der Entwicklung des Evaluationsinstrumentes mit berücksichtigt (für eine genaue Beschreibung der verwendeten Bewertungskriterien siehe Abschn. 4.2.4.4).

Um ein möglichst differenziertes Bild bei der Bewertung des Schulungserfolgs zu erlangen, wurden neben den verschiedenen Schulungsformen weitere Einflußfaktoren berücksichtigt, die möglicherweise eine Rolle im Hinblick auf die Erreichung der Qualifikationsziele spielen und daher für einen weiteren Einsatz von SPC-Schulungen in dem Unternehmen relevant sein könnten.

Bei diesen Einflußfaktoren handelte es sich um

- das Alter der Mitarbeiter
- ihre Akzeptanz von Computern, speziell zu Lernzwecken
- ihre Erfahrung mit der Anwendung von SPC am Arbeitsplatz

Diese drei Faktoren wurden ausgewählt, weil ihr Einfluß auf das Lernen in empirischen Untersuchungen bestätigt werden konnte.[9]

4.2.2. Ziel der Evaluation

Die Evaluation hatte zum Ziel, dem Unternehmen als Entscheidungshilfe zu dienen bei der Frage, wie die SPC-Schulung in Zukunft durchgeführt werden soll und ob bzw. wieviel die angebotenen Nachschulungen zur Erreichung der Qualifikationsziele beitragen können. Daneben interessierte, ob die berücksichtigten Einflußfaktoren eine Rolle im Hinblick auf den Lernerfolg spielen.

Auf der Basis psychologischer Theorien wurden Überlegungen zur Effektivität der durchgeführten Nachschulungen sowie zu einem möglichen Einfluß der oben genannten Faktoren auf den Erwerb von Wissen bzw. auf den Erwerb einer positiven Einstellung gegenüber SPC

• Potentiell lernrelevante Einflußfaktoren

• Zielsetzung der Evaluation

• Ableitung von Vorhersagen aufgrund theoretischer Grundlagen

abgeleitet. Es handelt sich dabei u.a. um Lerntheorien, die den Erwerb, die Aufrechterhaltung sowie das Erinnern von Wissen, Fertigkeiten und Einstellungen erklären (z.B. ACT-Modell von Anderson[10]).

Es wurde also davon ausgegangen, daß die Art der Nachschulung sowie die drei Einflußfaktoren Alter, Computerakzeptanz und Erfahrung mit der Anwendung von SPC am Arbeitsplatz die Qualität der SPC-Schulung beeinflussen.

4.2.3   Design der Evaluation

Für die Durchführung der Evaluation wurde das in Abb. 4.4 dargestellte Design angewendet.

Die Mitarbeiter wurden vier Gruppen zugeordnet, je nachdem, welche SPC-Schulungen sie besucht hatten. Die Einteilung konnte nicht nach dem Zufallsprinzip erfolgen, sondern spiegelt vielmehr die zum Zeitpunkt der Untersuchung bestehende Schulungssituation wider. Es handelt sich somit um einen quasiexperimentellen Ansatz.

• Quasiexperimentelles Evaluationsdesign

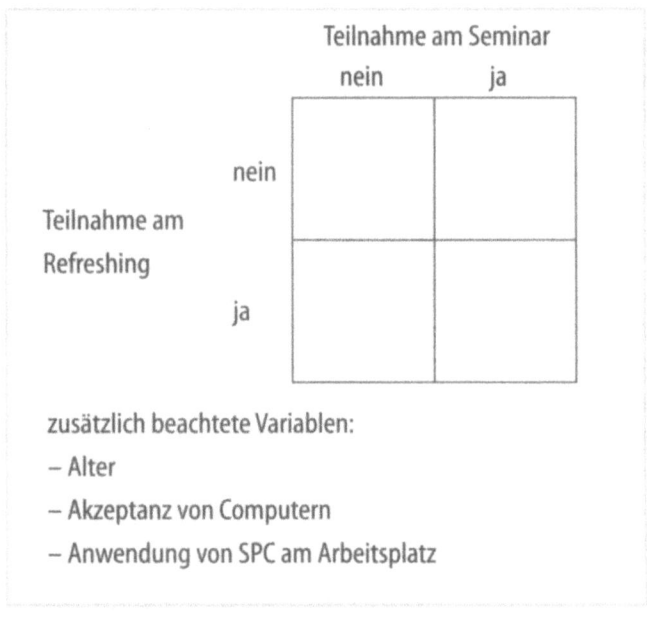

zusätzlich beachtete Variablen:

– Alter

– Akzeptanz von Computern

– Anwendung von SPC am Arbeitsplatz

Abb. 4.4: 2x2-quasiexperimentelles Design der Untersuchung

4.2.4   Beschreibung des verwendeten Evaluationsinstrumentes

Um bewerten zu können, ob und inwieweit sowohl die kognitiven als auch die affektiven Qualifikationsziele mit den Schulungen erreicht werden konnten, wurde als Evaluationsinstrument ein Fragebogen entwickelt, der drei Teile umfaßt. Er besteht aus einem Wissensteil (zur Messung der kognitiven Qualifikation), einem Einstellungsteil (zur Messung der affektiven Qualifikation) und einem Zusatzfragebogen, mit dem u.a. die oben genannten Einflußfaktoren erhoben wurden.

● Inhaltsvalider Fragebogen

Wie bereits beschrieben (vgl. Abschn. 4.1), muß die Konstruktion eines Evaluationsinstrumentes ziel- und inhaltsorientiert erfolgen, damit das Evaluationsinstrument auch wirklich verwertbare Ergebnisse liefert, anhand derer der Schulungserfolg bewertet werden kann.

Da ein inhaltsvalides und zielorientiertes Evaluationsinstrument für die Qualität der Evaluation von außerordentlich großer Bedeutung ist, wird die Konstruktion des hier verwendeten Fragebogens, der die Inhalte des IVs sowohl im kognitiven als auch im affektiven Bereich inhaltsvalide abdeckt, ausführlicher beschrieben.

4.2.4.1 Konstruktion des Wissensteils

Der erste Teil des Fragebogens dient der Messung der kognitiven Lernergebnisse bzw. des Wissens über SPC.

● Messung der kognitiven Qualifikationsziele

Die Auswahl und Konstruktion der Aufgaben des Wissensteils erfolgte in Anlehnung an Klauer[11]. Ziel dabei war, den Umfang des Fragebogens möglichst gering zu halten und gleichzeitig die Inhaltsvalidität zu gewährleisten (vgl. Abschn. 4.1). Dazu muß die Auswahl der Aufgabeninhalte repräsentativ sein für die Gesamtheit der in der Schulung vermittelten Inhalte.

Im folgenden wird das allgemeine Vorgehen bei der Auswahl von repräsentativen Aufgabeninhalten nach dem Verfahren von Klauer kurz skizziert (vgl. Abb. 4.5).

● Verfahren zur Auswahl repräsentativer Aufgaben

Im ersten Schritt werden alle Inhalte identifiziert, die in einer Schulung vermittelt werden sollen. Dann entscheidet man sich für einen Aufgabentyp, nach dem die Inhalte

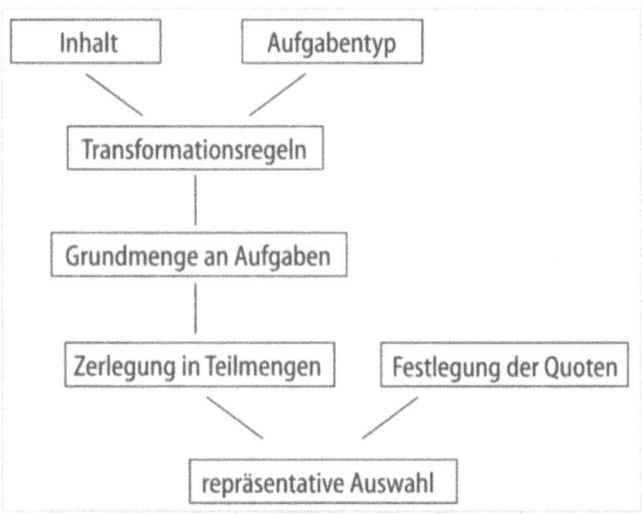

Abb. 4.5: Bildung inhaltsvalider Aufgaben

abgefragt werden sollen (vgl. Abschn. 4.1). Im nächsten
Schritt werden die Inhalte alle nach dem gleichen Prinzip
(anhand sogenannter Transformationsregeln) in den ausgewählten Aufgabentyp übertragen. In den folgenden
Schritten geht es dann darum, eine Anzahl von Aufgaben
auszuwählen, die für die Gesamtzahl aller möglichen Aufgaben repräsentativ ist. Eine Möglichkeit liegt in einer
Quotenbildung. Dabei wird die Grundmenge aller möglichen Aufgaben in Teilmengen aufgegliedert. Anschließend werden die Quoten für diese Teilmengen festgelegt.
Die Bildung der Teilmengen kann anhand von bestimmten Aufgabenmerkmalen erfolgen, für die angenommen
wird, daß sie Unterschiede in der Lösungswahrschein-
lichkeit für die Aufgaben zur Folge haben.

• Umsetzung am
Beispiel des
Interaktiven Videos

In dem hier dargestellten Beispiel wurden die Inhalte
des IV-Grundkurses zur Konstruktion der Aufgaben herangezogen. Für jede der fünf Bildplatten des IVs wurden
zwei Schwerpunktthemen ausgewählt. Dies geschah anhand der Themenübersicht aus dem Handbuch des IVs
und anhand von Notizen aus einer vorab durchgeführten
Schulungsbeobachtung. Als Aufgabentyp wurde die
Mehrfachwahlaufgabe gewählt (vgl. Abschn. 4.1.3).

Zur Konstruktion der Falschantworten wurden entweder zu der richtigen Aussage gegensätzliche Aussagen

(Gegensatzmethode) oder aber Aussagen, die zu den Schulungsinhalten gehören, aber in einem anderen Kontext richtig sind (Kontextmethode), gewählt.[12]

Die Bildung der Aufgabenteilmengen, in denen letztendlich die Quoten festgelegt wurden, orientierte sich im vorliegenden Beispiel an Kriterien, die aus den kognitiven Qualifikationszielen abgeleitet wurden. Diese Kriterien lassen sich an die Taxonomie der kognitiven Lernziele[13] anlehnen (vgl. Kap. 4.1). Die Teilmengen werden im folgenden näher beschrieben.

Wie bereits erwähnt, bestehen die kognitiven Qualifikationsziele der SPC-Schulungen darin, daß die Mitarbeiter, je nachdem, welche Tätigkeit sie ausführen, bestimmte SPC-Inhalte entweder lediglich kennen oder zusätzlich in ihrer Tätigkeit anwenden können sollen. Hier werden unterschiedliche Fähigkeiten angesprochen.

Von einem Teil der Mitarbeiter, die in ihrem Tätigkeitsbereich nicht unmittelbar mit SPC zu tun haben, wird erwartet, daß sie nach ihrer SPC-Schulung über ein allgemeines Wissen über SPC verfügen. Dazu gehört, die Begriffe, Methoden und Anwendungsgebiete von SPC zu kennen. Mitarbeiter, die SPC direkt in ihrer Tätigkeit anwenden, sollen dagegen über ein spezielleres Wissen zu SPC verfügen und in der Lage sein, SPC auf ganz verschiedene Situationen anwenden zu können.

Diese Unterschiede in den verlangten Fähigkeiten spiegeln sich in den Aufgabenteilmengen „Wissen" und „Anwenden" im Wissensteil des Evaluationsfragebogens wider.

Daneben wurde bei der Konstruktion der Aufgaben ein weiteres Merkmal variiert, das ebenfalls aus den Qualifikationszielen ableitbar ist. Dieses Merkmal betrifft die Spezifität von Iteminhalten, auf dessen Basis die zwei weiteren Aufgabenteilmengen „Allgemein" und „Speziell" gebildet wurden.

Zur Kategorie „Allgemein" gehören Aufgaben mit Inhalten, die in dem IV-Kurs ausführlich behandelt wurden. Die Kategorie „Speziell" enthält Aufgaben, zu deren Lösung bestimmte Inhalte entweder auf einem höheren Abstraktionsniveau („x ist ein...") oder auf einem tieferen Komplexionsniveau („x hat ein...") betrachtet werden

• Bildung repräsentativer Aufgaben

müssen. Weiterhin gehören in diese Kategorie Aufgaben, deren Inhalte im IV-Kurs nur am Rande erwähnt wurden und nur für sehr spezielle SPC-Anwendungen von Interesse sind.

Es wurden also vier Aufgabenteilmengen gebildet, zu denen dann pro Schwerpunktthema eine bestimmte Anzahl von Aufgaben (quotiert) formuliert wurde. Im folgenden sind Beispiele für Aufgaben aus den vier Teilmengen aufgeführt:

····⟩ *Aufgabe aus der Teilmenge „Wissen-Allgemein":*

> *– Welches ist die richtige Definition für den Mittelwert?*
> 1. *Den Mittelwert erhält man, indem man die Summe aller Werte bildet.*
> 2. *Den Mittelwert erhält man, indem man von der Summe aller Werte die Anzahl der Werte abzieht.*
> 3. *Den Mittelwert erhält man, indem man die Summe aller Werte durch die Anzahl der Werte teilt.*
> *(Antwort 3 ist richtig)*

····⟩ *Aufgabe aus der Teilmenge „Wissen-Speziell":*

> *– Welche beiden attributiven Regelkarten setzen gleichbleibende Stichprobenumfänge voraus?*
> 1. *p- und np-Karte*
> 2. *c- und u-Karte*
> 3. *c- und np-Karte*
> 4. *p- und u-Karte*
> *(Antwort 3 ist richtig)*

····⟩ *Aufgabe aus der Teilmenge „Anwenden-Allgemein":*

> *– Um welche Datentypen handelt es sich bei den folgenden Situationen?*
> *a) die Sauerstoffmenge, die ein Taucher pro Atemzug verbraucht, wird gemessen.*
> *b) ein Postbote registriert alle Briefe, die nicht frankiert sind.*
> 1. *a) variabel   b) attributiv*
> 2. *a) variabel   b) variabel*
> 3. *a) attributiv   b) variabel*
> 4. *a) attributiv   b) attributiv*
> *(Antwort 1 ist richtig)*

> *....⟩ Aufgabe aus der Teilmenge „Anwenden-Speziell":*
> – *Im Lager eines Bekleidungsherstellers müssen viele*
>   *Kleidungsstücke aussortiert werden, weil die schüt-*
>   *zende Plastikfolie, in die sie eingeschweißt sind, zer-*
>   *rissen ist. Die Kleidung ist dann oftmals verschmutzt*
>   *oder zerrissen.*
>   *Durch den Einsatz einer Regelkarte will man nun fest-*
>   *stellen, wieviele Kleidungsstücke durch die defekte Fo-*
>   *lie zu unverkäuflicher Ware werden. Welche Regelkarte*
>   *eignet sich für dieses Vorhaben am besten?*
> *1. die $\bar{x}$ / R-Karte*
> *2. die u-Karte*
> *3. die np-Karte*
> *(Antwort 3 ist richtig)*

Der Wissensteil des Fragebogens besteht letztendlich aus 40 Aufgaben, die für die Gesamtzahl aller möglichen Aufgaben zu den Inhalten des IVs repräsentativ sind. In den Aufgaben werden aufgrund der Teilmengenbildung sowohl das Wissensniveau, daß zur Aufgabenlösung nötig ist, als auch die Spezifität der Inhalte variiert.

Der Vorteil einer solch detaillierten Vorgehensweise ist, daß ein auf diese Weise konstruierter Fragebogen genauere Aussagen darüber zuläßt, auf welchem Wissensniveau sich ein Mitarbeiter, der den Fragebogen bearbeitet hat, befindet. Es ist prüfbar, ob er zu einem Inhalt lediglich über die Grundkenntnisse verfügt oder ob er in der Lage ist, Zusammenhänge zu erkennen, Details zu erinnern oder seine Kenntnisse auf neue Situationen anzuwenden.

• Vorteil dieser Aufgabenkonstruktion

4.2.4.2 Konstruktion des Einstellungsteils

Der zweite Teil des Fragebogens enthält Fragen und Aufgaben zur Erhebung der Einstellung gegenüber SPC. Er dient also der Messung der affektiven Lernergebnisse. Er wurde in Anlehnung an die Taxonomie der affektiven Lernziele konstruiert.[14] Die Aufgaben und Fragen stellen eine Operationalisierung der ersten Stufe „Aufnehmen" und der dritten Stufe „Werten" dar (vgl. auch Abschn. 4.1.3). Wie bereits beim Wissenstest beschrieben, wurden

• Messung der affektiven Qualifikationsziele

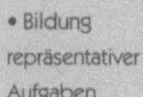

• Bildung
repräsentativer
Aufgaben

zur Gewährleistung der Inhaltsvalidität die Inhalte der fünf Bildplatten analysiert und der Konstruktion der Aufgaben und Fragen zugrunde gelegt. Die erste Bildplatte ist am stärksten repräsentiert, da sie die meisten affektiven Lerninhalte enthält.

Es wurden verschiedene Aufgabentypen realisiert:

Für Aufgaben der Stufe „Aufnehmen" werden zu verschiedenen Themengebieten von SPC Begriffslisten präsentiert. Die Mitarbeiter, die den Einstellungsteil bearbeiteten, hatten die Aufgabe, alle Begriffe, die ihrer Meinung nach mit dem jeweiligen Themengebiet etwas zu tun haben, anzukreuzen. Die Begriffe wurden bei der Konstruktion des Fragebogens so ausgewählt, daß sie alle, mehr oder weniger offensichtlich, mit diesem Themengebiet etwas zu tun haben, es also keine „falschen" Begriffe gibt. Es wird davon ausgegangen, daß Personen, bei denen die Stufe „Aufnehmen" stärker ausgeprägt ist, mehr Begriffe ankreuzen als Personen mit geringerer Ausprägung auf dieser Stufe.

Daneben gibt es Aufgaben in Form von Fragen. Für ihre Beantwortung gibt es jeweils eine siebenstufige Skala, auf der die persönliche Einschätzung angegeben werden kann. In einer Aufgabe wird beispielsweise danach gefragt, wie wichtig die Information der Mitarbeiter, z. B. durch Aushänge im Betrieb, für den Erfolg von SPC ist. Bei dieser Aufgabe wird angenommen, daß mit ihr eine generelle Bereitschaft, Informationen zu SPC im Betrieb aufzunehmen, erfaßt wird. Ein eher allgemeines Interesse am Thema SPC soll eine andere Aufgabe mit der Frage, wieviel Zeit pro Woche die Mitarbeiter sich in ihrer Freizeit mit dem Thema SPC beschäftigen würden, erfassen.

Die Stufe „Werten" wird im Fragebogen mit Hilfe von Bewertungsaufgaben erfaßt. Dabei werden Situationen aus dem betrieblichen Alltag dargestellt, zu denen jeweils zwei Verhaltensalternativen präsentiert werden. Diese Verhaltensalternativen sollen anhand einer siebenstufigen Skala bewertet werden. Die Ausprägungen der Skala reichen von „stimme zu" bis „stimme nicht zu". Die Verhaltensalternativen wurden so ausgewählt, daß der Ausdruck der Zustimmung bzw. der Ablehnung als Indikator für die Bewertung von SPC dient.

Es wird davon ausgegangen, daß die Bevorzugung einer Alternative, die mit den Prinzipien von SPC im Einklang steht, die Stufe „Werten" repräsentiert. Es wurde bei der Konstruktion beachtet, daß pro Situation nicht immer nur zwei Alternativen auftreten, die bezüglich der Bewertung von SPC zueinander im Widerspruch stehen. In diesem Fall wäre das Muster, daß jeweils eine Alternative mit Zustimmung, die andere mit Ablehnung anzukreuzen ist, zu leicht zu durchschauen.

Im folgenden sind Beispiele für Aufgaben der beiden Lernzielstufen wiedergegeben.

• Beispiele für die Aufgaben

····⟩ *Beispielaufgabe zur Stufe „Aufnehmen":*

Worauf wirkt sich SPC ihrer Meinung nach in Ihrer Firma aus?
☐ *Reduzierung der Kosten*
☐ *Entlastung bei der Arbeit*
☐ *mehr Eigenverantwortung der Mitarbeiter*
☐ *mehr Ordnung und Sauberkeit am Arbeitsplatz*
☐ *besseres Verhältnis der Abteilungen untereinander*
☐ *fehlerfreie Produkte*
(im Sinne einer positiven Einstellung zu SPC sollten möglichst alle Antworten angekreuzt sein)

····⟩ *Beispielaufgabe zur Stufe „Werten":*

Eine Firma produziert 2% Ausschuß und hat bisher keine Kunden verloren. Im Management werden zwei Meinungen diskutiert.
Bitte schätzen Sie ein, inwieweit Sie jeder Meinung zustimmen.
1. Mit Ausschuß kann man niemals zufrieden sein.
stimme zu ☐–☐–☐–☐–☐–☐–☐ *stimme nicht zu*
2 . mit dieser geringen Ausschußrate kann die Firma durchaus zufrieden ein.
stimme zu ☐–☐–☐–☐–☐–☐–☐ *stimme nicht zu*
(im Sinne einer positiven Einstellung zu SPC sollte der ersten Aussage zugestimmt, der zweiten Aussagen nicht zugestimmt werden)

• Kontrolle erwünschter Antworten

Die Erfassung der beiden Taxonomiestufen „Aufnehmen" und „Werten" erscheint darüber hinaus als eine recht einleuchtende Möglichkeit, vermeintlich erwünschten Antworten bzw. Bewertungen entgegen zu wirken. Es ist nicht grundsätzlich zu verhindern, daß die Fragen zu Einstellungen recht schnell zu durchschauen sind. Die Erfassung der Einstellung gegenüber SPC auf der Stufe „Aufnehmen" bedeutet demnach eine Relativierung der abgegebenen Bewertungen. So erhalten bei der Auswertung des Einstellungsfragebogens auch nur die Personen einen hohen Einstellungswert, die auf beiden Stufen eine hohe Ausprägung zeigen. Personen, die dagegen auf der Stufe „Aufnehmen" eine geringe Ausprägung haben, jedoch ihre Bewertungen in den Bewertungsaufgaben stark im Einklang mit SPC abgeben, bekommen durch die Verrechnung der Ausprägungen auf den beiden Stufen eher einen mittleren Einstellungswert. Ein mittlerer Einstellungswert wird so interpretiert, daß die betreffende Person eine neutrale Einstellung zum Thema SPC hat.

4.2.4.3 Der Zusatzfragebogen

• Erhebung
zusätzlicher Variablen

Die Fragen im dritten Teil des Fragebogens beziehen sich auf die Erhebung der Einflußfaktoren Alter, Akzeptanz von Computern, insbesondere zum Lernen, und Anwendung von SPC am Arbeitsplatz. Außerdem werden eine Reihe von Zusatzfragen zu den durchgeführten Schulungen gestellt. Neben der Erhebung von demographischen Daten wurden die Mitarbeiter gebeten, verschiedene Aspekte der durchgeführten Schulungen, soweit sie an diesen teilgenommen hatten, einzuschätzen. Anhaltspunkte für die Auswahl der in diesem Teil verwendeten Fragen lieferte eine Vorbefragung von einem Trainer und Schulungsteilnehmern.

4.2.4.4 Festlegung der Bewertungskriterien

Im folgenden werden die verwendeten Bewertungskriterien, anhand derer der Schulungserfolg sowohl im kognitiven als auch im affektiven Qualifikationsbereich gemessen wurde, detaillierter beschrieben.

• Kriterien zur
Bewertung des
Wissens über SPC

Zur Bewertung der erreichten Qualifikation im kognitiven Bereich wurde die Summe aller richtig gelösten Aufgaben im Wissensteil des Fragebogens herangezogen. Daneben wurden zum Zwecke einer detaillierteren Betrachtungsweise zwei weitere Bewertungskriterien definiert.

So wurde ein zusätzliches Kriterium berechnet, in dem die Summe der gelösten Aufgaben im Wissensteil nach den Anforderungen in den jeweiligen Tätigkeitsbereichen gewichtet wurde, die sich maßgeblich unterscheiden. Von einem Mitarbeiter, der an einem Arbeitsplatz viel mit SPC zu tun hat, sei es, weil er eine Regelkarte führt, oder aber, weil er die Verantwortung für die mittels SPC kontrollierten Arbeitsabläufe trägt, wird mehr Wissen über SPC verlangt als von einem Mitarbeiter, der nicht direkt mit SPC arbeitet. Von solchen Mitarbeitern wird erwartet, daß sie wissen, was SPC ist und wo es eingesetzt werden kann. Für diese Zielgruppe ist die Kenntnis von methodischen Details überflüssig. Mitarbeiter, die in ihrem Arbeitsbereich jedoch eine eigene Regelkarte führen, müssen vermehrtes und tieferes Wissen über die Karte, die sie einsetzen, haben. Bei anderen Regelkartentypen, mit denen sie nichts zu tun haben, reicht das Wissen, daß es sie gibt.

Um die Aufgaben zu identifizieren, die ein Mitarbeiter aus einem bestimmten Tätigkeitsbereich lösen können sollte, wurde ein SPC-Experte aus dem Unternehmen gebeten, die 40 Aufgaben des Wissenstests hinsichtlich ihrer Relevanz für die verschiedenen Tätigkeitsbereiche einzuschätzen.

Auch wenn es für die Evaluation weniger von Interesse ist, wie die Lernleistung in den einzelnen Tätigkeitsbereichen ausfällt, ist es dennoch sinnvoll, das gewichtete Kriterium zur Bewertung des Schulungserfolgs hinzuzuziehen, da hierdurch eventuelle Verzerrungen, die bei der globalen Bewertung anhand des Gesamtsummenwertes aller gelösten Aufgaben auftreten könnten, aufgedeckt werden. Ein Schulungsteilnehmer, der einen niedrigen Summenwert im Wissensteil hat, kann dennoch über genügend Wissen verfügen, das für seine Tätigkeit relevant ist. In diesem Falle wäre seine Teilnahme an der Schulung trotz des niedrigen Summenwertes durchaus erfolgreich gewesen. Für einen anderen Mitarbeiter, der in seiner Tätigkeit mehr Wissen über SPC haben sollte, wäre der gleiche niedrige Summenwert dagegen ein Hinweis, daß die Schulung weniger erfolgreich war.

Daneben wurde ein drittes Kriterium herangezogen, das lediglich einen Teil der Aufgaben im Wissensteil des Fragebogens berücksichtigt. In diesem Kriterium wurden nur die Aufgaben berücksichtigt, die unmittelbar mit dem Einsatz von SPC in dem Unternehmen zusammenhängen.Der Grund für die Hinzunahme dieses Kriteriums ist es, zu überprüfen, ob in der arbeitsplatznahen Vertiefung der Inhalte im Seminar auch tatsächlich, wie von dem Unternehmen gewünscht, das Wissen über die für den Einsatz von SPC in dem Unternehmen relevanten Inhalte gesteigert werden konnte.

Die zusätzlichen Bewertungskriterien im kognitiven Bereich dienen also als zusätzliche Informationsquellen zum Hauptkriterium, dem Summenwert der gelösten Aufgaben im Wissensteil.

- Kriterium für die Bewertung der Einstellung zu SPC

Für die Bewertung der Einstellung gegenüber SPC wird lediglich ein globales Kriterium benötigt, da von allen Mitarbeitern, unabhängig davon, in welchem Bereich sie tätig sind, eine positive Einstellung gegenüber SPC gewünscht wird. Das Bewertungskriterium für die Einstellung gegenüber SPC wurde über den Summenwert über alle Aufgaben des Einstellungsfragebogens definiert.

Die Definition der Bewertungskriterien wurde in Abstimmung mit dem Unternehmen vorgenommen.

4.2.5 Ergebnisse der Evaluation

An der Evaluation nahmen insgesamt 86 männliche Mitarbeiter teil. Die Auswertung ihrer mit dem Fragebogen gewonnenen Daten erfolgte anhand eines varianzanalytischen Modells (ANOVA-Prozedur in SPSS[15]).

- Unabhängige Variablen

Die beiden unabhängigen, den Schulungserfolg möglicherweise beeinflussenden Variablen in dem Modell waren (vgl. Abb. 4.4):

- die Wiederholung der Video-Inhalte (Refreshing)
- die arbeitsplatznahe Vertiefung im Seminar (Seminar)
Als zusätzliche Variablen wurden in das Modell mitaufgenommen:

- das Alter der Schulungsteilnehmer
- die Akzeptanz von Computern speziell zum Lernen
- die Anwendung von SPC am Arbeitsplatz

Als abhängige Variablen, d.h. als Aspekte des Schulungserfolgs, fungierten die Bewertungskriterien für den Wissensteil sowie für den Einstellungsteil des Evaluationsfragebogens (siehe Abschn. 4.2.4.4).
Die folgende Darstellung der kognitiven Lernergebnisse
erfolgt anhand des Summenwertes über alle gelösten Aufgaben im Wissensteil. Es zeigte sich, daß die
Ergebnisse für die drei Bewertungskriterien im Wissensteil des Fragebogens in ihrem Aussagegehalt übereinstimmen. Es wird, wenn es in der Ergebnisdarstellung an-
gebracht erscheint, auf das jeweilige Ergebnis der
zusätzlich definierten Bewertungskriterien hingewiesen.

• Abhängige
Variablen

4.2.5.1 Ergebnisse der Evaluation bezüglich der durchgeführten SPC-Schulungen

Insgesamt lösten die Mitarbeiter über alle Schulungsgrup-
pen (vgl. Abb. 4.4) hinweg 45% aller Aufgaben im Wissen-
teil des Fragebogens. Im Durchschnitt konnten sie 50%
der für ihren jeweiligen Tätigkeitsbereich relevanten Aufgaben richtig beantworten.

• Einfluß der
Schulungen auf das
Wissen über SPC

Im folgenden werden die Ergebnisse in Abhängigkeit
von den Schulungen, die die Mitarbeiter besucht haben,
betrachtet.

Es zeigte sich, daß Mitarbeiter, die neben dem IV-
Grundkurs am Refreshing teilgenommen haben, mehr
Aufgaben im Wissensteil des Fragebogens richtig lösten
(im Durchschnitt 50%) als Mitarbeiter, die nicht an dem
Refreshing teilgenommen haben (im Durchschnitt 42%,
vgl. Abb. 4.6). Die Teilnahme am Refreshing erhöht also
das Wissen über SPC. Der Unterschied ist signifikant
($F[1;79]=10,59$; $p<0,01$). Dieses Ergebnis zeigte sich auch
bei Betrachtung des nach den Anforderungen in den jeweiligen Tätigkeitsbereichen gewichteten Bewertungs-
kriteriums.

Die Teilnahme an der arbeitsplatznahen Vertiefung im
Seminar hatte dagegen keinen signifikant erhöhenden Ef-

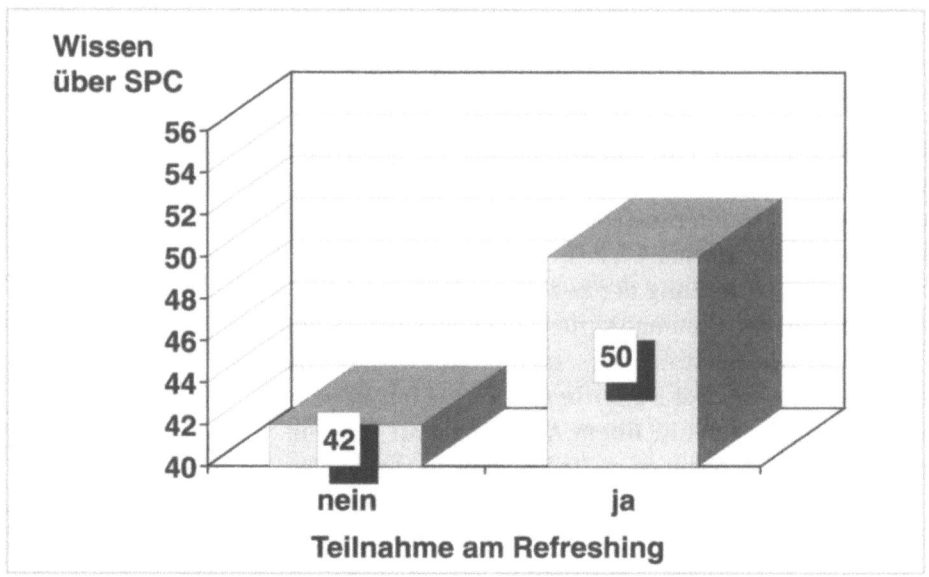

Abb. 4.6: Wissen über SPC in Abhängigkeit von der Teilnahme am Refreshing (dargestellt ist der Gesamttestwert in %)

• Einfluß der Schulungen auf die Einstellung zu SPC

fekt auf die Leistung im Wissensteil des Fragebogens (F[1;79]<1). Dieses Ergebnis fand sich auch bei Betrachtung des Kriteriums, das lediglich die SPC-Inhalte berücksichtigte, die auch im Unternehmen angewendet werden (F[1;79]=1,3; p>0,05).

Die Gruppe der Mitarbeiter, die an beiden Nachschulungen, dem Refreshing und dem Seminar zur arbeitsplatznahen Vertiefung der Inhalte teilgenommen haben, unterschied sich in der statistischen Analyse nicht von der Gruppe, die lediglich das Refreshing mitgemacht hatte.

Bei Betrachtung des Einstellungswertes ergibt sich ein anderes Bild.

Zunächst einmal wiesen die Mitarbeiter im Durchschnitt einen Summenwert von 110 im Einstellungsteil des Fragebogens auf. Der maximal erreichbare Wert beträgt 154.

Es zeigte sich, daß die Teilnahme am Refreshing zu keiner signifikanten Einstellungsveränderung führte (F[1;79]<1). Dagegen fand sich bei den Mitarbeitern, die an der arbeitsplatznahen Vertiefung im Seminar teilgenommen hatten, eine signifikant weniger positive Einstellung zu SPC (durchschnittlicher Summenwert im Einstel-

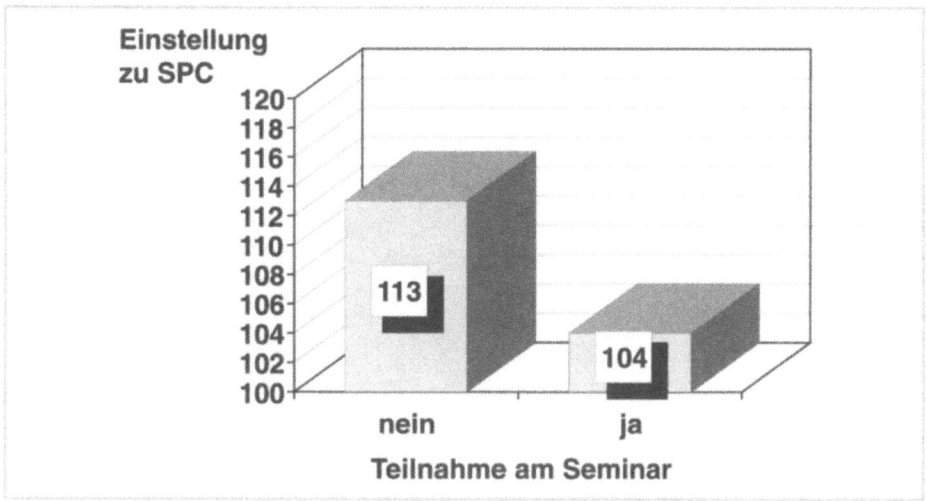

Abb. 4.7: Einstellung zu SPC in Abhängigkeit von der Teilnahme am Seminar (max. erreichbarer Wert: 154)

lungsfragebogen von 104, vgl. Abb. 4.7) als bei Mitarbeitern, die an dem Seminar nicht teilgenommen hatten (durchschnittlicher Summenwert im Einstellungsfragebogen von 113; $F[1;79]=4,57$; $p<0,05$).

4.2.5.2 *Ergebnisse der Evaluation bezüglich der untersuchten Rahmenbedingungen: Alter, Akzeptanz von Computern und Anwendung von SPC am Arbeitsplatz*

Hinsichtlich des Alters der Mitarbeiter zeigten sich keinerlei signifikante Effekte auf den Lernerfolg, weder im Wissen noch in der Einstellung (beidesmal $F[1;79]<1$).

• Einfluß des Alters auf den Lernerfolg

Nach den Ergebnissen der statistischen Analyse hat die Akzeptanz von Computern keinen signifikanten Einfluß auf das Wissen über SPC ($F[1;79]<1$). Dagegen zeigte sich, daß eine hohe Akzeptanz von Computern mit einer positiven Einstellung zu SPC einhergeht ($F[1;79]=7,77$; $p<0,01$).

• Einfluß der Akzeptanz von Computern auf den Lernerfolg

Die Anwendung von SPC am Arbeitsplatz hat dagegen sowohl einen signifikanten Effekt auf das Wissen ($F[1;79]=5,57$; $p<0,05$) als auch auf die Einstellung ($F[1;79]=6,42$; $p<0,05$). Mitarbeiter, die SPC am Arbeitsplatz anwenden bzw. angewendet haben, lösten mehr

• Einfluß der Anwendung von SPC am Arbeitsplatz auf den Lernerfolg

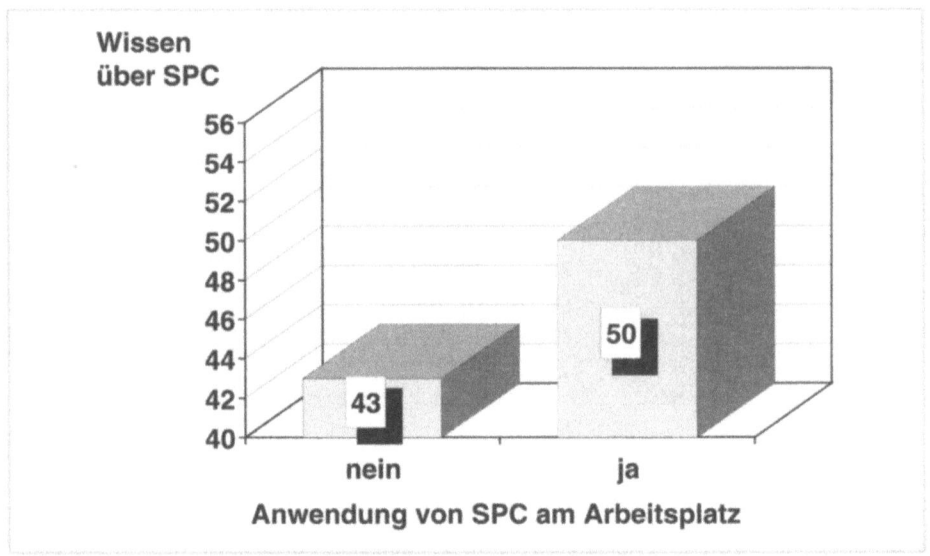

Abb. 4.8: Wissen über SPC in Abhängigkeit von der Anwendung am Arbeitsplatz (dargestellt ist der Gesamttestwert in %)

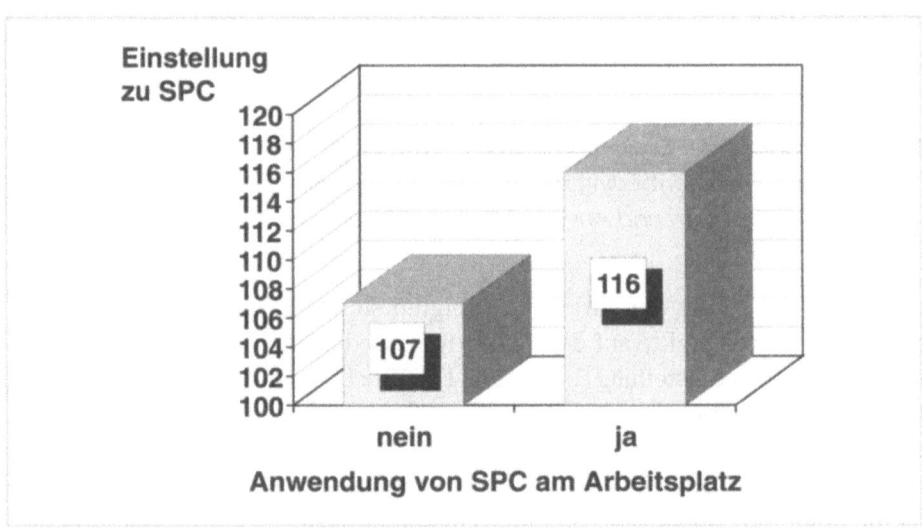

Abb. 4.9: Einstellung zu SPC in Abhängigkeit von der Anwendung am Arbeitsplatz (max. erreichbarer Wert: 154)

Aufgaben im Wissensteil des Fragebogens (durchschnittlich 50%, vgl. Abb. 4.8) und zeigten eine positivere Einstellung zu SPC (durchschnittlicher Summenwert im Einstellungsfragebogen von 116, vgl. Abb. 4.9) als Mitarbeiter, die keinerlei Erfahrung mit der Anwendung von SPC
am Arbeitsplatz haben (durchschnittlich 43% richtig gelö-
ste Aufgaben, durchschnittlicher Summenwert im Einstellungsfragebogen von 107).

Als Ergebnis der statistischen Analyse können also zusammenfassend folgende Aussagen gemacht werden (vgl.
Abb. 4.10):

1. Die Teilnahme am Refreshing
   - erhöht das Wissen über SPC
   - hat keinen Einfluß auf die Einstellung zu SPC
2. Die Teilnahme am Seminar
   - führt zu keiner weiteren Wissenserhöhung
   - verschlechtert die Einstellung zu SPC
3. Die Mitarbeiter unterschiedlichen Alters unterscheiden
   sich weder in ihrem Wissen noch in ihrer Einstellung zu
   SPC bedeutsam.
4. Die Akzeptanz von Computern als Lernmedium
   - hat keinen Einfluß auf das erworbene Wissen
   -führt zu einer stärker positiven Einstellung zu SPC
5. Die Anwendung von SPC am Arbeitsplatz
   - erhöht das Wissen über SPC
- verbessert die Einstellung zu SPC

• Zusammenfassung
der Ergebnisse

	Teilnahme am Refreshing	Teilnahme am Seminar	Alter	Akzeptanz von Computern	Anwendung von SPC am Arbeitsplatz
Wissen	↑	–	–	–	↑
Ein-stellung	–	↓	–	↑	↑

↑ = Verbesserung des Lernerfolges (Wissen oder Einstellung)
↓ = Verschlechterng des Lernerfolges (Wissen oder Einstellung)
– = kein Einfluß auf den Lernerfolg (Wissen oder Einstellung)

Abb. 4.10: Übersicht über die Ergebnisse der Evaluation des Interaktiven Videos

4.2.5.3 Ergebnisse der Evaluation bezüglich der subjektiven Einschätzungen zur SPC-Schulung

• Beurteilung von Kriterien für das Interaktive Video

Im Zusatzfragebogen (vgl. Abschn. 4.2.4.3) wurden einige subjektive Einschätzungen der Kursteilnehmer zur SPC-Schulung erhoben. So wurden sie u.a. gebeten, den IV-Grundkurs nach bestimmten Kriterien zu beurteilen. Dabei sollten die Befragten zum einen angeben, wie wichtig jedes der genannten Kriterien ihrer Meinung nach ist („Soll"), zum anderen wurden sie gebeten, anzugeben, inwieweit jedes Kriterium im Interaktiven Video realisiert worden war („Ist").

Die Einschätzungen deuten darauf hin, daß den Kursteilnehmern im IV vor allem der Bezug der vermittelten Inhalte zu ihrem Arbeitsplatz fehlte (vgl. Abb. 4.11).

• Beurteilung von möglichen Ergänzungen zum Interaktiven Video

Des weiteren sollten die Kursteilnehmer mögliche Ergänzungen zum Interaktiven Video hinsichtlich ihrer Wichtigkeit beurteilen und angeben, inwieweit diese Ergänzungen im IV-Grundkurs realisiert wurden (vgl. Abb. 4.12). Es wird deutlich, daß noch ein hoher Bedarf an solchen ergänzenden Maßnahmen besteht, der im IV-Grundkurs nach Meinung der Mitarbeiter nicht gedeckt wurde Auch hier zeigt sich, daß bei den Mitarbeitern ein starker Wunsch vorhanden ist, einen Anwendungsbezug der vermittelten Inhalte zum Arbeitsplatz herzustellen und vor allem mehr Rückmeldung über ihren Lernerfolg zu bekommen.

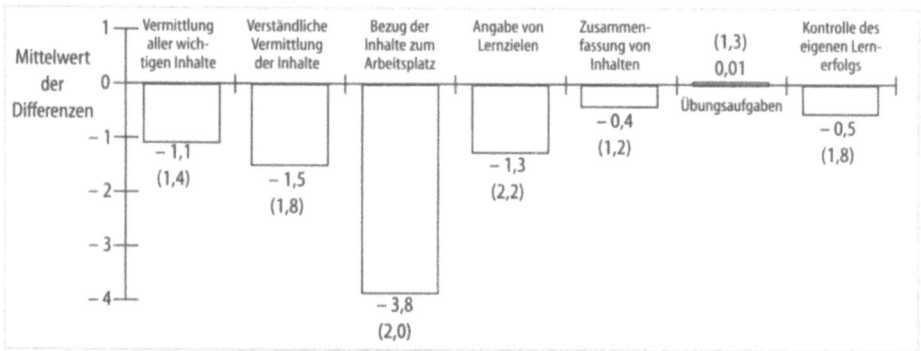

Abb. 4.11: Mittlere Differenzen der Einschätzungen zur SPC-Schulung, wie wichtig das jeweilige Kriterium zum Lernen mit dem Computer ist bzw. inwieweit das Kriterium im IV erfüllt wird (die Standardabweichungen sind in Klammern angegeben). Eine negative Differenz bedeutet, daß das entsprechende Kriterium im IV nicht genügend verwirklicht wurde.

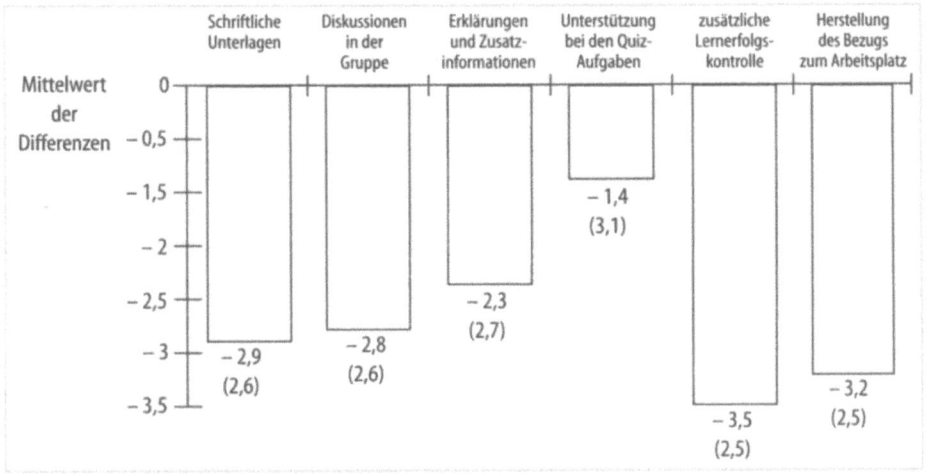

Abb. 4.12: Mittlere Differenzen der Einschätzungen zur SPC-Schulung, wie wichtig die jeweilige Ergänzungsmöglichkeit zum Lernen ist bzw. inwieweit sie in der SPC-Schulung mit Hilfe des IVs vorhanden ist (die Standardabweichungen sind in Klammern angegeben). Eine negative Differenz bedeutet, daß das entsprechende Kriterium in der Schulung nicht genügend verwirklicht wurde.

4.2.6 Zusammenfassende Diskussion und Implikationen der Evaluation für den weiteren Einsatz der SPC-Schulung und allgemein für den Einsatz computerbasierter Lernmedien

Die vorliegende Evaluation sollte Aufschluß über die Effektivität der gesamten Schulungsmaßnahme zum Thema SPC geben. Ist der IV-Kurs, so wie er bis zum Zeitpunkt der Evaluation durchgeführt wurde, geeignet, allen Mitarbeitern grundsätzliches Wissen über SPC zu vermitteln bzw. eine positive Einstellung gegenüber SPC hervorzurufen? Insbesondere ist von Interesse, ob die durchschnittlich erzielten Lernergebnisse der beiden Nachschulungen ausreichen, um eine weitere Durchführung dieser Schulungen zu rechtfertigen.

Weiterhin sollte die Evaluation unter den drei mit berücksichtigten Rahmenbedingungen der Schulungen diejenigen identifizieren, die einen Einfluß auf die Erreichung der Qualifikationziele haben. Inwieweit haben also das Alter der Mitarbeiter, ihre Akzeptanz von Computern, insbesondere zu Lernzwecken, und die Anwendung von SPC am Arbeitsplatz, einen Einfluß auf das Wissen über SPC bzw. auf die Einstellung zu SPC.

• Lernerfolg in
Abhängigkeit der SPC-
Schulungen

Die Ergebnisse im Wissensteil des Fragebogens konnten zeigen, daß die Teilnahme am Refreshing die Mitarbeiter offensichtlich mehr befähigt, die an sie gestellten Anforderungen bezüglich ihrer Kenntnisse über Inhalt und Anwendung von SPC zu bewältigen, als dies eine alleinige Schulung mittels IV-Grundkurs kann. Das Refreshing sollte daher als sinnvolle Einrichtung zur Erreichung der kognitiven Qualifikationsziele beibehalten werden.

Die Teilnahme am Seminar unter externer Leitung brachte im Vergleich zur alleinigen Teilnahme am IV-Grundkurs keinerlei Lernzuwachs. Das Seminar erfüllt den an ihn gestellten Anspruch, die speziell für den SPC-Einsatz im Unternehmen relevanten Inhalte aufzuarbeiten, offenbar nicht bzw. nur unzureichend. Dies gilt sogar, wenn man zur Bewertung das Kriterium heranzieht, in dem lediglich die für das Unternehmen relevanten Aufgaben im Wissensteils des Fragebogens betrachtet werden.

Sollte sich das Unternehmen entscheiden, die Durchführung des Seminars fortzusetzen, wäre es sicherlich nützlich, die Konzeption des Seminars zusammen mit dem externen Trainer zu überdenken und so umzustellen, daß die Teilnahme an dem Seminar eine sinnvolle Ergänzung zu dem Refreshing darstellt. Diese könnte beispielsweise in der Präsentation von Erfahrungsberichten aus anderen Unternehmenszweigen bestehen oder in der Durchführung von kleinen Projekten, in denen die Anwendung von SPC geübt werden kann.

Der zusätzliche Lerngewinn, der durch eine Kombination beider Nachschulungsarten erzielt wurde, ist im Vergleich zu der gezeigten Leistung der Mitarbeiter mit alleinigem Refreshing derart gering, daß er den Aufwand einer Durchführung beider Nachschulungen nicht rechtfertigt.

Die Teilnahme am Refreshing hatte keinen Einfluß auf die Einstellung der Mitarbeiter zu SPC. Es kann daher empfohlen werden, das Refreshing nicht primär mit dem Ziel des Erreichens einer positiveren Einstellung der Mitarbeiter einzusetzen, sondern vor allem für Mitarbeiter anzubieten, deren Wissen über SPC vertieft werden soll.

Es zeigte sich, daß das Seminar mit dem externen Trainer sogar einen nachteiligen Einfluß auf die Einstellung der Mitarbeiter hatte. Da es während der Gespräche mit den Mitarbeitern einige Hinweise gab, daß die Seminarteilnehmer der Person des Trainers gegenüber eher negativ eingestellt waren, sollte dieses Seminar zukünftig von einem anderen Trainer durchgeführt werden oder man sollte aufgrund der geringen Lerneffekte gegenüber dem Refreshing ganz auf dieses Seminar verzichten.

In bezug auf die kognitiven und affektiven Qualifikationsziele hat sich gezeigt, wie wichtig die Anwendung der Inhalte für den Lernerfolg ist. Daher kann empfohlen werden, bereits in die erste SPC-Schulung Schulungseinheiten aufzunehmen, welche die praktische Anwendung von SPC am Arbeitsplatz enthalten. Die Herstellung des Bezugs zum eigenen Arbeitsplatz entspricht auch den Wünschen der Mitarbeiter. Diese brachten im Zusatzfragebogen zum Ausdruck, daß sowohl im IV selbst der Bezug der Inhalte zum Arbeitsplatz zu gering ist als auch die Herstellung des Bezugs zum Arbeitsplatz durch ergänzende Maßnahmen zu wenig erfolgte.

• Lernerfolg in Abhängigkeit der Anwendung der Schulungsinhalte

Die Ergebnisse der Evaluation, insbesondere zu den Rahmenbedingungen, enthalten wichtige Implikationen für den generellen Einsatz computerbasierter Lernmedien.

Wird zur Ergänzung bzw. Nachschulung ein konventionelles Seminar eingesetzt, ist es zu empfehlen, daß die Qualifikationsziele des Seminars mit dem Unternehmen abgesprochen und auf die Grundschulung, die ergänzt oder aufgefrischt werden soll, abgestimmt werden.

• Implikationen für den Einsatz computerbasierter Lernmedien

Beim Einsatz computerbasierter Lernmedien zu Schulungszwecken scheint das Alter keinen Einfluß auf die Lernleistung oder die Einstellung gegenüber dem Schulungsgegenstand zu haben. Dies liegt möglicherweise daran, daß durch den Einsatz computergestützter Lernmedien den Mitarbeitern leichter ermöglicht werden kann, sich die Inhalte in dem für sie angemessenen Lerntempo bzw. Lernstil anzueignen. Dadurch können altersbedingte Defizite wie z.B. eine verminderte Verarbeitungsgeschwindigkeit, kompensiert werden.

• Alter der Teilnehmer

Es sollte im Bewußtsein gehalten werden, daß eine negative Einstellung gegenüber dem Computer als Lernme-

• Einstellung
gegenüber
Computern und
gegenüber Trainern

dium sich auf die Einstellung gegenüber dem Lerngegenstand übertragen kann.

Als eine Empfehlung für den Einsatz computerbasierter Lernmedien kann daraus abgeleitet werden, daß vor der Durchführung der Schulung die Mitarbeiter nach ihren Erfahrungen mit Computern befragt werden sollten, wobei Mitarbeitern mit keiner oder wenig Erfahrung das Angebot einer Einweisung in den Computer vor Beginn der eigentlichen Schulung gemacht werden kann, um eventuell bestehende Ängste gegenüber diesem Lernmedium abzubauen.

In diesem Zusammenhang sollte beachtet werden, daß auch der Trainer eines Seminars ein „Lernmedium" darstellt. Die Akzeptanz des Trainers kann also ebenso die Einstellung zum Schulungsgegenstand beeinflussen.

• Herstellung des
Bezugs zum
Arbeitsplatz und
Anwendung der
Inhalte

Die Erfahrung mit der Anwendung der in einer Schulung bzw. einem Training vermittelten Inhalte führt sowohl zu erhöhtem Wissen als auch zu einer positiveren Einstellung gegenüber dem Schulungsgegenstand. In den subjektiven Einschätzungen der Schulungsteilnehmer zu den SPC-Schulungen zeigte sich gleichzeitig, daß noch Defizite hinsichtlich der Herstellung des Anwendungsbezugs der vermittelten Inhalte bestehen. Dieses Problem findet sich vor allem immer wieder bei solchen Lernmedien, die für einen breiteren Anwenderkreis entwickelt wurden und daher nicht auf die spezifischen Bedürfnisse einzelner Anwender abgestimmt sein können.

Daher sollte in einer Schulung bzw. einem Training mit computerbasierten Lernmedien darauf geachtet werden, daß den Teilnehmern ermöglicht wird, die neu gelernten Inhalte mit ihrem Erfahrungsschatz zu verknüpfen.

Dies kann zum einen dadurch erzielt werden, daß an spezifische Inhalte angepaßte Schulungs- oder Trainingsprogramme verwendet werden (vgl. Beispiel im nächsten Kapitel) oder daß der Trainer selbst immer wieder den Bezug zur Arbeit herstellt, indem er z.B. entsprechende Anwendungsbeispiele nennt.

4.3 Qualität durch Anpassung an betriebliche Anforderungen am Beispiel eines Lernprogramms über „Statistische Prozeßregelung"

Ziel dieses Kapitels ist aufzuzeigen, wie die Qualität computerbasierter Lernmedien durch Anpassung an betriebliche Anforderungen verbessert werden kann. Zu diesem Zweck wurde ein Lernprogramm exemplarisch entwickelt, in dem Gestaltungsmaßnahmen zur Anpassung an die Voraussetzungen des Lernenden realisiert und im Hinblick auf diese Gestaltungsmerkmale empirisch überprüft wurden. Überlegungen zur Gestaltung dieses Programms basieren auf zwei Quellen: Zum einen gehen sie auf die Ergebnisse einer Ist-Zustandsanalyse[16] zurück. Bei dieser stellte sich heraus, daß den Lernenden an den von ihnen bisher genutzten Lernprogrammen der Anwendungsbezug bzw. die Anpassung der Inhalte an den Lernenden, z.B. durch Verwendung arbeitsplatzspezifischer Inhalte, fehlten. Zum anderen basieren sie auf den Ergebnissen der Evaluation des Interaktiven Videos (vgl. Abschn. 4.2). Hierbei führte die Anwendung der SPC-Inhalte am Arbeitsplatz sowohl zu einer Erhöhung des Wissens über SPC als auch zu einer Verbesserung der Einstellung gegenüber SPC. Weiterhin wurde in den subjektiven Einschätzungen der Teilnehmer deutlich, daß der Bezug der Inhalte zum Arbeitsplatz im Lernprogramm zu gering ist.

Im folgenden wird dargestellt, wie die Qualität computerbasierter Lernmedien durch Anpassung an die Voraussetzungen des Lernenden und damit auch die Anpassung an betriebliche Anforderungen sichergestellt werden kann. Es soll überprüft werden, ob durch entsprechende didaktische Gestaltungsmaßnahmen der Lernerfolg gesteigert werden kann.

* Ausgangslage

4.3.1 Beschreibung des SPC-Lernprogramms

Da es sich beim Interaktiven Video des Abschn 4.2 um ein Standardprogramm handelt, dessen Inhalte sehr allgemein gehalten sind, damit ein möglichst großer Anwenderkreis abgedeckt werden kann, wurde exemplarisch

* Programminhalte:
Interpretieren von
Qualitätsregelkarten

ein Lernprogramm zu einem Teilbereich von SPC neu entwickelt. Die Inhalte des Lernprogramms sind in Abb. 4.13 skizziert.

Der im Lernprogramm enthaltene Inhalt entstammt der Statistischen Prozeßregelung (nach der englischen Bezeichnung Statistical-Process-Control, abgekürzt als SPC). SPC ist eine Methode, bei der man mit statistischen Mitteln einen Arbeits- bzw. Produktionsprozeß mit dem Ziel überwacht, Fehler zu vermeiden und somit Qualität und Produktivität ständig zu verbessern. Ein wichtiges Hilfsmittel für SPC sind Qualitätsregelkarten. Hierbei handelt es sich um Karten, auf denen im zeitlichen Verlauf Stichprobenwerte eingetragen, die Werte miteinander verbunden und letztendlich als Kurvenverläufe dargestellt werden. Bei den auf den Regelkarten dargestellten Stichproben-Kennwerten handelt es sich z.B. um Mittelwerte und Standardabweichungen. Die benötigten Stichproben werden in regelmäßigen Abständen aus dem laufenden Produktions- oder Dienstleistungsprozeß gezogen. Anhand der Kurvenverläufe wird dann überprüft, ob die Produkt-

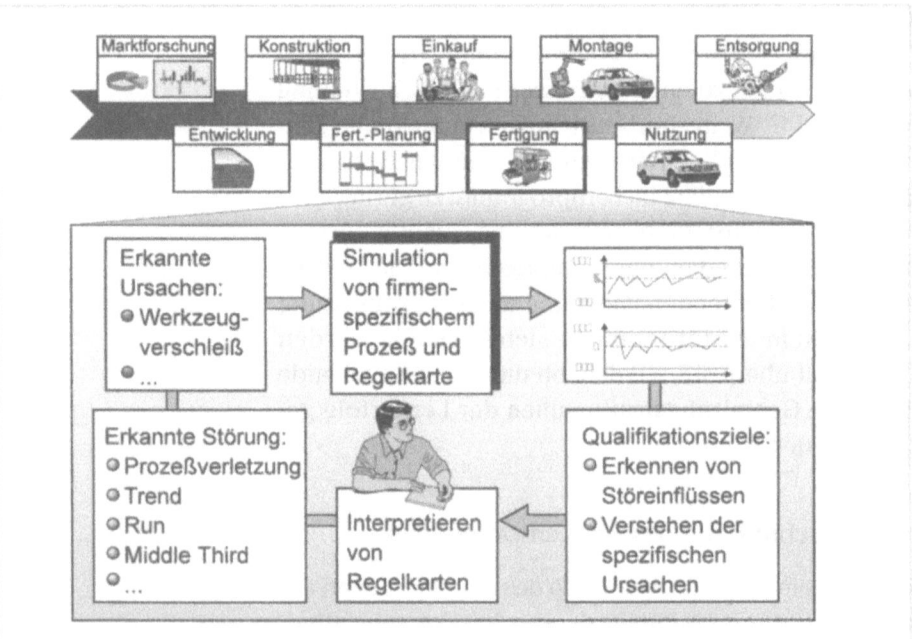

Abb. 4.13: Inhalte des SPC-Lernprogramms

qualität aufgrund aufgetretener Störeinflüsse gefährdet
ist. Sobald ein Störeinfluß anhand eines spezifischen Kur-
venverlaufs erkannt wird, werden mögliche Ursachen
dafür überprüft. Nach Aufdeckung der verantwortlichen
Ursache wird diese abgestellt.

Die eben beschriebene Fähigkeit zum Interpretieren
von Kurvenverläufen auf Qualitätsregelkarten ist Lernziel
des in der vorliegenden Untersuchung verwendeten Lernprogramms.

Das Interpretieren von Qualitätsregelkarten beinhaltet
sowohl das Erkennen von Störeinflüssen als auch das
Verstehen der spezifischen Ursachen für den jeweils aufgetretenen Störeinfluß.

Um zu ermöglichen, daß mit arbeitsplatzspezifischen
Beispielen gelernt werden kann, wurde im Lernprogramm zunächst eine Trennung von Wissensbasis und
Lehrstrategie vorgenommen. Das heißt, es wurde je ein
Modul für die Eingabe firmenspezifischer Inhalte sowie
für die Simulation eines Prozesses bzw. einer Regelkarte
zu Übungszwecken entwickelt. Dadurch wurde eine Möglichkeit geschaffen, die Inhalte an die spezifischen Bedürfnisse der jeweiligen Lernenden leicht anzupassen.

Dieses Trainingsprogramm zum Interpretieren von
Qualitätsregelkarten wurde im Rahmen des Projektes „LI-
QUA" exemplarisch für einige Typen von Qualitätsregelkarten entwickelt und wird auf der beiliegenden Diskette
zur Verfügung gestellt. Es erhebt keinen Anspruch auf
Vollständigkeit, sondern soll die Möglichkeit veranschau-
lichen, anhand firmenspezifischer Daten zu üben. Der Leser kann sich somit anhand des Programms intensiver mit
dem Gegenstandsbereich auseinandersetzen. Es bietet
die Möglichkeit, Eingaben in verschiedene Regelkarten
vorzunehmen und anhand dieser Eingaben den simulierten Prozeß übend zu überwachen. Die Simulation des
Prozesses erfolgt anhand der vom Nutzer eingegebenen
Daten. Die Vorgehensweise von SPC im einzelnen sowie
die statistischen Grundlagen werden in diesem Lernprogramm nicht erläutert, so daß Vorkenntnisse zu SPC sinnvoll sind, um die Interpretation von Qualitätsregelkarten
zu verstehen. Das Programm läuft unter Windows, weitere Voraussetzungen sowie Installationshinweise befinden

- Lernziel des SPC-
Lernprogramms

- Trennung von
Wissensbasis und
Lehrstrategie

- Das beiliegende
Beispiel-Lern-
programm

sich in der Datei readme.doc auf der beiliegenden Diskette. Das auf der Diskette beigefügte Programm wurde in modifizierter Form zur Schulung eingesetzt, von deren Evaluation hier berichtet wird.

4.3.2   Ziel der Evaluation

• Zielsetzung der Evaluation

In der vorliegenden Evaluation wird eine Antwort auf die Frage gesucht, ob und wie die Qualität computerbasierter Lernmedien durch Gestaltungsmerkmale, die eine Anpassung an die Voraussetzungen eines Lernenden und damit eine Individualisierung des Lernens ermöglichen, verbessert werden kann. Es werden die Auswirkungen von zwei Gestaltungsmerkmalen auf den Lernerfolg untersucht: zum einen die „Anpassung der Rückmeldungen an den Lernenden" und zum anderen der „Bezug der Inhalte zum Arbeitsplatz".

„Rückmeldung" bezeichnet im Zusammenhang computerbasierter Lernmedien die Reaktion des Lernprogramms auf die Eingaben des Benutzers.[17] „Bezug der Inhalte zum Arbeitsplatz" bedeutet, daß Teile des Programms und die darin vorkommenden Beispiele sich an den betrieblichen Anforderungen der Lernenden orientieren.

• Relevanz des Untersuchungsansatzes

Dieser Untersuchungsansatz ermöglicht differenzierte Aussagen und setzt sich von weniger erfolgreichen Beispielen der Vergangenheit deutlich ab. So wurden früher häufig zwei Medien (z.B. Lernen mit einem herkömmlichen Lehrbuch und Schulung anhand sogenannter „Programmierter Unterweisung") gegeneinander getestet. Das unbefriedigende „Ergebnis" vieler derartiger Untersuchungen bestand darin, daß man mit beiden Medien ungefähr gleich gut lehren und lernen kann. Mittlerweile wird jedoch verstärkt der Frage nach dem „Warum" von Lernvorteilen durch Lernmedien nachgegangen. Das heißt, es wird nicht mehr untersucht, ob computerbasierte Lernmedien an sich Vorteile gegenüber anderen Lernmedien bieten, sondern eher wie sich unterschiedliche Gestaltungsmerkmale bezüglich verschiedener Variablen innerhalb von Lernprogrammen auswirken.

Der bedeutendste Vorteil computerbasierter Lernmedien im Unterschied zum Lernen aus Lehrbüchern ist die

Möglichkeit größerer Adaptivität des Lehrens, d.h. der
Möglichkeit, eine Schulung an die jeweils spezifischen
Voraussetzungen auf Seiten des Lernenden anzupassen.[18]
Dieses Ziel wird seit langem im Rahmen des individuali-
sierten Unterrichts angestrebt. Hierunter wird eine Aus-
richtung von Schulungszielen, Lernmaterial, Fachgebiet
oder Schulungsmethoden auf einzelne Lernende oder
kleine Gruppen von Lernenden verstanden.[19] Seit den
50er und 60er Jahren wurde dies verstärkt per Computer
zu erreichen versucht, was jedoch (neben unzureichen-
den Hardwarevoraussetzungen) an der mangelhaften
Nutzung der gegebenen (Adaptations-) Möglichkeiten
scheiterte. Typisches Negativbeispiel ist die oft zitierte
Verwendung von Computern als bloße „elektronische Sei-
tenumblätterer".

Lernprogramme können durch Einsatz adaptiver Maßnahmen verbessert werden. Besonders ausgiebig läßt sich
Adaptivität bzw. Anpassung an die Voraussetzungen eines
Lernenden im Rahmen von sogenannten Intelligenten Tutoriellen Systemen (vgl. auch Abschn. 2.1.4) verwirklichen. Man kann jedoch auch herkömmliche Lernprogramme so gestalten, daß sie Aspekte von Adaptivität beinhalten.[20] Diese Vorgehensweise wird auch hier verwendet.

Adaptivität als wesentlicher Vorteil computerbasierter Lernmedien

4.3.3 Didaktische Gestaltungsmaßnahmen zur Anpassung an die Voraussetzungen eines Lernenden

Im vorangegangenen Abschnitt wurde die Bedeutung
der Anpassung computerbasierter Lernmedien hervorge-
hoben. Die Anpassung an die Voraussetzungen eines Lernenden bzw. die Individualisierung des Lernens sollte
zum einen über den Bezug der Inhalte zum Arbeitsplatz,
zum anderen über die Anpassung der Rückmeldungen an
den Lernenden realisiert und im Rahmen der Evaluation
überprüft werden.

Es erscheint zunächst einleuchtend, daß es sich aus di-
daktischer und lernpsychologischer Sicht lohnt, Anpassungsmaßnahmen in großem Umfang zu verwirklichen.
Es steht jedoch noch nicht zweifelsfrei fest, wie man vorgehen muß, um das Erreichen von Qualifikationszielen

Anpassung an die Voraussetzungen eines Lernenden

durch Anpassung der Rückmeldungen an den Lernenden
sowie durch den Bezug der Inhalte zum Arbeitsplatz zu
erleichtern.[21] Unmittelbar einsichtig ist aber, daß diese
Maßnahmen Aufwand und damit Kosten der Lernprogrammerstellung beeinflussen: Je höher die erwünschte
Anpassung der Rückmeldung, desto komplexer müssen
die Algorithmen zur Auswertung der Antworten eines
Lernenden sein. Je höher der erwünschte Bezug der Inhalte zum Arbeitsplatz, desto stärker ist die Notwendigkeit, den Bezug an verschiedene Zielgruppen jeweils neu
anzupassen. Für den Praktiker stellt sich deshalb die Frage: Schlägt sich der Aufwand auch in besseren Lernergebnissen nieder? Eine alternative Formulierung könnte
auch lauten: Ergibt sich ein größerer Lernerfolg beim Lernen mit computerbasierten Lernmedien, in denen die beiden Aspekte „Anpassung der Rückmeldung an den Lernenden" und „Bezug der Inhalte zum Arbeitsplatz" in hoher Ausprägung vorhanden sind, im Gegensatz zu Lernprogrammen, bei denen ihre Ausprägung niedrig ist?

4.3.3.1 Anpassung der Rückmeldungen an den Lernenden

• Anforderungen an
Rückmeldungen

Rückmeldung bedeutet die Nachricht, die in einem Lernprogramm auf die Eingaben des Lernenden folgt.[22] An ein
optimales Rückmeldungssystem werden drei Anforderungen gestellt.[23] Dieses sollte:

1. maximal informative Rückmeldung bieten, d. h. auch
   Informationen zur Ortung und Behebung des Fehlers.
2. „bestrafende" Kontingenzen durch betont sachliche Information neutralisieren, denn jede Rückmeldung hat
   auch eine belohnende oder bestrafende Komponente.
3. zu Beginn einer Lernphase stärker „Treffer" zurückmel-
   den und erst später „Fehler", da anfangs Rückmeldungen auf Fehler stärker als affektiv-bestrafend erlebt
   werden.

Punkt eins wird bei einer Teilnehmergruppe mit hoch angepaßten Rückmeldungen in dieser Evaluation umgesetzt (vgl. Abschn. 4.3.5.1). Der zweite Punkt wird bei allen Teilnehmergruppen erfüllt. Die dritte Forderung wur-

de im für diese Evaluation eingesetzten Lernprogramm
nicht umgesetzt, da die Untersuchung der Wirkung von
Rückmeldung als Verstärker nicht Ziel der vorliegenden
Untersuchung war.

Es lassen sich drei Arten von Rückmeldungen unterscheiden: nicht an den Lernenden angepaßte Rückmeldung, gering angepaßte und hoch an den Lernenden angepaßte Rückmeldung.[24] Diese Varianten werden im folgenden kurz vorgestellt, die konkrete Umsetzung mit Beispielen wird in Abschn. 4.3.5.1 dargestellt.

• Arten von
Rückmeldungen

Eine nicht an den Lernenden angepaßte Rückmeldung
informiert nur darüber, ob die von ihm gegebene Antwort
richtig oder falsch ist. Das erfolgt zum Beispiel durch die
bloße Nachricht: „Richtig" oder „Falsch".

Bei einer gering an den Lernenden angepaßten Rückmeldung mit zusätzlicher Information werden entweder
Fehler identifiziert und korrigiert oder es wird dem Lernenden ermöglicht, sie selbst zu korrigieren, indem genügend Informationen zur Verfügung gestellt werden, um
dem Lernenden zu ermöglichen, den Fehler in der Antwort zu lokalisieren und die richtige Antwort zu finden.[25]
Das heißt, man erhält nach Fehlern nicht nur die Rückmeldung, daß man etwas falsch gemacht hat, sondern
auch, wie die richtige Antwort gelautet hätte.

Bei der hoch an den Lernenden angepaßten Rückmeldung erfährt der Lernende nicht nur, wie die richtige Antwort gelautet hätte, sondern er erhält auch zusätzliche Informationen darüber, warum die von ihm gegebene Antwort richtig bzw. falsch war. Weiterhin kann hier auch die
Auswahl folgender Übungen in Abhängigkeit der Lösung
der vorangegangen Übung erfolgen. Eine ausführliche Beschreibung dieser Rückmeldungs-Variante findet sich in
der Literatur.[26]

4.3.3.2 Anpassung der Inhalte an den Arbeitsplatz

Aus der Pädagogischen Psychologie ist bekannt, daß
Schulungsmaßnahmen insbesondere dann ihre volle Wirkung erreichen, wenn auf die persönlichen Erfahrungen
des Lernenden Bezug genommen wird.[27] Es sind im wesentlichen drei Auswirkungen zu erwarten:

• Wirkweisen einer
Anpassung der Inhalte

1. Vor Beginn des eigentlichen Lernprozesses kann ein starker Erfahrungsbezug eine motivierende und aufmerksamkeitslenkende Wirkung haben. Weitere Ausführungen hierzu finden sich in der Literatur.[28]
2. Während des Lernprozesses kann ein Erfahrungsbezug die Informationsverarbeitung erleichtern. Die lernförderlichen Auswirkungen werden hier im Zusammenhang mit den Begriffen sinnvolles Lernen[29] und mentales Modell [30] angesprochen.
3. Nach Beendigung des Lernprozesses, bei der Anwendung des Gelernten, können ebenfalls Effekte des Erfahrungsbezugs sichtbar werden.[31]

Da es um die Gestaltung eines Lernprogramms geht und somit die Effekte während des Lernprozesses untersucht werden sollen, wird in der vorliegenden Evaluation der zweite Aspekt umgesetzt. Der Erfahrungsbezug wird dabei durch den Bezug der Inhalte zum Arbeitsplatz hergestellt. Es wird angenommen, daß hierdurch die Informationsverarbeitung erleichtert wird.

* Mentale Modelle und sinnvolles Lernen: der Grundgedanke

Die den Ansätzen zu mentalen Modellen und zu sinnvollem Lernen zugrundeliegende Idee ist, daß es dem Lernenden durch eine geeignete Gestaltung der Inhalte ermöglicht wird, Zusammenhänge herzustellen zwischen seinem bereits vorhandenen Wissen und Können und den zu vermittelnden neuen Inhalten. Wenn also versucht wird, bei der Gestaltung der Inhalte starken Erfahrungsbezug zu verwirklichen, hat dies das Ziel, das Kontextwissen bzw. Erfahrungswissen eines Lernenden zu aktivieren. Im folgenden wird dargestellt, wie sich das im Falle arbeitsplatzspezifischer Beispiele auf den Lernerfolg auswirken müßte:

* Wirkung mentaler Modelle: ein Beispiel

Man stelle sich einen Lernenden an einem Lernprogramm mit arbeitsplatzspezifischen Beispielen vor. Der Lernende besitzt ein mentales Modell über die Vorgänge an seinem Arbeitsplatz. Wenn durch die arbeitsplatzspezifischen Beispiele nun sein mentales Modell „Arbeitsplatz" bzw. „Wissen über Arbeitsprozesse" aktiviert wird, wird zusätzlich zu den im Lernprogramm dargebotenen Informationen auch sein entsprechendes Kontextwissen verfügbar. Dadurch wird dann das Ableiten neuer Folgerungen erleichtert bzw. ermöglicht.[32] Eher abstrakte Beziehungen zwischen den Schulungsinhalten werden durch Beispiele, die vertraute, vorstellbare Sachverhalte enthalten, veranschaulicht. Ein Einbau neuer Informationen in das bestehende Wissen wird dadurch besser möglich. Je mehr Kontextwissen ein Programm beim Lernenden zu aktivieren vermag, desto größer sollte also der Lernerfolg sein.

Einen eindrucksvollen Hinweis auf die Wirksamkeit mentaler Modelle bieten Ergebnisse wie die von Wittrock.[33] Er hat festgestellt, daß schon das Einfügen eines einzigen den Lernenden bekannten Wortes in einen zu lesenden Text das Textverständnis um 50% und die Erinnerung an den Text um 100% anheben kann. Diese Effekte sind nicht erklärbar durch einen erhöhten Informationsgehalt der zu lernenden Inhalte selbst, wie das bei einer Steigerung des Lerneffektes aufgrund eingefügter Beispiele usw. denkbar gewesen wäre.

Die Bedeutung sinnvollen Lernens wird im Rahmen kognitiver Lerntheorien betont.[34] Sinnvolles Lernen ist das wichtigste Mittel, sich größere Kenntnisbereiche anzueignen und steht im Gegensatz zu behavioristischen Lerntheorien und mechanischem Lernen. Während im Falle des mechanischen Lernens das Speichern mehr oder weniger willkürlicher Assoziationen im Vordergrund steht, geht es beim sinnvollen Lernen darum, inhaltliche Beziehungen zwischen den Begriffen zu klären.

Es gibt verschiedene Formen sinnvollen Lernens, deren Gemeinsamkeit darin besteht, daß neue Information mit relevanten, bereits vorhandenen Aspekten der kognitiven Struktur des Wissens verbunden wird. Bezogen auf die hier evaluierte Schulung unter Einsatz eines SPC-Lernprogramms sollte der Lernende durch arbeitsplatzbezogene Beispiele erkennen, daß der zu erlernende Inhalt „Qualitätssicherung durch SPC" gemeinsame Elemente mit seinem beruflichen Alltag aufweist. Das Einordnen in vorhandenes Wissen sollte somit erleichtert werden.

• Sinnvolles Lernen

4.3.4 Design der Evaluation

Die hier interessierende Frage ist: Schlägt sich der Implementations-Aufwand für die Anpassung der Rückmeldungen an den Lernenden sowie für den Bezug der Inhalte zum Arbeitsplatz in besseren Lernergebnissen nieder?

• Ziele der Evaluation

Überprüft werden soll also, ob

1. ein Lernprogramm mit hoch an den Lernenden angepaßten Rückmeldungen zu besseren Lernergebnissen führt als ein Lernprogramm, das nur gering an den Lernenden angepaßte Rückmeldungen enthält.

2. ein Lernprogramm mit Inhalten, die einen Bezug zum Arbeitsplatz aufweisen, zu besseren Lernergebnissen führt als ein Lernprogramm, dessen Inhalte keinen Bezug zum Arbeitsplatz enthalten.

• Experimentelles Evaluationsdesign

Die Evaluation wurde anhand eines experimentellen Designs geplant.

Es wurde ein 2x2-faktorieller Plan plus Kontrollbedingung verwendet (vgl. Abb. 4.14).

Der erste Faktor in diesem Design ist die „Anpassung der Rückmeldungen an den Lernenden" mit den Ausprägungen „gering" und „hoch". Der zweite Faktor ist der „Bezug der Inhalte zum Arbeitsplatz" mit den Ausprägungen „nicht vorhanden" und „vorhanden". Die Kontrollbedingung „Text" entspricht dem Durcharbeiten eines Buches bzw. eines Textes und enthält keine an den Lernenden angepaßten Rückmeldungen sowie keinen Bezug der

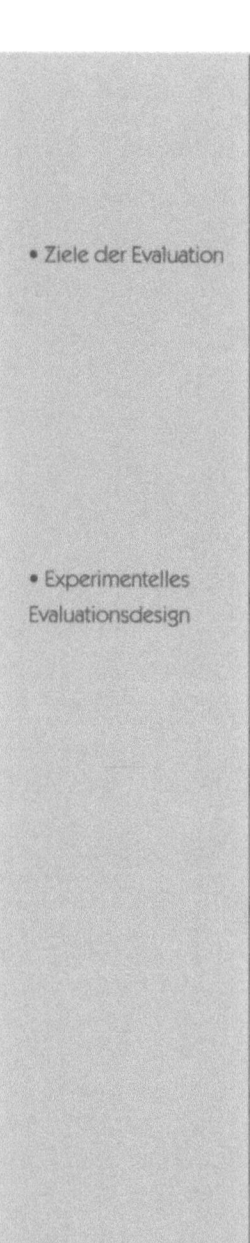

Abb.4.14: 2x2-experimentelles Design mit Kontrollbedingung „Text"

Inhalte zum Arbeitsplatz. Sie dient zur Erhebung einer sogenannten „Baseline" des Lernerfolgs unter einer Lernbedingung ohne besondere Individualisierungsmaßnahmen. Entsprechend diesem Design mit insgesamt fünf Lernbedingungen wurden die Schulungsteilnehmer in fünf Gruppen aufgeteilt, wie in der Abb. 4.14 dargestellt ist.

Weiterhin wurden zusätzlich die drei Variablen „Vorwissen zum Thema", „Alter" der Teilnehmer und „Akzeptanz von Computern" berücksichtigt, da sich ihr Einfluß auf den Lernerfolg in anderen Untersuchungen gezeigt hat.[35]

4.3.5 Umsetzung der Gestaltungsmerkmale im SPC-Lernprogramm

Im folgenden wird die Umsetzung der Gestaltungsmerkmale „Anpassung der Rückmeldungen an den Lernenden" und „Bezug der Inhalte zum Arbeitsplatz" dargestellt und jeweils anhand von Beispielen aus dem Lernprogramm veranschaulicht.

Im Training gab es zwei Arten von Übungen. Bei der ersten Art war es Aufgabe der Schulungsteilnehmer, die Kurvenverläufe zu interpretieren und dabei auftretende Störeinflüsse zu erkennen und zu benennen. Bei den Übungen der zweiten Art wurde das Finden möglicher Ursachen für die Störeinflüsse trainiert. Die Übungen waren so aufgebaut, daß jeweils zuerst das Erkennen eines Störeinflusses und daran anschließend das Finden der Ursache für diesen Störeinfluß trainiert wurde. Eine Übungssequenz bestand, sofern ein Störeinfluß auftrat, also immer aus diesen beiden Elementen.

• Zwei Arten von Übungsaufgaben

4.3.5.1 Umsetzung der Anpassung der Rückmeldungen an den Lernenden

Es wurden drei Arten von Rückmeldungen an die Lernenden verwirklicht: gering und hoch angepaßte Rückmeldungen sowie Rückmeldungen ohne Anpassung an den Lernenden bei der Kontrollbedingung.

Den Teilnehmern, die mit dem Lernprogramm trainierten, das jeweils die Rückmeldungen nur gering an ihre Eingaben bzw. Antworten anpaßte (Gruppe 1 und 3 in

• Gering angepaßte
Rückmeldungen

• Beispiele aus dem
SPC-Programm für
gering angepaßte
Rückmeldungen

• Hoch angepaßte
Rückmeldungen

Abb. 4.14), wurde nach einer Eingabe vom Programm mitgeteilt, ob die von ihnen gegebene Antwort richtig oder falsch ist. Zu einer richtigen Lösung wurde den Teilnehmern gratuliert. Die richtige Antwort wurde zur Information bzw. zur Wiederholung nochmals dargeboten. Bei einer falschen Antwort wurde die vom Teilnehmer gegebene falsche Antwort in der Rückmeldung wiederholt und ausdrücklich als falsch bezeichnet, die richtige Antwort wurde ebenfalls angezeigt.

Beispiele für Rückmeldungen bei richtigen und falschen Antworten werden im folgenden dargestellt.

┄┄⟩ *Rückmeldungen mit geringer Anpassung bei der Übung zu den Störeinflüssen:*

> – *Rückmeldung zu einer richtigen Antwort:*
> *Gratuliere! Ihre Antwort auf die Frage ist richtig. Hier ist tatsächlich ein „Middle Third" vorhanden.*
> – *Rückmeldung zu einer falschen Antwort:*
> *Ihre Antwort auf die Frage ist nicht richtig. Der von Ihnen angekreuzte Störeinfluß „Überschreiten der Eingriffsgrenzen" liegt hier nicht zugrunde. Tatsächlich ist hier ein „Middle Third" vorhanden.*

┄┄⟩ *Rückmeldungen mit geringer Anpassung bei der Übung zu den Ursachen von Störeinflüssen:*

> – *Rückmeldung zu einer richtigen Antwort:*
> *Gratuliere! Ihre Antwort auf die Frage ist richtig. Die von Ihnen angekreuzte Ursache „Fehler im CNC-Programmablauf" liegt hier tatsächlich zugrunde.*
> – *Rückmeldung zu einer falschen Antwort:*
> *Ihre Antwort auf die Frage ist nicht richtig. Die von Ihnen angekreuzte Ursache „plötzliche Aufbauschneidenbildung" liegt hier nicht zugrunde. Tatsächlich ist „Fehler im CNC-Ablauf" eine mögliche Ursache für diesen Störeinfluß.*

Die Teilnehmer, die mit dem Lernprogramm trainierten, das jeweils die Rückmeldungen hoch an ihre Eingaben bzw. Antworten anpaßte (Gruppe 2 und 4 in Abb. 4.14), bekamen neben den gleichen Rückmeldungen, wie sie die Gruppe mit gering angepaßten Rückmeldungen erhielt, weitere Informationen: Bei einer richtigen Antwort handelte es sich dabei um eine Begründung, warum die richtige Antwort richtig war. Bei einer falschen Antwort wurde den Teilnehmern mitgeteilt, warum die falsche Antwort falsch war. Diese ausführlichen und informativen Rückmeldungen dienten dazu, die Unterschiede zwischen verschiedenen Störeinflüsse bzw. Ursachen zu verdeutlichen. Dadurch sollte es den Teilnehmern ermöglicht werden, die Wirkzusammenhänge besser zu verstehen und die Inhalte dadurch auch besser behalten zu können, vor allem dann, wenn die Antwort falsch war.

Weiterhin erfolgte die Auswahl jeder folgenden Übung in Abhängigkeit von der Lösung der vorangegangenen Übung.

Beispiele für Rückmeldungen bei richtigen und falschen Antworten werden im folgenden dargestellt.

* Beispiele aus dem SPC-Programm für hoch angepaßte Rückmeldungen

····⟩ *Rückmeldungen mit hoher Anpassung bei der Übung zu den Störeinflüssen:*

> – *Rückmeldung zu einer richtigen Antwort:*
> *Gratuliere! Ihre Antwort auf die Frage ist richtig. Hier ist tatsächlich ein „Überschreiten der Eingriffsgrenzen" vorhanden. Ein „Überschreiten der Eingriffsgrenzen" ist folgendermaßen definiert: Ein Punkt liegt oberhalb der Eingriffsgrenze („Überschreiten der OEG") oder ein Punkt liegt unterhalb der Eingriffsgrenze („Überschreiten der UEG").*

····⟩ *Rückmeldung zu einer falschen Antwort:*

> – *Ihre Antwort auf die Frage ist nicht richtig. Der von Ihnen angekreuzte Störeinfluß „Trend" liegt hier nicht zugrunde. Tatsächlich ist hier ein „Überschreiten der Eingriffsgrenzen" vorhanden. Ein „Überschreiten der Eingriffsgrenzen" ist folgendermaßen definiert: Ein Punkt liegt oberhalb der Eingriffsgrenze („Überschreiten der OEG") oder ein Punkt liegt unterhalb der Eingriffsgrenze („Überschreiten der UEG"). Ein „Trend" ist hier dagegen nicht aufgetreten, denn die Definition für einen „Trend" lautet: Sieben Punkte in aufsteigender Folge („Trend aufwärts") oder sieben Punkte in absteigender Folge („Trend abwärts").*

---➤ *Rückmeldungen mit hoher Anpassung bei der Übung zu den Ursachen von Störeinflüssen:*

Rückmeldung zu einer richtigen Antwort:
Gratuliere! Ihre Antwort auf die Frage ist richtig. Die von Ihnen angekreuzte Ursache „Fehler im CNC-Programmablauf" liegt hier tatsächlich zugrunde. Ein Fehler im Programmablauf der CNC-Drehbank kann dazu führen, daß die Werkstücke nicht korrekt bearbeitet werden. Das kann einen ständigen Wechsel zwischen verschiedenen Werten für die Durchmesser am Einstich zur Folge haben. Ein „zyklischer Kurvenverlauf" tritt auf.

---➤ *Rückmeldung zu einer falschen Antwort:*

Ihre Antwort auf die Frage ist nicht richtig. Die von Ihnen angekreuzte Ursache „plötzliche Aufbauschneidenbildung" liegt hier nicht zugrunde. Tatsächlich ist ein „Fehler im CNC-Programmablauf" eine mögliche Ursache für diesen Störeinfluß. Ein Fehler im Programmablauf der CNC-Drehbank kann dazu führen, daß die Werkstücke nicht korrekt bearbeitet werden. Das kann einen ständigen Wechsel zwischen verschiedenen Werten für die Durchmesser am Einstich zur Folge haben. Ein „zyklischer Kurvenverlauf" tritt auf. Eine „plötzliche Aufbauschneidenbildung" kann hier dagegen nicht die Ursache sein, denn die wirkt sich so aus: Das Bilden einer Aufbauschneide führt zu erhöhtem Materialabtrag. Das hat eine starke Verringerung der Werte für Durchmesser am Einstich zur Folge. Ein „Überschreiten der unteren Eingriffsgrenze" tritt auf.

• Nicht angepaßte Rückmeldungen

Die Rückmeldung in der Kontrollbedingung, die dem Durcharbeiten eines Buches entspricht, war der Variante mit geringer Anpassung relativ ähnlich. Den Teilnehmern dieser Gruppe (Gruppe 5 in Abb. 4.14) wurde lediglich eine Musterlösung als Rückmeldung dargeboten. Nicht enthalten war dagegen die explizite Information darüber, ob die gegebene Antwort richtig oder falsch war, sowie die Gratulation zu richtigen Antworten. Ziel dabei war es, eine maximal sachliche Rückmeldung ohne jegliche motivationale Aspekte zu gestalten. Damit sollte auch kontrolliert werden, ob die Lerngewinne in der vorliegenden Untersuchung tatsächlich auf die interessierenden Effekte des Informationsgehalts der Rückmeldung zurückgehen und nicht durch motivationale Effekte zustande kommen. Der Bezug zum Arbeitsplatz bestand in der Kontrollbedingung ebenfalls nicht.

Im folgenden werden Beispiele für Rückmeldungen bei richtigen und falschen Antworten dargestellt. Bei dieser Gruppe waren die Rückmeldungen auf richtige und falsche Antworten gleich.

> *Rückmeldung ohne Anpassung bei der Übung zu den Störeinflüssen:*

- *Rückmeldung zu einer richtigen und falschen Antwort:*
  Hier ist ein „Middle Third" vorhanden.

> *Rückmeldung ohne Anpassung bei der Übung zu den Ursachen von Störeinflüssen:*
- *Rückmeldung zu einer richtigen und falschen Antwort:*
  Ein „Fehler im CNC-Programmablauf" ist eine mögliche Ursache für diesen Störeinfluß.

• Beispiele aus dem SPC-Programm für nicht angepaßte Rückmeldungen

4.3.5.2 Umsetzung der Anpassung der Inhalte an den Arbeitsplatz

Bei der Umsetzung des Bezugs zum Arbeitsplatz sollten die Inhalte in einer Variante des Lernprogramms möglichst nah an den Arbeitsplatz der Schulungsteilnehmer angepaßt werden, in der anderen Variante sollte dieser Bezug fehlen und ein Beispiel aus dem täglichen Leben verwendet werden.

Da die Teilnehmer an den Schulungen aus verschiedenen Unternehmen kamen, war es im Rahmen der Evaluation nicht möglich, für jeden Teilnehmer perfekt an seinen Arbeitsplatz angepaßte Inhalte zu verwenden. Deshalb wurde in einer Voruntersuchung festgestellt, zu welchen Inhalten die Teilnehmer, die alle aus dem Metallbereich stammten, den größten Bezug hatten. Aufgrund der

• Bezug der Inhalte zum Arbeitsplatz vorhanden

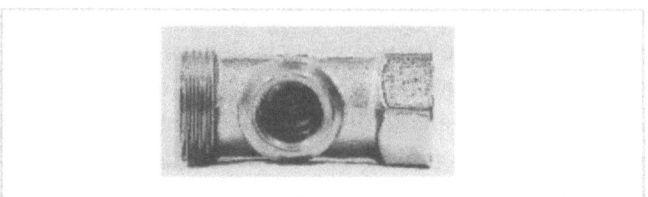

Abb. 4.15: Prozeßbeispiel mit Bezug zum Arbeitsplatz

Ergebnisse wurde ein Drehprozeß (Drehen von Ventilsitzen mit Hilfe von CNC-Drehmaschinen) als angepaßter Inhalt ausgewählt (vgl. Abb. 4.15).

• Bezug der Inhalte zum Arbeitsplatz nicht vorhanden

Als Inhalt ohne Bezug zum Arbeitsplatz diente ein Backprozeß (Herstellung von Spritzgebäck), der nichts mit dem Arbeitsplatz der Teilnehmer zu tun hatte (vgl. Abb. 4.16). Der Backprozeß wurde ausgewählt, da Beispiele aus diesem und anderen Bereichen beim Interaktiven Video (vgl. Abschn. 4.2) als Lerninhalte verwendet wurden. Dort wurde der Bezug der Inhalte zum Arbeitsplatz von den Schulungsteilnehmern vermißt.

Die Art des zugrundeliegenden Prozesses wirkte sich an folgenden Stellen innerhalb des Lernprogramms aus (vgl. auch Abb. 4.17):

• Realisierung der Prozesse innerhalb der Schulung

– bei der Prozeßschilderung im Rahmen des Tutorials vor Beginn der Trainingsphase
– bei den Inhalten der Regelkarten, mit denen während der Trainingsphase gelernt wurde
– bei den Rückmeldungen und den Antwortalternativen
Jeweils ein Beispiel für die beiden Inhalte wird im folgenden dargestellt. Die Beispiele beziehen sich auf die Übungen zum Finden der Ursachen der Störeinflüsse.

• Beispiel für die beiden Inhalte

Abb. 4.16: Prozeßbeispiel ohne Bezug zum Arbeitsplatz

– Beispiel für die Ursache des Störeinflusses „Trend" bei
Inhalten mit Bezug zum Arbeitsplatz (Prozeß: Drehen von
Ventilsitzen):

Verschleiß des Drehmeißels führt zu abnehmendem Ma-
terialabtrag. Das hat eine zunehmende Vergrößerung der
Werte für die Durchmesser am Einstich zur Folge. Ein
„Trend aufwärts" tritt auf.

– Beispiel für die Ursache des Störeinflusses „Trend" mit
eher alltäglichen Inhalten, also ohne Bezug zum Arbeitsplatz (Prozeß: Herstellen von Spritzgebäck):

Abnehmender Druck auf die Teigspritze führt zu einer
allmählich abnehmenden Teigmenge. Das hat eine ständige Verringerung der Werte für die Durchmesser der Krin-
gel zur Folge. Ein „Trend abwärts" tritt auf.

An der Entwicklung der Inhalte für die Prozeßbeispiele
waren sowohl das Fraunhofer Institut für Produktionstechnologie als auch die Berufsbildende Schule in Alsdorf
maßgeblich beteiligt.

4.3.6   Evaluationsinstrument und Bewertungs-
kriterien

Um bewerten zu können, ob und inwieweit die beiden Gestaltungsmerkmale einen positiven Einfluß auf den Lernerfolg haben, wurde als Evaluationsinstrument ein Fragebogen entwickelt, der vier Teile enthält. Einen Vorfragebogen, einen inhaltsvaliden Vortest, einen inhaltsvaliden
Nachtest sowie einen Abschlußfragebogen zur Beurteilung des Lernprogramms.

*• Fragebogen als
Evaluationsinstrument*

Die Fragen im Vorfragebogen beziehen sich auf die Erhebung der möglichen Einflußfaktoren Alter, Akzeptanz
von Computern und Vorkenntnisse zum Thema.

Zur Erfassung des Lernerfolges wurde sowohl für den
Vortest als auch für den Nachtest ein inhaltsvalider Fragebogen entwickelt. Diese Fragebögen enthalten jeweils
Aufgaben, die den Übungsaufgaben während der Trainingsphase entsprechen. Die Fragebögen wurden jeweils

• Bewertungskriterien

parallel für die Inhalte mit bzw. ohne Bezug zum Arbeitsplatz entwickelt.

Es wurden zwei Bewertungskriterien erhoben:

Das Bewertungskriterium für den Lernerfolg war die um Unterschiede in Vorkenntnissen bereinigte Leistung im Nachtest. Die während der Trainingsphase dargebotenen Inhalte wurden dabei entsprechend ihrem Anteil an der Trainingsphase berücksichtigt. Dies war nötig, da bei angepaßter Rückmeldung die Übungsaufgaben in Abhängigkeit von den bisherigen Antworten des Lernenden ausgewählt wurden und so nicht jeder Lernende die gleichen Aufgaben erhielt. Als weiteres Bewertungskriterium wurde die subjektive Einschätzung der Teilnehmer zu den Gestaltungsmerkmalen des Lernprogramms erhoben.

Bei der Auswertung wurden mögliche Effekte des Einflusses der zusätzlichen Variablen Alter und Computerakzeptanz kontrolliert. Bei der Darstellung der Ergebnisse wird auf diese Variablen der Einfachheit halber allerdings nicht weiter eingegangen, weil die Struktur der Ergebnisse sich bei einer statistischen Berücksichtigung der Variablen nicht verändern würde.

4.3.7 Durchführung der SPC-Schulung

Die Durchführung der Evaluation erfolgte an 75 Teilnehmern von Fortbildungsmaßnahmen im Metallbereich, die unter anderem das Themengebiet Statistische Prozeßregelung umfaßten. Der Ablauf der 1 1/2-stündigen Schulung ist in Abb. 4.17 dargestellt.

Zu Beginn der Fortbildung wurde der Begriff SPC durch den Trainer in den Bereich Qualitätssicherung eingeordnet. Danach wurde von den Teilnehmern ein kurzer Vorfragebogen beantwortet.

Im Rahmen eines Tutorials erhielten die Teilnehmer, die einzeln an PCs lernten, eine inhaltliche Einführung in das Themengebiet SPC. Es wurde zuerst ein Überblick zu SPC und dem Führen und Interpretieren von Qualitätsregelkarten gegeben. Daraufhin wurde das im weiteren Verlauf verwendete Prozeßbeispiel (Drehen eines Ventilsitzes bzw. Herstellen von Spritzgebäck) geschildert. Zum Abschluß des Tutorials wurden die später zu trainieren-

Erläuterung des Begriffes SPC durch den Trainer	
	5 min
Vorfragebogen	3 min
Tutorial am Lernprogramm	
– Einführung in SPC	
– Schilderung eines Beispiels für einen Prozeß	
und ein Prüfmerkmal	
– Einführung zu systematischen Kurvenverläufen	
(Störeinflüssen) und möglichen Ursachen	
für diesen Prozeß	25 min
Vortest	7 min
Training am Lernprogramm:	
– Übungsaufgaben zu systematischen	
Kurvenverläufen (Störeinflüssen)	
– Übungsaufgaben zu deren	
möglichen Ursachen	30 min
Nachtest und Abschlußfragebogen	20 min

Abb. 4.17: Ablauf der SPC-Schulung

• Ablauf der SPC-Schulung

den Kurvenverläufe und die dazugehörigen Ursachen anhand der jeweiligen Prozeßbeispiele erläutert. Es folgte der Vortest, der sowohl Aufgaben zu den Störeinflüssen als auch zu den Ursachen der Störeinflüsse beinhaltete.

Daran anschließend trainierten die Teilnehmer, Störeinflüsse sowie mögliche Ursachen zu erkennen und zu benennen. Hierbei lernten die Teilnehmer je nach Lernprogrammgestaltung bzw. ihrer Gruppenzugehörigkeit (vgl. Abb. 4.14) entweder anhand von Übungen mit oder solchen ohne Bezug zum Arbeitsplatz und bekamen nach jeder Übung die entsprechende Rückmeldung.

Eine Übung lief jeweils wie folgt ab: Dem Teilnehmer wurde eine ausgefüllte Qualitätsregelkarte dargeboten. Er mußte entscheiden, ob ein systematischer Kurvenverlauf besteht bzw. ein Störeinfluß aufgetreten ist. Daraufhin erhielt er eine Rückmeldung vom Programm. Sofern ein Störeinfluß gegeben war, wurde er nach der Ursache

• Ablauf einer Übungssequenz

des systematischen Kurvenverlaufes gefragt. Auch hier wurde wieder eine Rückmeldung vom Programm gegeben.

Nach dem Training bearbeiteten die Teilnehmer einen Nachtest. Am Ende der Untersuchung stand die Bewertung des Lernprogramms sowie die nochmalige Erfassung der Computerakzeptanz mit Hilfe des Abschlußfragebogens.

Zum Abschluß erfolgten ein Nachtest zur Überprüfung, wieviel die Teilnehmer gelernt hatten, sowie eine Befragung zur subjektiven Bewertung des Trainings.

4.3.8   Ergebnisse der Evaluation

Im SPC-Lernprogramm wurden zwei Maßnahmen bzw. Gestaltungsmerkmale zur Individualisierung des Lernens realisiert, die Anpassung der Rückmeldungen an den Lernenden und der Bezug der Inhalte zum Arbeitsplatz. Die uns interessierenden Fragen waren:

1. Wirkt sich die Anpassung der Rückmeldungen an den Lernenden positiv auf den Lernerfolg aus?
2. Wirkt sich der Bezug der Inhalte zum Arbeitsplatz positiv auf den Lernerfolg aus?

Im folgenden werden die Evaluationsergebnisse im Hinblick auf die zwei interessierenden Fragen betrachtet. Die statistische Auswertung der Daten erfolgte mit Hilfe des Statistikprogramms SPSS.[36]

• Unabhängige Variablen

Unabhängige Variablen waren:
- die Anpassung der Rückmeldungen an den Lernenden
- der Bezug der Inhalte zum Arbeitsplatz

• Abhängige Variablen

Abhängige Variable zur Messung des Lernerfolges war der um Unterschiede in Vorkenntnissen bereinigte Prozentsatz richtiger Antworten im Nachtest (für die Items zu den Kurvenverläufen sowie zu den Ursachen). Weiterhin wurden subjektive Einschätzungen der Teilnehmer zur Beurteilung der Nützlichkeit der Rückmeldungen sowie zum Arbeitsplatzbezug der Inhalte erhoben.

Im folgenden wird als erstes überprüft, ob die beiden Prozeßschilderungen hinsichtlich ihrer Verständlichkeit und Schwierigkeit vergleichbar sind, um zu gewährleisten, daß sich nicht schon alleine dadurch Unterschiede im Hinblick auf den Lernerfolg ergeben. Es soll also überprüft werden, ob eine Erhöhung des Lernerfolges auf das Training zurückzuführen ist. Daran anschließend werden die Ergebnisse der Evaluation im Hinblick auf die beiden interessierenden Fragen dargestellt und abschließend zusammengefaßt.

4.3.8.1 Überprüfung der Gleichheit der Prozeßschilderungen

Ein Vergleich der zwei realisierten Prozeßbeispiele setzt voraus, daß die Schilderungen der jeweiligen Prozesse in ihrer Schwierigkeit und Verständlichkeit vergleichbar sind. Für einen solchen Vergleich gibt es mehrere Möglichkeiten. Wir haben hierzu zwei Varianten verwendet. Zum einen sollten die Teilnehmer nach der Schulung die Prozesse selbst beurteilen. Zum anderen ließen wir die Prozeßschilderungen durch Experten bewerten. Die Vergleiche erfolgten jeweils über einen Mann-Whitney-U-Test bzw. einen Wilcoxon-Test.

1. Beurteilung der Prozesse durch die Teilnehmer
   Um zu überprüfen, ob die Teilnehmer die Prozeßbeispiele hinsichtlich ihrer Verständlichkeit gleich beurteilen, wurden fünf Fragen aus dem Abschlußfragebogen herangezogen. Die Fragen wurden zu einer Skala zusammengefaßt. Der Vergleich ergab keine signifikanten Unterschiede zwischen den angepaßten und nicht angepaßten Inhalten (Z<1). Die subjektiven Einschätzungen der Teilnehmer deuten also nicht auf Unterschiede in der Qualität der Schilderungen der beiden Prozesse hin.

   • Beurteilung der Prozesse durch die Teilnehmer

2. Beurteilung der Prozesse durch Experten
   Neben dem Urteil der Lernenden selbst wurden auch neun fachkundige Experten befragt, um festzustellen, ob diese die Inhalte der Prozeßbeispiele vergleichbar empfinden. Diese beurteilten die Beschreibung der beiden Prozesse sowie die Störeinflüsse und Ursachen, die im Rahmen des Tutorials vorgestellt wurden. Beurteilungsdimensionen waren dabei die Wirklichkeitsnähe,

   • Beurteilung der Prozesse durch Experten

Verständlichkeit und sachliche Richtigkeit der Inhalte. Die Verständlichkeit und sachliche Richtigkeit der Inhalte sollte gleich sein, die angepaßten Inhalte sollten wirklichkeitsnäher sein als die nicht angepaßten Inhalte. Dies würde bestätigen, daß die Realisierung des Bezugs der Inhalte zum Arbeitsplatz gelungen ist.

Das Ergebnis der Expertenurteile sieht wie folgt aus: Die Wirklichkeitsnähe der angepaßten Inhalte ist, wie erwartet, signifikant höher als die der nicht angepaßten Inhalte (Z=1,96; p(einseitig<0,05). Der Bezug der Inhalte wurde also wie beabsichtigt realisiert. Die sachliche Richtigkeit der Darstellung beider Inhalte ist gleich (Z=1,35; p>0,05) Es bestehen, wie erwartet, keine Unterschiede. Dasselbe gilt auch für die Verständlichkeit, auch hier gibt es keinen signifikanten Unterschied (Z=1,19; p>0,05).

Nach der Überprüfung zur Vergleichbarkeit der Inhalte kann also angenommen werden, daß die Prozeßbeispiele hinsichtlich ihrer Schwierigkeit und Verständlichkeit vergleichbar sind.

4.3.8.2 Ergebnisse der Evaluation bezüglich der Anpassung der Rückmeldungen an den Lernenden

* Einfluß der Anpassung der Rückmeldungen auf den Lernerfolg

Hinsichtlich der Anpassung der Rückmeldungen an den Lernenden wurde erwartet, daß Lernprogramme mit hoch angepaßten Rückmeldungen zu besseren Lernergebnissen führen als Lernprogramme mit gering angepaßten Rückmeldungen. Dieser Effekt zeigte sich auch in der vorliegenden Evaluation $(F[1;57]=3,76;$ p(einseitig)$<0,05)$. Teilnehmer, die mit hoch an sie selbst angepaßten Rückmeldungen lernten, hatten einen signifikant höheren Lernerfolg (durchschnittliche Anzahl richtiger Antworten von 62 %) als Teilnehmer, die mit gering angepaßten Rückmeldungen lernten (durchschnittliche Anzahl richtiger Antworten von 47 %, vgl. Abb. 4.18).

* Einfluß der Anpassung der Rückmeldungen auf die Beurteilung der Nützlichkeit der Rückmeldungen

Zur Beurteilung der Nützlichkeit der Rückmeldungen durch die Teilnehmer dienten folgende Aussagen, die die Teilnehmer auf einer siebenstufigen Skala einschätzen sollten (acht Items, je vier zu den Kurvenverlauf- und den

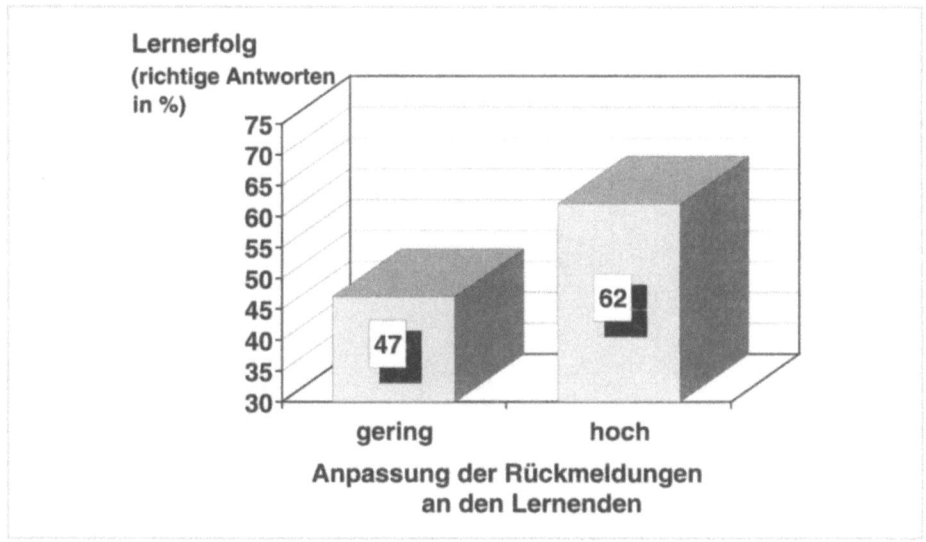

Abb. 4.18: Lernerfolg in Abhängigkeit von der Anpassung der Rückmeldungen an den Lernenden

Ursachen-Items. In Klammern ist der von den Kurvenverlauf-Items zu den Ursachen-Items abweichende Text angegeben):

- Aus den Rückmeldungen zu den Fragen nach den Kurvenverläufen (Ursachen) wurde hinreichend deutlich, ob die von mir gegebene Antwort richtig war.
- Aus den Rückmeldungen zu den Fragen nach den Kurvenverläufen (Ursachen) wurde hinreichend deutlich, welche Antwort richtig war.
- Aus den Rückmeldungen zu den Fragen nach den Kurvenverläufen (Ursachen) wurde hinreichend deutlich, warum die richtige Antwort richtig ist.
- Die Rückmeldungen zu den Fragen nach den Kurvenverläufen (Ursachen) füllten meine Wissenslücke.

Die Items wurden zu einer Skala zusammengefaßt. Betrachtet man nun die subjektiven Einschätzungen der Teilnehmer der SPC-Schulung (vgl. Abb. 4.19), so zeigt die Beurteilung zur Nützlichkeit der Rückmeldungen $(F[1;54]=6,48; p<0,05)$ den gleichen Unterschied wie der Lernerfolg. Teilnehmer, die mit hoch angepaßten Rückmeldungen lernten, schätzten die Nützlichkeit der Rück-

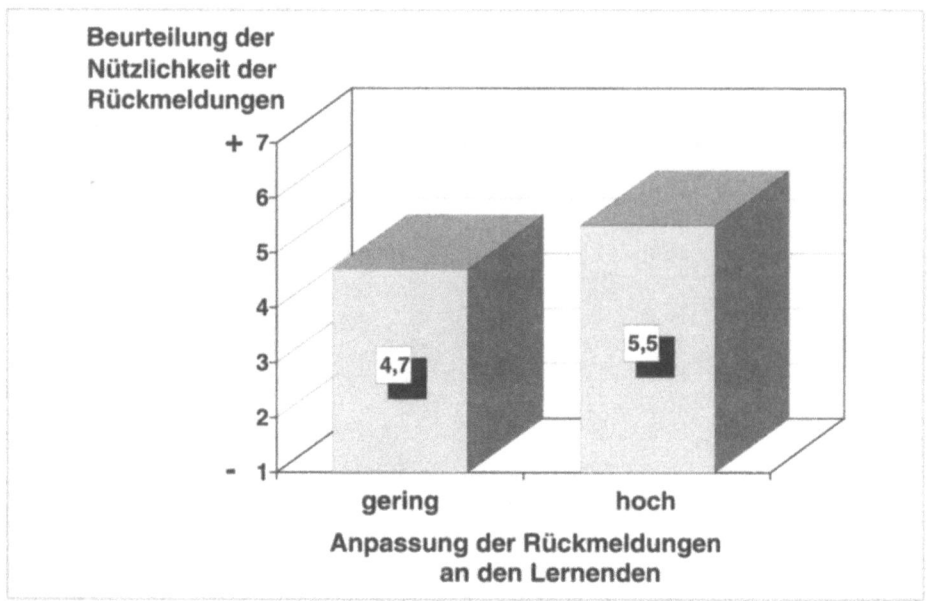

Abb. 4.19: Beurteilung der Nützlichkeit der Rückmeldungen in Abhängigkeit von der Anpassung der Rückmeldungen an den Lernenden

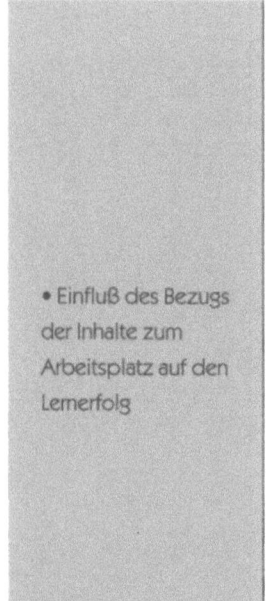

meldungen signifikant höher ein (durchschnittlicher Wert von 5,5 auf einer Skala von eins bis sieben) als Teilnehmer, die mit gering angepaßten Rückmeldungen lernten (durchschnittlicher Wert von 4,7).

4.3.8.3 Ergebnisse der Evaluation bezüglich der Anpassung der Inhalte an den Arbeitsplatz

• Einfluß des Bezugs der Inhalte zum Arbeitsplatz auf den Lernerfolg

Ein weiterer Aspekt war die Anpassung der Inhalte an den Arbeitsplatz. Es wurde erwartet, daß Lernprogramme mit an den Arbeitsplatz angepaßten Inhalten zu besseren Lernergebnissen führen als Lernprogramme mit nicht angepaßten eher allgemeinen Inhalten.

Ein Vergleich des Lernerfolges der beiden Gruppen zeigt, daß die Teilnehmer, die mit Inhalten lernten, die einen Bezug zum Arbeitsplatz aufwiesen, unabhängig von der Art der Rückmeldung (durchschnittliche Anzahl richtiger Antworten von 55%), keinen signifikant höheren Lernerfolg hatten, als die Teilnehmer, deren Inhalte keinen Bezug zum Arbeitsplatz aufwiesen (durchschnittliche Anzahl richtiger Antworten von 54%; $F[1,57]<1$).

Betrachtet man jedoch den Zusammenhang zwischen dem Bezug der Inhalte zum Arbeitsplatz und der Anpassung der Rückmeldungen an den Lernenden, im Sinne einer Wechselwirkung dieser beiden Merkmale (vgl. Abb. 4.20), so zeigt sich hier ein signifikanter Effekt ($F[1;57]=4,30$; p(zweiseitig)$<0,05$). Teilnehmer, die sowohl mit angepaßten Inhalten als auch mit angepaßten Rückmeldungen lernten (durchschnittliche Anzahl richtiger Antworten von 70 %), waren besser als der Durchschnitt aller anderen Teilnehmer (ohne Kontrollgruppe; $t[68]=2,45$; p(einseitig)$<0,01$) und besser als die Kontrollgruppe (durchschnittliche Anzahl richtiger Antworten bei der Kontrollgruppe 53%; $t[68]=1,71$; p(einseitig)$<0,05$). Die Teilnehmer der anderen drei Gruppen unterscheiden sich im Durchschnitt dagegen nicht signifikant von der Kontrollgruppe ($t[68]<1$).

Wenn also gleichzeitig Rückmeldungen mit hoher Anpassung an den Lernenden und der Bezug der Inhalte zum Arbeitsplatz im Lernprogramm realisiert wurden, war der Lernerfolg der Teilnehmer, die mit diesem Programm lernten, am größten.

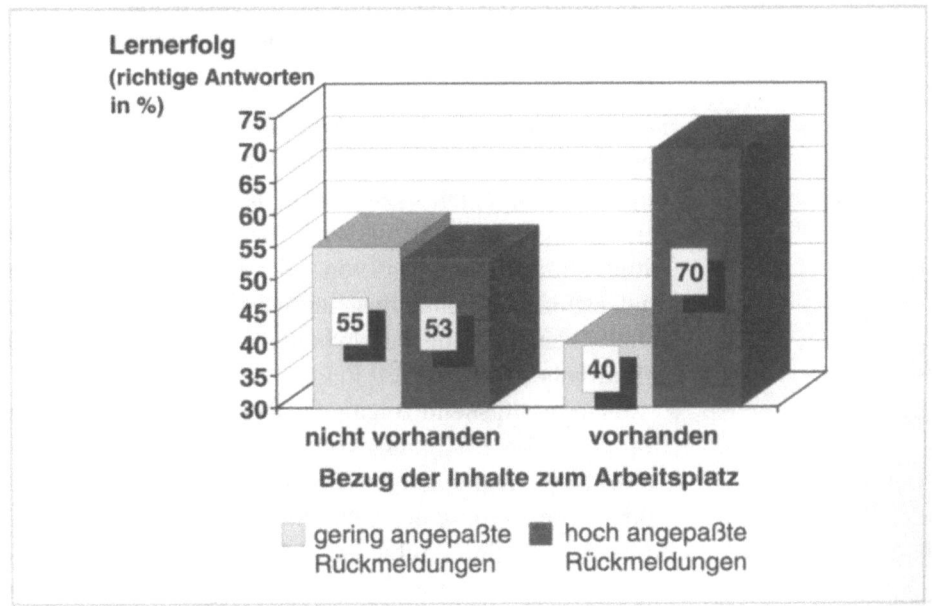

Abb. 4.20: Lernerfolg in Abhängigkeit vom Bezug der Inhalte zum Arbeitsplatz und der Anpassung der Rückmeldungen an den Lernenden

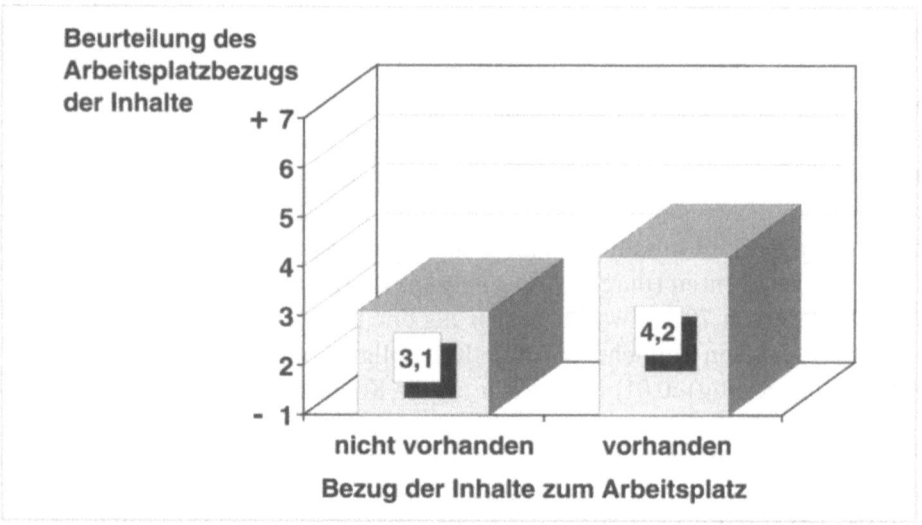

Abb. 4.21: Beurteilung des Arbeitsplatzbezugs der Inhalte in Abhängigkeit vom Bezug der Inhalte zum Arbeitsplatz

• Einfluß des Bezugs der Inhalte auf die Beurteilung des Arbeitsplatzbezugs

Zur Beurteilung des Arbeitsplatzbezugs der Inhalte wurden folgende drei Items zu einer Skala zusammengefaßt:

- Der Beispielprozeß hat mich interessiert.
- Ich kannte mich mit dem Beispielprozeß aus.
- Der Beispielprozeß hatte Bezug zu meinem Arbeitsplatz.

Die Einschätzung erfolgte ebenfalls wieder auf einer siebenstufigen Skala. Betrachtet man die subjektive Beurteilung der Teilnehmer, so zeigt sich, daß die Teilnehmer, deren Inhalte einen Bezug zum Arbeitsplatz aufwiesen (durchschnittlicher Wert von 4,2, vgl. Abb. 4.21), diesen auch signifikant höher einschätzten als Teilnehmer, deren Inhalte keinen Bezug zum Arbeitsplatz aufwiesen (durchschnittlicher Wert von 3,1; $F[1;59]=8,99$; $p<0,01$).

• Zusammenfassung der Ergebnisse

Zusammenfassend zeigen die Ergebnisse der Evaluation (vgl. Abb. 4.22), daß hoch an den Lernenden angepaßte Rückmeldungen den Lernerfolg erhöhen. Die subjektive Beurteilung der Lernenden zur Nützlichkeit der Rückmeldung unterstützt dieses Ergebnis.

Der Bezug der Inhalte zum Arbeitsplatz bzw. die Anpassung der Inhalte an den Lernenden, ohne gleichzeitig auch die Rückmeldungen anzupassen, erhöht den Ler-

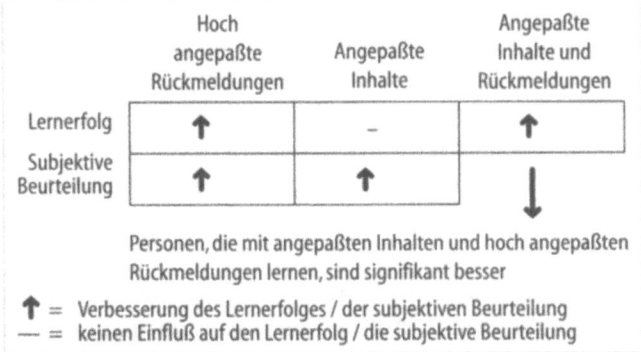

Abb. 4.22: Übersicht über die Ergebnisse der Evaluation des SPC-Lernprogramms

nerfolg nicht. Der Lernerfolg ist erst dann erhöht, wenn sowohl die Rückmeldungen als auch die Inhalte angepaßt wurden. Dies bedeutet, daß sich der Lernerfolg bei hoch angepaßten Rückmeldungen erhöht, der Bezug der Inhalte zum Arbeitsplatz an sich jedoch in dieser Evaluation keinen signifikanten Lernzuwachs bringt. Der Bezug der Inhalte wirkt sich also erst in Kombination mit hoch angepaßten Rückmeldungen positiv auf den Lernerfolg aus. Betrachtet man die subjektive Beurteilung, so zeigt sich, daß Teilnehmer, die mit angepaßten Inhalten lernten, deren Inhalte also einen Bezug zum Arbeitsplatz aufwiesen, den Arbeitsplatzbezug der Inhalte auch höher einschätzten.

4.3.9 Zusammenfassende Diskussion und Implikationen der Evaluation für die Gestaltung computerbasierter Lernmedien

Durch die vorliegende Evaluation sollte die Frage beantwortet werden, ob und wie die Qualität computerbasierter Lernmedien durch Gestaltungsmerkmale, die eine Anpassung an die Voraussetzungen eines Lernenden und damit eine Individualisierung des Lernens ermöglichen, verbessert werden kann. Dabei wurden die Auswirkungen des Bezugs der Inhalte zum Arbeitsplatz sowie die Anpassung der Rückmeldungen an den Lernenden untersucht.

• Lernerfolg in
Abhängigkeit der
Anpassung der
Rückmeldungen

• Lernerfolg in
Abhängigkeit des
Bezugs der Inhalte
zum Arbeitsplatz

• Kombination von
hoher Anpassung der
Rückmeldungen und
starkem Bezug der
Inhalte zum
Arbeitsplatz

Betrachtet man nur die Anpassung der Rückmeldungen an den Lernenden als ein hier untersuchtes Gestaltungsmerkmal, so brachte dieses Gestaltungsmerkmal einen signifikanten Lernzuwachs. Das bedeutet also, daß Teilnehmer, die zu ihren Antworten hoch angepaßte Rückmeldungen vom Programm bekamen, signifikant besser lernten als Teilnehmer, die gering angepaßte Rückmeldungen erhielten.

Betrachtet man nur alleine den Bezug der Inhalte zum Arbeitsplatz, dann erfüllte dieses Gestaltungsmerkmal den an ihn gestellten Anspruch nicht. Teilnehmer, die mit Inhalten lernten, die einen Bezug zum Arbeitsplatz aufwiesen, lernten im Vergleich zu Teilnehmern, deren Inhalte keinen Bezug zum Arbeitsplatz hatten, zwar etwas besser, dieses Ergebnis wurde jedoch nicht statistisch signifikant.

Werden die vier Gruppen von Teilnehmern vergleichend betrachtet, zeigt sich jedoch, daß die Teilnehmer, die einerseits hoch angepaßte Rückmeldungen erhielten und deren Inhalte andererseits auch einen Bezug zum Arbeitsplatz aufwiesen, signifikant besser lernten als die Teilnehmer der anderen Gruppen. Wenn also gleichzeitig Rückmeldungen mit hoher Anpassung an den Lernenden und der Bezug der Inhalte zum Arbeitsplatz im Lernprogramm realisiert wurden, war der Lernerfolg der Teilnehmer am größten.

Wie erwähnt, war der Effekt des Bezugs der Inhalte, ohne gleichzeitige Berücksichtigung des Typs der Rückmeldungen, nicht signifikant. Dies kann möglicherweise daran liegen, daß die Trainingsphase mit lediglich einer halben Stunde, für eine vollständige Entfaltung der Wirkung des Erfahrungsbezugs, zu kurz war. Weiterhin kann es auch sein, daß die Umsetzung des Bezugs und damit die Anpassung der Inhalte nicht vollständig gelungen war und sich deshalb ein signifikanter Effekt erst in Kombination mit der Anpassung der Rückmeldungen ergab. Betrachtet man einerseits die subjektive Einschätzung der Teilnehmer hinsichtlich des Bezugs der Inhalte zum Arbeitsplatz, so zeigt sich, daß der Bezug signifikant höher eingeschätzt wurde, wenn die Teilnehmer mit angepaßten Inhalten lernten. Betrachtet man jedoch andererseits die absoluten Werte, so wird der Arbeitsplatzbezug durch die Teilnehmer, die mit angepaßten Inhalten lernten, nur etwas besser als mittelmäßig eingeschätzt. Die Realisierung des Bezugs zum Arbeitsplatz war also, bedingt dadurch, daß nur ein Prozeßbeispiel für alle Teilnehmer der Schulungen verwendet werden konnte, möglicherweise nicht hoch genug.

In dieser Evaluation wurde somit deutlich, daß die beiden didaktischen Gestaltungsmerkmale zur Anpassung an die Voraussetzungen eines Lernenden vor allem dann einen Effekt auf den Lernerfolg haben, wenn die Anpassung bzw. Adaptivität hinsichtlich beider Merkmale hoch ist.

- Wichtig ist das „Wie" der didaktischen Gestaltung computerbasierter Lernmedien

Es zeigte sich also, daß Maßnahmen zur didaktischen Gestaltung computerbasierter Lernmedien an sich den Lernerfolg nicht automatisch erhöhen. Wichtig ist dabei vielmehr das „Wie" der Umsetzung. Wenn man möchte, daß der Lernerfolg durch Anpassungsmaßnahmen höher ist als wenn keine Anpassungen im Programm vorgenommen werden, dann sollte die Anpassung an die Voraussetzungen des Lernenden hoch sein. In dem hier evaluierten Lernprogramm sollten also sowohl die Rückmeldungen an den Lernenden hoch angepaßt werden als auch ein starker Bezug der Inhalte zum Arbeitsplatz bestehen.

Mit Hilfe einer systematischen Evaluation kann somit festgestellt werden, ob didaktische Gestaltungsmerkmale lernförderliche Auswirkungen auf computerbasierte Lernmedien haben und welche dies sind.

4.4 Zusammenfassung und Empfehlungen

Im Rahmen der Evaluationen wurden die Teilnehmer der hier berichteten Untersuchungen im Anschluß an die Schulungen gefragt, wie sie am liebsten bei ihrer nächsten Schulung lernen würden (vgl. Abb. 4.23).

- Beurteilung des Lernens unter Einsatz eines PCs

Vergleicht man die Beurteilungen der Teilnehmer, so zeigt sich, daß die Teilnehmer lieber unter Einsatz eines PCs lernen würden. Dabei steht an erster Stelle der Einsatz des Rechners in einem Seminar (5,8), gefolgt von dem Lernen zu zweit an einem PC (4,7). Das Lernen allei-

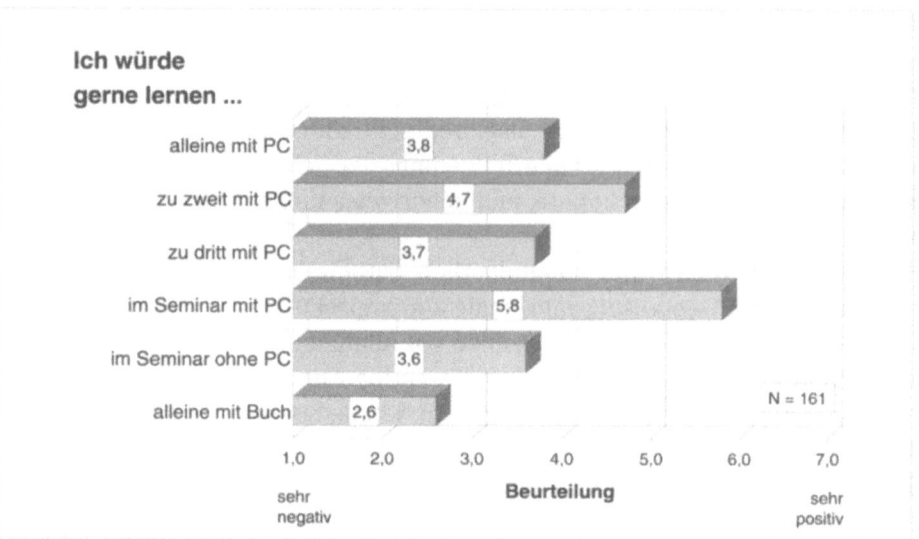

Abb. 4.23: Beurteilung der Teilnehmer, wie sie bei ihrer nächsten Schulung am liebsten lernen würden

• Sicherstellen der Schulungsqualität beim Einsatz computerbasierter Lernmedien

ne am PC (3,8) sowie das Lernen zu dritt am PC (3,7) unterscheiden sich nicht von der Einschätzung eines konventionellen Seminars (3,6). Die Beurteilung des Lernens mit einem Buch fällt dagegen sehr ab (2,6).

Es zeigt sich somit, daß die Teilnehmer den Einsatz computerbasierter Lernmedien zum Lernen einem rein konventionellen Seminar vorziehen. Dabei wird jedoch auch deutlich, daß die Teilnehmer entweder zu zweit oder aber am liebsten im Rahmen eines Seminars unter Einsatz computerbasierter Lernmedien lernen möchten. Äußerungen der Teilnehmer wie auch die Ergebnisse im Rahmen der Interviews der Ist-Zustandsanalyse[37] weisen darauf hin, daß im Rahmen von Schulungen unter Einsatz computerbasierter Lernmedien andere Teilnehmer und auch der Trainer wichtig sind, um z.B. Fragen stellen zu können, die Inhalte zu diskutieren und auch die Möglichkeit zu haben, in einem sozialen Rahmen, nicht isoliert, zu lernen.

In diesem Teil des Buches ging es um die Frage, wie sich die Schulungs- und Trainingsqualität beim Einsatz computerbasierter Lernmedien sicherstellen läßt.

Hierzu können verschiedene Maßnahmen dienen. #+Qualität kann dadurch gewährleistet werden, daß die

Rahmenbedingungen für den betrieblichen Einsatz der Lernprogramme, vor allem, wenn es Standardprogramme sind wie das hier evaluierte Interaktive Video (vgl. Abschn. 4.2), so gestaltet werden, daß der Lernerfolg möglichst hoch ist. Dies kann dadurch sichergestellt werden, daß der Anwendungsbezug, der im Programm selbst nicht verwirklicht ist, durch Maßnahmen außerhalb des Lernprogramms realisiert wird und die Lerninhalte am Arbeitsplatz auch angewendet werden.

Sofern die Möglichkeit besteht, eigene Lernprogramme zu entwickeln, ist es ratsam, den Anwendungsbezug direkt schon im Programm zu verwirklichen, indem firmen- bzw. arbeitsplatzspezifische Beispiele zum Lernen verwendet werden. Dabei ist aber, wie in der Evaluation zum SPC-Lernprogramm gezeigt wurde (vgl. Abschn. 4.3), zu beachten, daß die Anpassung an die Voraussetzungen des Lernenden möglichst hoch sein sollte. In diesem Programm wurde dies durch hoch angepaßte Rückmeldungen und starken Bezug der Inhalte zum Arbeitsplatz realisiert. Ansonsten kann es sein, daß der Lernerfolg nicht höher ist als bei einem Programm, das keinerlei Anpassungsmaßnahmen enthält.

Auch wenn im Programm ein Anwendungsbezug hergestellt wird, ist anzunehmen, daß es für den Lernerfolg unterstützend ist, durch weitere Maßnahmen den Bezug zu den Bereichen, in denen das Gelernte angewendet werden soll, herzustellen und die gelernten Inhalte auch am Arbeitsplatz anzuwenden. Dabei ist es, wie im Rahmen der Interviews der Ist-Zustandsanalyse deutlich wurde, wichtig, Schulungszeitraum und Zeitpunkt der Anwendung möglichst gut abzustimmen, um den Transfer des Gelernten optimal zu gestalten. Es besteht also auch hier, wie bei konventionellen Schulungen, die Problematik, die Zeitpunkte von Schulung und erster Anwendung richtig abzustimmen, da gelernte Inhalte bei sofortiger, arbeitsplatzbezogener Anwendung besser behalten werden.

Um festzustellen, welche Maßnahmen wie wirken, seien es Gestaltungsmaßnahmen in einen Lernprogramm oder aber andere Maßnahmen, die einen Rahmen zum effektiven Lernen schaffen, sollte eine systematische Evaluation, wie hier an Beispielen beschrieben, eingesetzt werden.

Anmerkungen

1   Einen Überblick über Evaluation geben z.B. Wottawa, H. & Thie-rau, H.: Lehrbuch Evaluation. Bern, Huber 1990 und Will, H., Winteler, A. & Krapp, A.: Evaluation in der beruflichen Aus- und Weiterbildung. Heidelberg, Sauer 1987

2   vgl. Will, H., Winteler, A. & Krapp, A.: Evaluation in der berufli-chen Aus- und Weiterbildung. Heidelberg, Sauer 1987

3   vgl. Will, H., Winteler, A. & Krapp, A.: Evaluation in der berufli-chen Aus- und Weiterbildung. Heidelberg, Sauer 1987

4   vgl. z.B. Lienert, G.A.: Testaufbau und Testanalyse. 5. Auflage, Weinheim, Beltz - PVU 1994

5   vgl. Bloom, B.S., Englehardt, M.B., Furst, E.J., Hill, W.H. & Krath-wohl, D.R.: Taxonomie von Lernzielen im kognitiven Bereich, Weinheim, Beltz 1972

6   vgl. Krathwohl, D.R., Bloom, B. & Masia B.B.: Taxonomie von Lernzielen im affektiven Bereich, Weinheim, Beltz 1975

7   vgl. Feger, B.: Die Generierung von Testitems zu Lehrtexten, Diagnostica, 30, 1984, S. 24-46

8   Computerbasiertes Lernsystem mit Videoeinbindung der Firma LaserMedia, Köln, zum Thema „Statistische Prozeßregelung"

9   vgl. Fricke, R.: Zur Effektivität computer- und videounterstützter Lernprogramme. Empirische Pädagogik (Beiheft 2), 1991, 5, S. 167-204

10 vgl. Anderson, J.R.: The Architecture of Cognition. Cambridge, Harvard University Press 1983

11 vgl. Klauer, K.J.: Kriteriumsorientierte Tests. Göttingen, Hogrefe 1987

12 vgl. Klauer, K.J. & Kornardt, H.-J. (Hrsg.): Jahrbuch zur empiri-schen Erziehungswissenschaft 1979, Düsseldorf, Schwann 1979

13 vgl. Bloom, B.S., Englehardt, M.B., Furst, E.J., Hill, W.H. & Krathwohl, D.R.: (Hrsg.): Taxonomie von Lernzielen im kogniti-ven Bereich, Weinheim, Beltz 1972

14 vgl. Krathwohl, D.R., Bloom, B.S. & Masia, B.B.: Taxonomie von Lernzielen im affektiven Bereich. Weinheim, Beltz 1975

15 vgl. SPSS: SPSS für Windows. München, SPSS GmbH 1993

16 vgl. Zink, K.J., Leutner, D., Pfeifer, T., Bäuerle, T., Dörre, P., Rhiem, S. & Schmidt, A.: Qualitätsmanagement in der innerbe-trieblichen Umsetzung: Schlüsselfaktoren und Erfahrungen (Programm Qualitätssicherung des BMBF). Kaiserslautern, Lehrstuhl für Industriebetriebslehre und Arbeitswissenschaft 1994

17 vgl. Cohen, V.B.: A reexamination of feedback in computer-based instruction: Implications for instructional design. Educa-tional Technology, 1985, 25, S. 33-37

18 vgl. Leutner, D.: Adaptive Lehrsysteme. Instruktionspsychologische Grundlagen und experimentelle Analysen. Weinheim, Beltz - PVU 1992

19 vgl. Gage, N.L. & Berliner, D.C.: Pädagogische Psychologie. 4. Auflage, Weinheim, Beltz 1986

20 vgl. Leutner, D.: Adaptive Lehrsysteme. Instruktionspsychologische Grundlagen und experimentelle Analysen. Weinheim, Beltz - PVU 1992

21 vgl. Schimmel, B.J.: Providing meaningful feedback in courseware. In D.H. Jonassen (Hrsg.) Instructional Designs for microcomputer courseware (S. 183-195). New York, Hillsdale 1988
vgl. Mandl, H. & Hron, A.: Psychologische Aspekte des Lernens mit dem Computer. Zeitschrift für Pädagogik, 1986, 35, S. 657-678
vgl. Kulhavy, R.W.: Feedback in written instruction. Review of Educational Research, 1977, 47, S. 211-232

22 vgl. Cohen, V.B.: A reexamination of feedback in computer-based instruction: Implications for instructional design. Educational Technology, 1985, 25, S. 33-37

23 vgl. Mandl, H., Fischer, P. M., Frey, H.-D. Jeuck, J.: Wissensvermittlung durch ein computerunterstütztes Rückmeldungssystem. In H.Mandl, , P.M. Fischer (Hrsg.): Lernen im Dialog mit dem Computer (S. 179-190). München, Urban & Schwarzenberg 1985

24 vgl. hierzu auch Kulhavy, R.W. & Stock, W.A.: Feedback in written instruction. The place of response certitude. Educational Psychology Review, 1989, 1, S. 279-308

25 vgl. Cohen, V.B.: A reexamination of feedback in computer-based instruction: Implications for instructional design. Educational Technology, 1985, 25, S. 33-37

26 vgl. Siegel, M.A., & Misselt, A.L.: Adaptive feedback and review paradigm for computer based drills. Journal of Educational Psychology, 1984, 76, p. 310-317.

27 vgl. z.B. Gage, N.L. & Berliner, D.C.: Pädagogische Psychologie. 4. Auflage, Weinheim, Beltz 1986

28 vgl. Klauer, K.J.: Zielorientiertes Lehren und Lernen bei Lehrtexten. Unterrichtswissenschaft, 1981, 4, S. 300-318
vgl.Klauer, K.J.: Die Zielangabe des persönlichen Bezugs. Unterrichtswissenschaft, 1982, 3, S. 260-276.

29. vgl. Ausubel, D.P., Novak, J.D. & Hanesian, H.: Psychologie des Unterrichts. Band 1, 2. Auflage, Weinheim, Beltz 1980

30 vgl. Dutke, S.: Mentale Modelle: Konstrukte des Wissens und Verstehens. Göttingen, Hogrefe 1994

31 vgl. Mandl, H., Prenzel, M. & Gräsel, C.: Das Problem des Lerntransfers in der betrieblichen Weiterbildung. Unterrichtswissenschaft, 1992, 20, S. 126-143

32 vgl. Dutke, S.: Mentale Modelle: Konstrukte des Wissens und Verstehens. Göttingen, Hogrefe 1994

33 vgl. Wittrock, M.C.: The cognitive movement in instruction.

Educational Psychologist, 1978, 13, S. 15-29, zit. n. Gage, N.L. & Berliner, D.C.: Pädagogische Psychologie. 4. Auflage, Weinheim, Beltz 1986

34 vgl. Ausubel, D.P., Novak, J.D. & Hanesian, H.: Psychologie des Unterrichts. Band 1, 2. Auflage, Weinheim, Beltz 1980

35 vgl. Fricke, R.: Zur Effektivität computer- und videounterstützter Lernprogramme. Empirische Pädagogik (Beiheft 2), 1991, 5, S. 167-204

36 vgl. SPSS: SPSS für Windows. München, SPSS GmbH 1993

37 vgl. Zink, K.J., Leutner, D., Pfeifer, T., Bäuerle, T., Dörre, P., Rhiem, S. & Schmidt, A.: Qualitätsmanagement in der innerbetrieblichen Umsetzung: Schlüsselfaktoren und Erfahrungen (Programm Qualitätssicherung des BMBF). Kaiserslautern, Lehrstuhl für Industriebetriebslehre und Arbeitswissenschaft 1994

5 Fazit

Die vielfältigen Methoden und Verfahren des Qualitätsmanagements, die von frühen Planungsphasen bis in den Bereich der Felddatenauswertung alle Bereiche und Mitarbeiter eines modernen Unternehmens berühren, führen zu einem hohen Qualifikationsbedarf. Die wirtschaftliche Situation läßt allerdings in vielen Branchen Schulungsmaßnahmen zu Themen des Qualitätsmanagements in den Hintergrund rücken und führt zu einem erheblichen Schulungsbedarf speziell bei der Zielgruppe der kleinen und mittelständischen Unternehmen.

Der sich verstärkende Wandel von der Industrie- zur Informationsgesellschaft verlangt eine zunehmend höhere Transparenz und Verfügbarkeit von Wissen. In diesem Zusammenhang eröffnet die Leistungsfähigkeit multimedialer Computersysteme neue Wege zur Aus- und Weiterbildung. Computer Based Training (CBT) ermöglicht durch die Einbindung der Multimedia-Technologie bisher ungenutzte Potentiale zur Wissensvermittlung. Es liegt daher nahe, CBT-Systeme zur Reduzierung der Wissensdefizite im Bereich des Qualitätsmanagements einzusetzen.

Die Wirtschaftlichkeit und damit der Erfolg von Lernprogrammen ergibt sich aus dem Verhältnis von eingebrachtem Aufwand für die Programmerstellung bzw. die Schulung der Lernenden und dem erzielbaren Nutzen, also dem Erreichen der gewünschten Qualifikationsziele. Ziel von Schulungsmaßnahmen im Qualitätsmanagement und somit auch von rechnerunterstützten QM-Schulungen sollte es daher sein, eine möglichst hohe Übereinstimmung zwischen dem Anforderungsprofil des Arbeitsplatzes hinsichtlich QM-relevanter Aspekte und dem Befähigungsprofil des Mitarbeiters zu schaffen.

- Multimediale Computersysteme eröffnen neue Wege der Wissensvermittlung und Ausbildung

• Qualitätssicherung
durch systematisches
Vorgehen bei der
Entwicklung
computerbasierter
Systeme

Ziel der Bemühungen des Projektes LIQUA war es daher, Grundlagen für die Entwicklung, die Gestaltung und den Einsatz computerbasierter Lehr- und Informationssysteme zu erarbeiten, die dem Erwerb und der Umsetzung von Qualitätsmanagementwissen am Arbeitsplatz dienen. Dabei sollten insbesondere die Vorteile des rechnerunterstützten Lernens wie „Individualisierung des Lernens", „aktives übendes Lernen", „Einbeziehung des Arbeitsumfeldes" und „Anpassung an den Lernenden" Berücksichtigung finden.

Um die Qualität computerbasierter Lernmedien sicherzustellen, kann zum einen bei der Entwicklung, zum anderen beim Einsatz von Lernprogrammen angesetzt werden.

Um die Qualität bereits in der Entwicklung sicherzustellen, ist eine systematische Vorgehensweise notwendig. Wie jeder Entwicklungsprozeß hängt auch der Aufwand für die Entwicklung von Lernprogrammen sehr stark von der Geradlinigkeit des Weges ab, mit dem auf die Entwicklungsziele hin gearbeitet wird. Planloses Vorgehen führt bestenfalls zu sehr anspruchslosen Lernprogrammen.

Der Beschreibung der verschiedenen Phasen, die bei einer CBT-Programmierung durchlaufen werden, und der dazu notwendigen Hilfsmittel und Verfahren kommt eine zentrale Bedeutung zu. Als Ergebnis der Überlegungen entstand ein Systemkonzept, das die interdisziplinäre Entwicklung rechnerunterstützter Schulungsprogramme für ausgesuchte Themen des Qualitätsmanagements ermöglicht. Hierbei ist der Entwicklungsprozeß eines CBT-Programms nicht als lineare Handlungsfolge anzusehen, sondern eher in Form eines Prototyping-Zyklusses zu begreifen. So wird es möglich, gleichzeitig eigenständige Programmodule zu erstellen und zu evaluieren und schließlich zu einem Gesamtprogramm zusammenzuführen. Der modulare Aufbau erlaubt es weiterhin, durch die Integration statischer oder auch dynamischer firmenspezifischer Daten und Übungseinheiten QM-Lernprogramme an unternehmens- bzw. arbeitsplatzspezifische Gegebenheiten anzupassen. So kann ein direkter Arbeitsplatzbezug hergestellt werden, und bei geänderten

Randbedingungen ist es möglich, das Lernprogramm jederzeit schnell zu aktualisieren.

Die im Projekt erarbeiteten Ergebnisse der CBT-Entwicklung für das Qualitätsmanagement zeigen auf, wie Lernprogramme zur rechnerunterstützten QM-Schulung zielgerichtet realisiert werden können, und geben Hilfestellungen von der Ermittlung des zu schulenden Lehrstoffes bis zur Umsetzung in ein Lernprogramm bzw. dessen Evaluation. Hierzu werden in Kapitel 3 zielgerichtete und erprobte Vorgehensweisen sowie konkrete Methoden und Werkzeuge zur schnellen Erstellung von Lernprogrammen vorgestellt.

Die Wirkung dieser Maßnahmen und damit auch der Nutzen der Hilfsmittel wurde in der prototypischen Realisierung eines CAQ-Lernprogramms nachgewiesen. Zentrale Elemente dieses CBT-Systems sind das Hypermedia-Modul zur QM-Wissensvermittlung sowie das Simulations- und CAQ-Programm-Modul zur Anwendung der erworbenen Wissensinhalte. Damit werden die derzeitigen Grenzen zwischen CAQ und CBT aufgehoben. Die Anwendung erfolgt über ein integriertes Gesamtsystem, und eine Unterscheidung zwischen Arbeiten (Anwendung der CAQ-Komponente) und Lernen (Anwendung der CBT-Komponente) ist nicht mehr notwendig. Dieser in seiner Art neue Ansatz zur Entwicklung rechnerunterstützter QM-Schulung läßt sich auf andere Themenfelder übertragen.

Neben der Sicherstellung der Qualität in der Entwicklungsphase ist es erforderlich, die Schulungs- und Trainingsqualität beim Einsatz computerbasierter Lernmedien sicherzustellen. Dies kann zum einen durch Berücksichtigung von Rahmenbedingungen des Einsatzes computerbasierter Lernmedien, zum anderen durch ihre lernförderliche Gestaltung gewährleistet werden. Ob Gestaltungsmaßnahmen oder Rahmenbedingungen des Einsatzes einen lernförderlichen Effekt haben, kann mit Hilfe einer systematischen Evaluation überprüft werden.

Systematisches Vorgehen ist sowohl bei der Durchführung von Schulungsmaßnahmen wie auch beim Einsatz rechnerunterstützter Lernmedien zu Schulungszwecken notwendig. Evaluation kann als Planungs- und Entscheidungshilfe sowohl während (formative Evalu-

• Realisierung eines CAQ-Lernprogramms

• Sicherstellen der Schulungs- und Trainingsqualität beim Einsatz computer basierter Lernmedien

• Erfolgskontrolle und ständige Verbesserung durch systematische Evaluation

ation) als auch nach der Entwicklung und Implementation (summative Evaluation) eingesetzt werden. Sie dient der Erfolgskontrolle und der ständigen Verbesserung eines Trainings oder einer Schulungsmaßnahme. Will man sein Ziel nicht aus den Augen verlieren und soll die Evaluation zu verwertbaren Ergebnissen führen, sollte sie sich strikt an den zu erreichenden Qualifikationszielen orientieren.

Das systematische Vorgehen bei der Evaluation kann nach einem Instruktions-Design-Modell beschrieben werden. Es umfaßt eine Zielanalyse, die Festlegung von Bewertungskriterien, die Konstruktion eines Evaluationsinstrumentes, die Durchführung der Evaluation und die abschließende Bewertung der Ergebnisse anhand der vorher festgelegten Kriterien. Aus den Ergebnissen der Evaluation können Empfehlungen z.B. für den weiteren Einsatz von Schulungsmaßnahmen abgeleitet werden. Die aus den Evaluationen des LIQUA-Projektes ableitbaren Empfehlungen für den Einsatz computerbasierter Lernmedien werden im folgenden zusammengefaßt dargestellt.

Es zeigt sich, daß der Einsatz des Rechners zum Lernen von den Schulungsteilnehmern generell positiver bewertet wird als eine rein konventionelle Schulung. Am liebsten ist es vielen Teilnehmern, wenn der Computer im Rahmen einer Seminargruppe eingesetzt wird oder wenn sie zu zweit am Computer lernen können. Dadurch werden Diskussionen ermöglicht, bzw. offene Fragen können geklärt werden. Eine positive Einstellung gegenüber dem Rechner sollte bestehen, da eine Ablehnung dieses Lernmediums sich auf die Einstellung gegenüber dem Schulungsinhalt übertragen kann.

Eine Schulung bzw. ein Training, ob konventionell oder unter Einsatz eines Computers durchgeführt, sollte eine Anwendung der Inhalte am Arbeitsplatz bzw. praktische Übungen beinhalten, da hierdurch sowohl das Wissen als auch die Einstellung zum Schulungsinhalt verbessert werden kann. Weiterhin sollte bei einer Schulung bzw. einem Training überprüft werden, ob die beabsichtigten Qualifikationsziele auch erreicht wurden, da sonst der Nutzen dieser Schulung bzw. dieses Trainings fragwürdig ist.

Als Empfehlung für die Gestaltung computerbasierter Lernmedien läßt sich festhalten, daß das Lernmaterial inclusive der Auswahl von Übungsaufgaben und der Gestaltung von Lernerfolgsrückmeldungen an die individuellen Arbeitserfahrungen und Lernvoraussetzungen sowie zusätzlich an den individuellen Verlauf der Lernleistungen angepaßt werden sollte. Die Ergebnisse der hier berichteten Untersuchungen belegen einerseits, daß sich die Realisierung einzelner dieser Anpassungsmaßnahmen (wie z.B. ein verstärkter und deutlicher Bezug der Lerninhalte zum Arbeitsplatz, oder aber deutlich an den individuellen Leistungsverlauf angepaßte Übungsaufgaben und Lernerfolgsrückmeldungen) schon unabhängig voneinander in einer besseren subjektiven Beurteilung des Lerninhalts niederschlägt. Andererseits belegen die Ergebnisse aber, daß in bezug auf den Erwerb von Wissen und von Fertigkeiten "konzertierte Aktionen" im Sinne der Kombination von Anpassungsmaßnahmen die stärksten Effekte haben. Wenn z.B. die Lerninhalte an den individuellen Arbeitsplatz und gleichzeitig auch die Übungsaufgaben und Lernerfolgsrückmeldungen an den individuellen Leistungsverlauf angepaßt werden, zeigen sich die stärksten Lerneffekte. Zusammenfassend sind damit der Anwendungsbezug der Lerninhalte bzw. deren Bezug zum Arbeitsplatz und die Anpassung des Lehr-Lernprozesses an den individuellen Prozeßverlauf als zentrale Maßnahmen zur Erhöhung des Schulungserfolgs anzusehen, und sie sollten schon bei der Gestaltung von Lernprogrammen berücksichtigt werden. Wo dies nicht möglich ist, z.B. beim Einsatz von Standardprogrammen, sollten zumindest die Rahmenbedingungen so gestaltet werden, daß diesen Anpassungsprinzipien so weit wie möglich entsprochen wird.

Berücksichtigt man abschließend, daß im Zuge der fortschreitenden datentechnischen Vernetzung unserer Gesellschaft auch die Bedeutung der Vermittlung von (Qualitäts-) Wissen auf der Basis multimedialer Lehr- und Lernsysteme weiter zunehmen wird, dann zeigt sich auf diesem Gebiet schon für die nicht allzu ferne Zukunft ein weites Betätigungsfeld ab. Vor diesem Hintergrund ist das vorliegende Buch als ein kleiner, aber wesentlicher Schritt zur Nutzung des enormen Potentials des multimedialen Lernens für das Gebiet des Qualitätsmanagements zu verstehen.

• Erfolgreiche Gestaltung computerbasierter Lernmedien

6 Literaturverzeichnis

Anderson, J.R.: The Architecture of Cognition. Cambridge, Harvard University Press 1983

Ausubel, D.P., Novak, J.D. & Hanesian, H.: Psychologie des Unterrichts. Band 1, 2. Auflage, Weinheim, Beltz 1980

Biallo, H.: Multimedia revolutioniert die betriebliche Weiterbildung; Das Lerntempo bestimmt jeder Mitarbeiter selbst. VDI Nachrichten, 1993, 43, S. 16

Bloom, B.S., Englehardt, M.B., Hill, W.H. & Krathwohl, D.R.: (Hrsg.): Taxonomie von Lernzielen im kognitiven Bereich, Weinheim, Beltz 1972

Bodendorf, F.: Computer in der fachlichen und universitären Ausbildung. München, Oldenbourg 1990

Cohen, V.B.: A reexamination of feedback in computer-based instruction: Implications for instructional design. Educational Technology, 1985, 25, S. 33-37

Dave, R. H.: Eine Taxonomie pädagogischer Ziele und ihre Beziehung zur Leistungsmessung. In K. Ingenkamp & T. Marsolek (Hrsg.): Möglichkeiten und Grenzen der Testanwendung in der Schule. Weinheim, Beltz 1968

Dieses Forschungsprojekt wird gefördert vom Projektträger des BMBF für Fertigungstechnik und Qualitätssicherung am Forschungszentrum Karlsruhe im Rahmen des "Programm Qualitätssicherung 1992 bis 1996"; Förderkennzeichen 02QF80048.

Dutke, S.: Mentale Modelle: Konstrukte des Wissens und Verstehens. Göttingen, Hogrefe 1994

Ertelt, B. J.: Report: Lernsysteme mit Computer-Video-Kopplung. Medienpsychologie, 1989, 1, S. 75-85

Euler, D.: Kommunikationsfähigkeit und computerunterstütztes Lernen. Köln, M. Botermann 1989

Euler, D.: Didaktik des computerunterstützten Lernens: praktische Gestaltung und theoretische Grundlagen. Nürnberg, BW Bildung und Wissen 1992

Feger, B.: Die Generierung von Testitems zu Lehrtexten, Diagnostika, 30, 1984, S. 24-46

Feldmann, P.: Lerntraining. München, Heyne 1974

Fickert, T.: Multimediales Lernen. Wiesbaden, Deutscher Universitäts-Verlag GmbH 1992

Fischer, P. M.: Grundsätzliche Erwägungen zum Begriff „Interaktivität". In P. M. Fischer, H. Mandl, & K. Meynersen (Hrsg.): Interaktives Lernen mit neuen Medien. Möglichkeiten und Grenzen   Tübingen, Dt. Institut für Fernstudien 1989, S. 43-60

Fischer, P. M. & Mandl, H.: Konsequenzen der Tagung „Interaktives Lernen mit neuen Medien". In P. M. Fischer, H. Mandl, & K. Meynersen (Hrsg.): Interaktives Lernen mit neuen Medien. Möglichkeiten und Grenzen (S. 257-260). Tübingen, Dt. Institut für Fernstudien 1989

Fricke, R.: Zur Effektivität computer- und videounterstützter Lernprogramme. Empirische Pädagogik (Beiheft 2), 1991, 5, S. 167-204

Gage, N.L. & Berliner, D.C.: Pädagogische Psychologie. 4. Auflage, Weinheim, Beltz 1986

Glowalla, U.: Hypertext und Multimedia: Neue Wege in der computerunterstützten Aus- und Weiterbildung. Berlin, Heidelberg, Springer 1992

Golas, H. G.: Berufs- und Arbeitspädagogik für Ausbilder. Band 1: Grundfragen der Berufsbildung, Planung und Durchführung der Ausbildung. Essen, Girardet 1982

Götz, K. & Häfner, P.: Computerunterstütztes Lernen in der Aus- und Weiterbildung. Weinheim, Dt. Studienverlag 1991

Götz, K. & Häfner, P.: Didaktische Organisation von Lehr- und Lernprozessen. Ein Lehrbuch für Schule und Erwachsenenbildung. Weinheim, Dt. Studienverlag 1992

Häfner, K., Eichmann, E. H. & Hinze, C.: Denkzeuge. Was leistet der Computer? Was muß der Mensch selbst tun? Basel, Birkhäuser 1987

Hallmann, M.: Prototyping komplexer Softwaresysteme: Ansätze zum Prototyping. Stuttgart, B.G. Teubner 1990

Hauer, R. Schmidt, A. & Zink, K.J.: Qualität ist oft kein Thema: Ergebnisse einer empirischen Erhebung in den alten Bundesländern, QZ 38 1993, S. 665-670

Janotta, H.: CBT - Computer-Based-Training in der Praxis. Landsberg/Lech, Moderne Industrie, 1990

Klauer, K.J.: Zielorientiertes Lehren und Lernen bei Lehrtexten. Unterrichtswissenschaft, 1981, 4, S. 300-318

Klauer, K.J.: Die Zielangabe des persönlichen Bezugs. Unterrichtswissenschaft, 1982, 3, S. 260-276.

Klauer, K.J.: Kriteriumsorientierte Tests. Göttingen, Hogrefe 1987

Klauer, K.J. & Kornardt, H.-J.(Hrsg.): Jahrbuch zur empirischen Erziehungswissenschaft 1979, Düsseldorf, Schwann 1979

Klimsa, P.: Neue Medien und Weiterbildung: Anwendung und Nutzen in Lernprozessen der Weiterbildung. Weinheim, Dt. Studienverlag 1993

Klocke, R.: Lernerfolge wie aus einem Buch. pablo, Magazin für Electronic Design, C-Tech Verlags GmbH, Ismaning, 1994, 7, S. 13

Krathwohl, D. R., Bloom, B. S. & Masia, B.: Taxonomie von Lernzielen im affektiven Bereich. Weinheim, Beltz 1975

Kulhavy, R.W.: Feedback in written instruction. Review of Educational Research, 1977, 47, S. 211-232

Kulhavy, R.W. & Stock, W.A.: Feedback in written instruction. The place of response certitude. Educational Psychology Review, 1989, 1, S. 279-308

Kunz, G. C. & Schott, F.: Intelligente Tutorielle Systeme. Neue Ansätze der computerunterstützten Steuerung von Lehr-Lern-Prozessen. Göttingen, Hogrefe 1987

Leutner, D.: Adaptive Lehrsysteme. Instruktionspsychologische Grundlagen und experimentelle Analysen. Weinheim, Beltz – PVU 1992

Leutner, D.: Computerunterstützte Planspiele als Instrument der Personalentwicklung. In T. Geilhardt & T. Mühlbradt (Hrsg.): Planspiele im Personal- und Organisationsmanagement Göttingen, Verlag für Angewandte Psychologie 1994, S. 105-116

Leutner, D.: Adaptivität und Adaptierbarkeit multimedialer Lehr- und Informationssysteme. In L.J. Issing & P. Klimsa (Hrsg.): Information und Lernen mit Multimedia. Weinheim, Beltz - PVU, 1995, S. 139-149

Leutner, D., Pfeifer, T., Zink, J. u.a.: Konzepte zur Umsetzung von Qualitätswissen Band 4: Fördernde und hemmende Faktoren des QS-Wissenstransfers, Forschungsbericht für den Projektträger Fertigungstechnik

Lienert, G.A.: Testaufbau und Testanalyse. 5. Auflage, Weinheim, Beltz - PVU 1994

MacMenamin, St. & Stephen, M.: Strukturierte Systemanalyse. München, Wien, Hanser 1988

Mandl, H., Fischer, P. M., Frey, H.-D. & Jeuck, J.: Wissensvermittlung durch ein computerunterstütztes Rückmeldungssystem. In H.Mandl & P.M. Fischer (Hrsg.): Lernen im Dialog mit dem Computer (S. 179-190). München, Urban & Schwarzenberg 1985

Mandl, H. & Hron, A.: Psychologische Aspekte des Lernens mit dem Computer. Zeitschrift für Pädagogik, 1986, 35, S. 657-678

Mandl, H. & Hron, A.: Wissenserwerb mit Intelligenten Tutoriellen Systemen. Unterrichtswissenschaft, 1986, 4, S. 358-371

Mandl, H. & Hron, A.: Psychologische Aspekte des Lernens mit dem Computer. In W. Hosseus (Hrsg.): Computer als Unterrichtsmedium. Abschlußbericht eines Modells zur Entwicklung, Erprobung und Bewertung von Computersoftware für den Unterricht (S. 55-85). Mainz, v. Hase & Köhler, 1991

Mandl, H., Prenzel, M. & Gräsel, C.: Das Problem des Lerntransfers in der betrieblichen Weiterbildung. Unterrichtswissenschaft, 1992, 20, S. 126-143

Methner, H.: Aus- und Weiterbildung. In: W. Masing: Handbuch Qualitätsmanagement. 3. Auflage, München, Hanser 1994

Meyer-Wegener, K.: Multimedia-Datenbanken, Einsatz von Datenbanktechniken in Multimedia-Systemen. Stuttgart, Teubner 1991

N.N.: CAQ-Lösung für mittlere und kleine Unternehmen, QZ Qualität und Zuverlässigkeit, Zeitschrift für industrielle Qualitätssicherung 8/1992, S. 500

N.N.: Computer Based Training: Erfolgreicher und mit mehr Spaß. Elektronik, 1993, 6, S. 144

N.N.: DIN ISO 9001: Qualitätssicherungssysteme: Modell zur Darlegung der Qualitätssicherung in Design/Entwicklung, Produktion, Montage und Kundendienst. Berlin, Beuth 1990

N.N.: DIN ISO 9004: Qualitätsmanagement und Elemente eines Qualitätssicherungssystems - Leitfaden. Berlin, Beuth 1990

N.N.: Nur ein Mensch kann individuell reagieren. Düsseldorf, VDI Nachrichten Nr. 45, VDI 1993, S. 20

N.N.: Revolution des Lernens. Spiegel, 1994, 9, S. 96-116

N.N.: Toolbook 3.0 - Benutzerhandbuch, Asymetrix Corporation, Bellevue, Washington 98004 USA

Orendi, G.: Systemkonzept für die phasenneutrale Fehlerbehandlung als Voraussetzung für den Einsatz präventiver Qualitätssicherungsverfahren. Aachen, Shaker 1993

Peschges, K.: CIM Aus- und Weiterbildung unter Einbindung computerunterstützter interaktiver Medien, basierend auf dem Endbericht des BMBW Forschungsvorhabens. Fachhochschule Mannheim, CIM und computerunterstützte interaktive Medien 1992

Pfeifer, T.: Qualitätsmanagement: Strategien, Methoden, Techniken. 2. Auflage, München, Hanser 1993

Pfeifer, T.: Das geht speziell den Chef an, Qualität als nationale Aufgabe. Expo Kurier, Frankfurt Organisationsbüro METAV, 1994

Pfeifer, T., Eversheim, W., Eickholt J.& Schmidt, N.: Systematische Auswahl von CAQ-Systemen. Düsseldorf ,VDI-Z Nr. 11, VDI 1992, S. 20-25

Pfeifer, T., Spiekermann J.& Zenner, Th.: Konsequente Fehlervermeidung durch FMEA: Wissensbasierte FMEA im Praxiseinsatz: Qualität und Zuverlässigkeit QZ Nr. 3 Jg. 39. München, Hanser 1994, S. 285-293

Sacher, W.: Computer und die Krise des Lernens. Bad Heilbrunn, Klinkhardt 1990

Schimmel, B.J.: Providing meaningful feedback in courseware. In D.H. Jonassen (Hrsg.) Instructional Designs for microcomputer courseware (S. 183-195). New York, Hillsdale 1988

Schunk, H.: Laser für die Oberflächenbehandlung: Konzeption geeigneter Systeme. Düsseldorf, VDI 1992

Seetzen, R. & Beyer, D.: Showmaster - Multimedia Praxis: ToolBook 3.0 und Macromedia Director 4.0, Zeitschrift c't Heft 11 1994, S. 208

Seidel, C. & Lipsmeier, A.: Computerunterstütztes Lernen. Entwicklungen, Möglichkeiten, Perspektiven. Stuttgart, Verlag für Angewandte Psychologie 1989

Siegel, M.A. & Misselt, A.L.: Adaptive feedback and review paradigm for computer based drills. Journal of Educational Psychology,

1984, 76, S. 310-317.

Sommer, W.: Neue Medien in der Aus- und Weiterbildung. Berlin, Schmidt 1987

Spada, H. & Opwis, K.: Intelligente Tutorielle Systeme aus psychologischer Sicht. In H. Mandl & P.M. Fischer (Hrsg.): Lernen im Dialog mit dem Computer (S. 13-23). München, Urban & Schwarzenberg 1985

SPSS: SPSS für Windows. München, SPSS GmbH 1993

Steenis, H.: Informationssysteme: Wie man sie plant, entwickelt und nutzt. München, Hanser 1992

Steinbrink, B.: Multimedia, Einstieg in eine neue Technologie. München, Markt & Technik 1992

Steppi, H.: Computer Based Training. Planung, Design und Entwicklung interaktiver Lernprogramme. Stuttgart, Klett 1990

Streitz, N. A.: Hypertext - Ein innovatives Medium zur Kommunikation von Wissen. In P. Gloor & N.A. Streitz (Hrsg.): Hypertext und Hypermedia: Von theoretischen Konzepten zur praktischen Anwendung (S. 10-27). Heidelberg, Springer 1990

Toffolo-Haupt, Ch.: Multimedia revolutioniert die innerbetriebliche Weiterbildung: Lerngeschwindigkeit selbst bestimmt. Düsseldorf, VDI Nachrichten Nr. 44, VDI 1993, S. 14

Varesi, A.: Praxistest: Entwicklungstools für Multimedia, Zeitschrift WIN 5/93, S. 128-135

Wagner, B.: Multimedia in der betrieblichen Weiterbildung, Elektronik, 1995, 5, S. 192-193

Will, H., Winteler, A. & Krapp, A.: Evaluation in der beruflichen Aus- und Weiterbildung. Heidelberg, Sauer 1987

Wittrock, M.C.: The cognitive movement in instruction. Educational Psychologist, 1978, 13, S. 15-29

Wottawa, H. & Thierau, H.: Lehrbuch Evaluation. Bern, Huber 1990

Zimmer, G.: Neue Lerntechnologien: Eine neue Strategie beruflicher Bildung. In G. Zimmer (Hrsg.): Interaktive Medien für die Aus- und Weiterbildung. Marktübersicht, Analysen, Anwendungen (S. 13-27). Nürnberg, BW Bildung und Wissen 1990

Zimmer, G.: Neue Weiterbildungsmethoden mit multimedialen Lernsystemen. Berufsbildung in Wissenschaft und Praxis, 1991, 5, S. 2-9

Zink, K. J. (Hrsg.): Konzepte zur Umsetzung von Qualitätswissen Band 3: Analyse des innerbetrieblichen QS-Wissenstransfers: Forschungsbericht für den Projektträger Fertigungstechnik und Qualitätssicherung des BMFT Kaiserslautern, LIA 1993

Zink, K.J., Leutner, D., Pfeifer, T., Bäuerle, T., Dörre, P., Rhiem, S. & Schmidt, A.: Qualitätsmanagement in der innerbetrieblichen Umsetzung: Schlüsselfaktoren und Erfahrungen (Programm Qualitätssicherung des BMBF). Kaiserslautern, Lehrstuhl für Industriebetriebslehre und Arbeitswissenschaft 1994

Sachwortverzeichnis

Herausgeber und Autoren

Prof. Dr.-Ing. Prof. h.c. Dr. h.c. Tilo Pfeifer

geb. 1939, war nach dem Studium der Elektrotechnik und seiner Dissertation an der RWTH Aachen in leitender Funktion in einem Unternehmen der Elektronikbranche tätig. Nach seiner Habilitation wurde er 1972 als Professor für das Gebiet Meßtechnik für die automatisierte Fertigung an die RWTH Aachen berufen. 1989 wurde ihm die Ehrendoktorwürde der Universität von Florianopolis, Brasilien und 1995 eine Ehrenprofessur der Tsinghua Universität, Peking verliehen. Zur Zeit leitet er den Lehrstuhl für Fertigungsmeßtechnik und Qualitätsmanagement am Laboratorium für Werkzeugmaschinen und Betriebslehre (WZL) der RWTH-Aachen und die Abteilung Meß- und Qualitätstechnik des Fraunhofer-Instituts für Produktionstechnologie (IPT). Er ist Mitglied des Direktoriums des WZL und des IPT, Vorstandsmitglied der VDI/VDE-Gesellschaft Meß- und Automatisierungstechnik (GMA) und Vorsitzender des wissenschaftlichen Beirats der Deutschen Gesellschaft für Qualität e. V. (DGQ).

Prof. Dr. Detlev Leutner

geb. 1954, studierte Psychologie an der RWTH Aachen, an der er auch promovierte und sich habilitierte. Seit 1993 hat er den Lehrstuhl für Instruktionspsychologie an der Pädagogischen Hochschule Erfurt inne; Hauptarbeitsgebiete: Lehr-Lernforschung, Einsatz und Gestaltung von computerbasierten Lehr- und Informationssystemen, psychologische Methodik und Evaluation. Er ist geschäftsführender Herausgeber der psychologischen Fachzeitschrift "Diagnostica" und Mitglied im wissenschaftlichen

Beirat der "Zeitschrift für Pädagogische Psychologie" und von "Computers in Human Behavior".

Dipl.-Psych. Petra Dörre

geb. 1965, studierte Psychologie mit dem Schwerpunkt Wirtschafts- und Organisationspsychologie an den Universitäten Trier und Mannheim. Seit Dezember 1992 ist sie wissenschaftliche Mitarbeiterin am Fachbereich Psychologie der Universität Gießen; Hauptarbeitsgebiete: Einsatz und Gestaltung computerbasierter Lehr- und Informationssysteme sowie (Fahr-)Simulatoren, v.a. im Bereich der Aus- und Weiterbildung, Instruktionspsychologie, Training, Evaluation, Streßmanagement und Kommunikation.

Dipl.-Ing. Karl Hofmann v. Kap-herr

geb. 1966, ist seit 1995 wissenschaftlicher Mitarbeiter der Abteilung Meß- und Qualitätstechnik, Gruppe Qualitätsmanagement, am Fraunhofer Institut für Produktionstechnologie (IPT), Aachen. Hauptarbeitsgebiete: Entwicklung von computerbasierten Lehr- und Informationssystemen für das Qualitätsmanagement, Qualitätsmanagementsysteme, rechnergestützte Dokumentation in Qualitäts- und Umweltmanagement.

Stephan Kroener

geb. 1971, studiert Psychologie und angewandte Informatik an der Universität Gießen.

Dipl.-Psych. Yvonne Nispel

geb. 1966, studierte nach dem Krankenpflegeexamen Psychologie in Gießen. Seit November 1995 ist sie Mitarbeiterin der Dresdner Bank AG, Konzernstab Organisation, Organisationsmanagement, Personal/IT-Ausbildung.

Dr.-Ing. Stefan Rhiem

geb. 1965, war wissenschaftlicher Mitarbeiter der Abteilung Meß- und Qualitätstechnik, Gruppe Qualitätsmanagement, am Fraunhofer-Institut für Produktionstechnologie (IPT), Aachen in den Jahren 1991 bis 1995. Seit 1995 ist er Mitglied der Geschäftsleitung der Firma Rhiem Druck GmbH und der Industrie Buchbinderei GmbH (IBB) in 46562 Voerde.

Dipl.-Psych. Alexandra Sturtz

geb. 1969, studierte Psychologie an der Universität Gießen. Seit Juli 1996 ist sie Mitarbeiterin beim Bildungswerk der Hessischen Wirtschaft e.V.

H. Schnauber, S. Grabowski, S. Schlaeger, J. Zülch

Total Quality Learning
Ein Leitfaden für lernende Unternehmen

1996. Etwa 200 S. 50 Abb. Geb. ISBN 3-540-61408-7

Neben fachbezogenen Fragen des Qualitätsmanagements werden hier viele Probleme des sozialen und methodischen Bereichs erörtert. Das schnelle Überfliegen des Buches wird durch die Visualisierung möglicher Methoden, Gefahrenquellen und Ideen vereinfacht.

D. Specht, K. Berger, K. Scheithauer

Qualitätslernen
Ein Leitfaden für die Arbeitssystemgestaltung

1996. Etwa 200 S. 60 Abb., Diskette Geb. ISBN 3-540-61298-X

Systemanforderung : **Hardware: 386er oder höher, 4 MB Arbeitsspeicher, 3 1/2 Zoll-Diskettenlaufwerk Software: Windows 3.1 oder höher, Tabellenkalkukationsprogramm (z.B.: Excel), Graphikprogramm (z.B.: Corel Draw), Word f. Windows**

Diese Handlungsanleitung bietet Problemlösungen für den Erhalt von Erfahrungswissen bei personellen Veränderungen, für die Vermeidung von Fehlleistungsaufwand an der Schnittstelle Mensch-Maschine und für die Gestaltung von Kunden-Lieferanten-Beziehungen. Formulare, Arbeitsblätter und Arbeitsanweisungen sowie eine Diskette mit weiteren Druckvorlagen unterstützen das Arbeiten.

K.J. Zink, A. Schmidt, T. Bäuerle

Train-the-Trainer-Konzepte
Arbeitsmaterialien zur Vermittlung von Qualitätswissen

1996. Etwa 370 S. 30 Abb., 1 Diskette Geb. ISBN 3-540-61297-1

Kernpunkt des Train-the-Trainer-Konzepts ist der Einsatz von Führungskräften aller Hierarchieebenen als interne Trainer. Das Buch beschreibt die Grundlagen und Vorgehensweise zur Umsetzung des Konzeptes. Die erforderlichen Arbeitsmittel werden in Form von Fragebögen und Foliensätzen auf beigefügter Diskette bereitgestellt.

Springer

Preisänderungen vorbehalten.

Springer-Verlag, Postfach 31 13 40, D-10643 Berlin, Fax 0 30 / 827 87 - 3 01 / 4 48 e-mail: orders@springer.de   rb.BA.20715.SF

J. Ensthaler, A. Füßler, D. Nuissl

Juristische Aspekte des Qualitätsmanagement

1996. Etwa 350 S. 30 Abb. Geb. ISBN 3-540-61296-3

Die juristisch relevanten Themengebiete des Qualitätsmanagements werden praxisorientiert und auch für juristische Laien verständlich behandelt: Produkthaftung, Qualitätssicherungsvereinbarungen, Zertifizierung und Akkreditierung, Umwelt- und Arbeitsrecht. Das Buch ist klar strukturiert und enthält zahlreiche Übersichten, Fallbeispiele aus der Praxis und Checklisten.

T. Pfeifer (Hrsg.)

Wissensbasierte Systeme in der Qualitätssicherung
Methoden zur Nutzung verteilten Wissens

1996. XII, 244 S. 76 Abb. (Qualitätsmanagement) Geb. **DM 78,-**; öS 569,40; sFr 69,-
ISBN 3-540-60493-6

Die Autoren stellen erstmals ein übergreifendes Konzept vor, um verteiltes Qualitätswissen rechnergestützt zu erfassen und für qualitätsrelevante Entscheidungen verfügbar zu machen. Dabei werden organisatorische und arbeitswissenschaftliche Fragestellungen sowie die informationstechnische Verknüpfung der Rechnersysteme berücksichtigt.

K.J. Zink (Hrsg.)

Qualitätswissen
Lernkonzepte für moderne Unternehmen

1996. Etwa 300 S. 120 Abb. (Qualitätsmanagement) Geb. ISBN 3-540-60968-7

Systemanforderung : **Hardware: 386er oder höher, 4 MB Arbeitsspeicher, 3 1/2 Zoll Diskettenlaufwerk. Software: Windows 3.1 oder höher, Tabellenkalkulationsprogramm (z.B.: Excel), Graphikprogramm (z.B.: Corel Draw), Word f. Windows**

Die Umsetzung von Qualitätsmanagement und die Verbreitung des dafür erforderlichen Wissens ist ein absolutes Muß für moderne Unternehmen. Das Buch bietet dem Leser die Möglichkeit, einen schnellen überblick über geeignete Methoden und Instrumente zur Wissensverbreitung und -umsetzung zu gewinnen. Die vorgestellten Konzepte wurden bereits erfolgreich erprobt.

Springer

Preisänderungen vorbehalten.

Springer-Verlag, Postfach 31 13 40, D-10643 Berlin, Fax 0 30 / 827 87 - 3 01 / 4 48 e-mail: orders@springer.de   rb.BA.20716.SF

MIX
Papier aus verantwortungsvollen Quellen
Paper from responsible sources
FSC® C105338

If you have any concerns about our products,
you can contact us on
ProductSafety@springernature.com

In case Publisher is established outside the EU,
the EU authorized representative is:
**Springer Nature Customer Service Center GmbH
Europaplatz 3, 69115 Heidelberg, Germany**

Printed by Libri Plureos GmbH
in Hamburg, Germany